국가는 말한다. 재미는 없더라도 안전한 놀이터를.
그러나 아이들은 말한다. 재미가 없다면 놀이가 아니다.

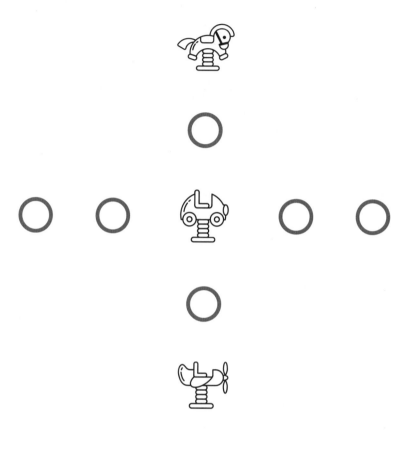

위험할수록
즐거워지는
놀이터

배송수 지음

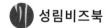 성림비즈북

위험과 모험이 따르는 놀이터는
어린이의 건강한 성장에 기여한다

어린이 놀이시설 안전에 관심을 두게 된 계기는 2007년 영국 왕립사고예방기구(RoSPA)에서 접한 놀이터 안전분야에 대한 경험과 학습이 그 바탕이 되었다. 당시 국내에서 안전에 대한 사회적 관심이 매우 컸던 시기여서 이후 놀이시설의 안전에 대해 애정을 갖고 연구하게 되었고, 관련 시민단체에 근무하면서 사회적으로도 기업과 연계해 놀이터 안전분야에 공헌할 기회가 있었다.

우리의 놀이시설 안전분야는 해외 국가에서 찾아보기 힘든 엄격한 안전관리시스템으로 사회적 안전성이 확보됐지만, 안전관리제도 시행 10년을 넘긴 지금의 현실은 안전 우선주의라는 잘못된 방향으로 구미 국가의 전철을 밟고 있다는 느낌을 지울 수 없다.

2020년 현재 우리나라는 관련 정책뿐만 아니라 사회 전반적으로 나타나고 있는 안전 지상주의, 안전기준의 경직성, 놀이가치가 되는 위험에 대한 부정적 해석, 어린이에 대한 과잉 보호주의가 문제점으로 지적된다. 관련 사고나 이슈에 대한 언론을 살펴보아도 이 같은 사회적 문제에 대해 단편적으로만 원인과 책임을 찾으려는 경향을 보인다. 안전검사기관의 기술책임자로서 근무하면서 안전기준을 해석하고 디자인 적용 및 현장 지도를 해 본 입장에서 살펴본 놀이터의 안전은 좀 더 근원적인 데서 찾아야 하고 변화될 필요성을 간절히 원하고 있었다.

놀이터 안전과 놀이가치를 다루는 본 저서가 어린이의 본능인 놀이 문화와 놀이터를 개선할 수 있는 근거와 촛불이 되기를 바란다. 놀이는 어린 시절 내내 어린이의 일상생활과 경험의 핵심이 되어야 한다고 믿는다. 우리는 놀이터가 단지 복잡하고 지속해서 발전하는 사회화 과정의 결과라고 믿지만, 아이들이 그들의 여유 시간에 구조화되거나 구조화되지 않은 놀이의 건강한 균형을 즐기기를 원한다. 이런 점에서 부족한 놀이기회와 놀이가치의 증진을 위해서 최근의 놀이활동가들의 현장 노력에 응원을 보낸다. 다만, 놀이터와 놀이터 활동가의 지원만으로는 어린이를 위한 자유로운 놀이의 부족을 치유할 수 없을 것이다.

그런데도 필자는 여전히 놀이기회의 확대와 놀이가치에 대한 인식 제고를 통해 장난기 넘치는 자유로운 놀이 활동의 부족을 보상할 기회를 얻고 있다고 믿는다. 이를 위해서는 우선 놀이터에 구현되는 놀이 가치와 안전에 관한 이해의 폭을 넓힐 필요가 있다. 사실 이러한 기본적인 가치에 대한 체계적인 정립 없이 논의되는 정치적, 관료적 대책의 강구와 연례적으로 되풀이되는 현장 캠페인은 무의미할 수 있다.

놀이터 안전과 디자인 분야에서 활동해 오면서 줄곧 들어왔던 요구를 알고 있다. 부모와 아이들이 사는 곳에서 좀 더 안전하게 놀 수 있는 더 많은 기회를 원한다는 것이다. 그래서 현장에서 그들은 놀 수 있는 다양한 장소에 대해 자문을 얻고 흥미진진한 놀이터의 개발에 직접 참여하기를 원하고 있다는 것도 알고 있다. 최근 관에서 주도하는 놀이터 개선사업도 주민과 아이들의 참여를 독려하고, 사회적 요구도를 반영하여 놀이가치를 높이려는 방향으로 분주하게 진행되고 있다.

이에 본 저서는 어린이 놀이터를 둘러싼 이해관계자들에게 놀이터 건립과 관리에 필요한 기본적인 이해와 놀이터에 대한 접근 방향을 안내하는 가이드라인이 되기를 바란다.

놀이가치를 다루는 절에서는 혁신적이고 창의적인 아이디어를 고무시키기 위한 국제적 흐름과 접근법을 소개하였다. 본 저서는 선행적으로 이루어진 야외 놀이 공간의 흐름과 목표를 알려주고, 아이들의 모험과 상상력에 대한 끝없는 능력, 운동과 사회적 상호작용에 대한 근본적인 필요성, 그리고 무엇보다도 그들의 타고난 재미에 대한 인식을 존중하도록 하기 위한 것이다. 또한 놀이터는 어린이뿐만 아니라 부모, 보호자, 그리고 더 넓은 공동체를 위한 중요한 사회적 장소가 될 수 있다. 이에 다른 사람들과 다양한 방법으로 놀 수 있는 장소가 되어야 한다는 점을 강조하고자 했다.

놀이터의 안전을 다루는 절에서는 국제적으로 놀이터 안전분야에서 선행하는 연구와 사례를 중심으로 과도한 안전관리 관행의 결과로서 먼저 어린이 놀이의 질에 미치는 해로운 영향을 설명하는 연구들을 제시하였고, 어린이 놀이에 수반되는 위험과 건강한 위험에 대한 접근법을 설명하였다. 특히, 놀이기구 표준의 역할과 장비 표준에서 발생하는 의도하지 않은 결과를 살펴볼 필요가 있다. 어른들의 놀이터 안전에 대한 잘못된 이해와 책임감으로 인해 어린이 스스로 보호하려는 능력과 행동의 발달을 막게 될 수 있음을 경고하고, 지속해서 위험과 모험을 찾는 어린이를 위한 안전에 대한 접근법을 제시하였다.

산업현장에 적용하는 안전관리와 다르게 어린이 놀이터에서의 안전은 놀이터의 존립 목적과 상반되는 안전은 있을 수 없으며, 의미도 없다. 놀이터 안전의 의미는 아이들의 신체만 보호하는 것에 그치지 않는다. 즉 놀이터에서 가장 소중한 우리 아이들의 생명과 함께 아이들에게 이득이 되는 즐거움까지 보호하는 것이 되어야 한다. 본 저서가 그런 의미에서 놀이터 안전과 관련해 올바른 방향을 제시하고, 안전하고 신나는 놀이터를 만들어가기 위해 애쓰는 모든 분에게 도움이 되었으면 한다.

끝으로 부족한 본 저서의 출판을 위해 큰 도움을 주신 아이땅에게 감사를 표하고자 한다. 고맙습니다.

저자 배송수

놀이터 안전을 위한
올바른 방향을 제시하는 책

『위험할수록 즐거워지는 놀이터』는 '안전'만을 강조하면 놀이의 진정한 '재미'가 떨어진다고 말한다. 그리고 어린이 놀이시설 안전기준은 안전관리 수단이지, 목표가 아니라고 단언한다. 놀이터는 아이들의 공간으로 관리자 어른들이 아닌 아이들의 시선으로 조성되고 유지되어야 한다는 것을 시사한다.

"유엔아동권리협약 제31조, 모든 어린이는 충분히 쉬고 놀 권리가 있다"

과연 우리 아이들은 충분히 쉬고 놀고 있을까? 우리나라 아이들의 주당 학습시간은 40~60시간으로 OECD국가 평균 2배에 달하며, 학업 스트레스 지수는 50.5%로, 유엔아동기금 조사 국가 중 1위이다. 삶의 만족도는 61.5점으로 OECD국가 기준 최하위를 차지했다(2018년 한국아동종합실태조사 결과). 과도한 학습에 따른 시간 부족과 함께 부족하거나 보편적이지 못한 놀이 환경으로 우리 아이들은 자신의 권리를 제대로 누리지 못하고 있는 것이다.

"위험은 어디에나 있고 아이들은 그것이 무엇인지 이해할 필요가 있다"

저자는 오랜 실무경험을 바탕으로 어린이 놀이시설의 안전기준과 국내외 실태를 객관적으로 바라본다. 특히 국내 놀이기구 안전기준의 장단점과 국제기준을 비교 분석하고, 놀이시설 안전사고 통계 및 현황을 통해 물리적인 안전기준이 모든 위험을 제거할 수 없고 안전을 이유로 모든 위험을 제거하거나 모든 위험으로부터 어린이를 보호하는 식의 안전관리를 해서는 안 된다고 강조한다. 이 책은 우리에게 놀이터가 아이들의 놀이가치를 해치지 않고 어떻게 하면 안전을 보장할 수 있는가를 고민하게 한다. 저자가 희망하듯 이 책을 통해 우리 사회에 놀이터 안전에 대한 올바른 방향이 제시되길 바란다.

초록우산 어린이재단 이제훈 회장

놀이터에 관한 패러다임의
변화를 위한 계기 되었으면

수년 전, 저자로부터 '위험한 놀이터'라는 주제로 강의를 들은 적이 있다. 오랜 기간 안전 관련 업무를 해오던 나로서는 그 당시 신선한 충격을 받은 기억이 아직도 생생하다. '안전과 위험의 공존이 가능할까?'라는 물음표가 '가능하겠구나!'라는 느낌표로 바뀌는 순간이었다. 물론 산업 현장에서는 당연히 위험이라는 존재는 제거되어야 할 필수적인 요소이지만 어린이들이 놀이 활동을 즐기는 놀이터에서는 공존이 가능하다는 의미에서이다.

놀이터는 어른들을 위한 공간이 아니라 어린이들을 위한 공간이다. 이용 주체인 어린이들의 만족도가 높아야 함은 당연한 얘기일 것이다. 저자는 이 책을 통해서 놀이시설 분야의 다양한 경험과 연구를 바탕으로 놀이터가 가져야 할 필수적인 구성요소들이 무엇인가를 명확히 제시하고 있다. 부디 놀이터 본연의 기능인 놀이가치의 추구와 안전이 공존하면서 몸과 마음이 건강해지는, 그런 살아 숨 쉬는 놀이터가 많이 생겨나길 바라는 마음이다. 또한 이 책으로 인해 놀이시설과 관련된 모든 이들에게 다양한 패러다임의 변화가 생길 수 있는 좋은 계기가 되었으면 한다.

대한산업안전협회 생활안전국장 임은성

목차

어린이 놀이의 이해

　모든 어린이의 놀이 활동은 신체, 사회, 정서, 인지 발달과정에 있어 무척 중요하다는 것은 모두 인지하고 있는 사실이다. 유엔 아동권리선언과 유엔 아동권리협약 제31조에서는 아동발달에 있어 놀이의 중요성을 언급하고 있으며, 모든 어린이에게 충분한 놀이기회를 제공할 필요성을 언급하고 있다.

　어린이는 혼자 또는 집단 속에서 자신의 한계에 도전하면서 자신의 역할을 확인하는 등의 다양한 놀이를 통해 자신의 창의력과 자존감을 향상해 나간다. 이처럼 놀이가 모든 어린이의 성장에 필수적인 것이며 중요하다는 점에는 이견이 없을 것이다. 따라서 우리는 어린이 놀이를 최대한 지원하고 마음껏 뛰어놀 수 있는 환경을 조성할 필요가 있다.

　그러나 우리 사회가 발전하면서 급속한 도시화로 인해 어린이 놀이환경을 둘러싼 정세나 환경도 크게 변화하고 있다. 이러한 상황 속에서 우리의 어린 시절처럼 아이들이 야외에서 마음껏 뛰어놀 수 있는 놀이공간이 점점 사라지고 있으며, 그나마 현대에 와서 법적 의무시설로 지어지는 어린이 놀이시설만이 우리 아이들이 뛰놀 수 있는 최소한의 환경이 되어가고 있다.

　대부분 아스팔트만을 걸으며 살아가는 현대의 아이들은 다리 근육을 발달시켜 불안정한 땅 위

를 균형 있게 걷는 감각 통합의 힘을 기르거나, 웅덩이를 피해서 뛰면서 순간적인 판단력을 갖출 기회 등을 잃어가고 있다.

우리는 보통 "아이들은 우리 사회의 미래"라고 한다. 즉, 우리가 키운 아이들이 미래 우리 사회를 만들어 간다. 만일 어린이들이 충분히 정상적으로 발달할 수 없다면 우리 사회의 미래가 걱정되는 것은 당연하다. 놀이터 문제는 더는 아이들만의 문제가 아니다. 놀이터에서 아이들이 심신 발달을 잘하든 못하든 그것은 결국 우리 자신에게 돌아오는 큰 문제가 되어가고 있다.

우리 대부분은 어린이 놀이가 아이들 성장에 있어 정말 소중하고 필요한 부분임을 머리로는 알고 있다. 하지만 정말로 놀이가 어느 정도 필요한 것인지, 다른 가치에 비해서 얼마나 생산적인 것인지, 놀이의 결여나 박탈이 뇌나 심신의 발달에 얼마나 치명적인 타격을 주는지에 대해 충분히 알고 있다고는 할 수 없을 것이다.

더구나 「어린이 놀이시설 안전관리법」 제정을 통해 10년 넘게 안전성 확보를 위한 노력에 치중하다 보니, 안전 우선주의가 팽배하고 안전이라는 명목하에 놀이터를 재단하여 재미없는 곳으로 만들어간다는 성토가 이어지고 있다. 심지어는 안전에 대한 잘못된 인식으로 과잉 안전을 추구하는 경향이 뚜렷해지고 있다. 우리는 올바른 방법으로 위험을 바라보고 있는지 고민해 볼 때이다. 그래서 밝혀진 위험으로부터 보호하는 것에만 집착한 나머지 실제로는 다른 위험으로 밀어 넣고 있지 않은지 되짚어 봐야 한다.

안전한 바닥재와 함께 화려한 조립식 놀이기구를 가진 현재의 놀이터는 2008년 「어린이 놀이시설 안전관리법」이 시행되면서 지금은 우리나라에서 흔히 볼 수 있는 형태가 되었지만 전국의 놀이터를 다녀보아도 색다른 놀라운 요소가 있는 놀이터를 찾기가 쉽지 않은 것이 현실이다. 우리나라 놀이터는 대부분 유사한 구조와 형태를 가졌고, 우리 아이들은 똑같은 높이와 폭을 가진 그네, 다를 게 없는 높이와 각도를 가진 미끄럼틀을 탈 수밖에 없다.

국내 놀이터에 설치되는 놀이기구는 안전인증을 받은 부품의 조립식 설치가 대부분이며, 국내 안전기준에 따라 최대한 안전하게 설계 및 설치되고 있다. 그래서 새로운 놀이터는 멸균화되어 있고 안전하다. 놀이터에 관한 한 국제적으로 우리나라는 과도하게 안전기준을 엄격하게 적용하고 있기 때문이며, 사회적으로도 놀이터에서 모든 부상의 위험으로부터 보호되어야 한다는 과잉보호주의적인 잘못된 인식이 만연하고 있다.

그런데 이런 놀이터에서 아이들은 너무 빨리 적응하고 숙달하므로 새롭게 설치된 안전한 놀이기구라도 아이들은 금방 지루해하는 것을 종종 보게 된다. 특히 영유아의 안전을 우선으로 담보하다 보니 7세 이상의 아이들은 일탈을 시도하게 된다. 결국 아이들은 재미와 흥미가 떨어지면서 놀이를 하려는 욕구와 동기를 찾지 못한다. 그래서 아이들 대부분은 그러한 놀이기구의 이용을 꺼리게 된다.

그러나 항상 뛰놀고 싶은 우리 아이들은 나름대로 놀기 위해 자기만의 방법으로 재미와 도전을 만들어 내어, 즉흥적으로 엎드려 미끄럼틀을 타거나 거꾸로 오르거나 터널미끄럼틀 위로 오

르게 된다. 미끄럼틀은 이용자의 이러한 과용과 오용을 고려하여 제작된 것이 아니지만, 이것은 우리가 흔히 접할 수 있는 놀이터 풍경이다.

물리적, 제도적으로 안전하게 설치된 놀이터가 실제로는 위험한 놀이터로 바뀐 현장을 마주하게 된다. 오히려 지금의 놀이터가 위험해졌다고 할 수 있다. 유아교육학자 로진(Rosin, 2014)이 주장한 바와 같이 놀이시설과 환경은 안전해졌지만, 잃어버린 것은 우리 아이들의 창의력, 열정, 용기이다. 아이들이 살아갈 세상은 위험으로 가득 차 있기에 신체적, 감정적, 사회적 위험과 합리적인 위험은 아이들의 건강한 발전을 위해 필수적(Joe Frost, 2006)임을 주지할 필요가 있다.

아이들의 욕구와 요구를 무시한 채 안전에 관한 한 늘 어른들이 먼저 개입하고 어른의 눈높이에서 적용하다 보니 불규칙적이고 색다른 놀이방법을 선호하는 어린이들은 갈 곳이 없어지고 놀 기회가 적어지고 있다. 제도적으로 어린이를 배려해 만든 안전한 놀이터에서 아이들이 왜 멀어지는지, 안전검사에 합격한 놀이터에서 왜 사고는 멈추지 않는지에 대해서 안전만을 더해가는 과정에서 우리가 간과해버린 중요한 요소는 없는지 심각하게 고민해 볼 필요가 있다.

아이들은 자연스럽게 높은 곳을 탐험하고, 빠른 속력으로 달리고, 위험한 도구와 불이나 물 같은 위험한 요소들을 경험하면서 거칠게 뒤엉키는 놀이를 즐기고, 보호자로부터 멀리 떨어진 곳까지 돌아다니는 것 같은 위험하지만 신나는 놀이를 필요로 하고, 추구한다는 사실을 인정하는 입장에서 아이들에게 이로운 안전에 대한 고민이 필요한 때이다.

인간 역사를 통틀어 어린이 놀이가 아동발달에 필수적인 거라 간주해 왔지만, 서구사회가 놀이터를 개발해 온 것은 19세기에 들어와서이다. 1800년대 초기 이전에는 어린이는 작은 어른으로 여겨져서 어린이를 위한 놀이공간은 불필요한 것으로 여겨졌다. 이 시기의 놀이는 일과와 작업이 끝난 이후에만 할 수 있었고, 종종 즉흥적인 놀이를 즐기곤 했다. 소수의 놀이터가 1890년대에 나타났지만 이를 위한 후원이 줄어들고 있었고 독지가들의 자선사업에 전적으로 의지했다. 당시 놀이터의 개선 사안 중 심각한 것은 바로 공간의 부족이었다. 그래서 서구 도시들에서는 격자시스템 주위에 작은 공원과 함께 놀이를 위한 놀이터가 개발됐다.

아이들은 언제 어디서나 놀 수 있다. 놀이터는 아이들이 흥미롭고 즐거운 환경에서 그들의 주변을 탐험하고 그들의 운동 능력을 확장하도록 특별히 제공되기 때문에 야외 놀이와 어린이 발달에 있어 중요한 역할을 담당하고 있다. 놀이 공간은 어린이들의 부모와 보호자들에게 특별한 사회적 가치를 가지고 있는데, 이것은 어른들과 어린이들이 비공식적으로 만날 수 있는 장소로서, 부모의 개인적 육아 책임의 부담을 덜어주는 역할도 담당한다.

본격적으로 어린이 놀이터라고 지칭되면서 만들어진 것은 19세기와 20세기 후반에 유럽과 북미에서 시작된 도시화에 뿌리를 두고 있다(Burkhalter, 2016; Frost, 2010; Moore, 2006; Solomon, 2005). 어

린이의 튼튼한 성장과 아동발달을 지원 및 자극해주기 위해서 집 안마당 또는 거리에 놀이터가
조성되면서 오늘날과 같은 모습으로 나타나게 되었다. 놀이 제공에 대한 정의의 역사적 모델은
공공 놀이터다. 즉 대중에게 개방된 야외 공간, 다양한 놀이기회를 제공하도록 설계된 구조물들
의 집합이다. 공공 놀이터는 19세기와 20세기 후반에 유럽과 북미에 정착한 것을 나타내는 도시
화에 뿌리를 두고 있다. [1]

놀이터의 출발은 1830년대에 유럽에서 유치원이 개설되면서부터 부속시설로 놀이터가 설치
된 것이 최초의 야외 놀이터라고 할 수 있다. 공공시설로서 어린이 놀이시설이 설치되기 시작한
것은 20세기 초부터이며, 2차대전 후 세계 대전에서 많은 도시가 전화에 휩쓸렸던 유럽에서는
전후의 도시 부흥 속에서 놀이터 정비도 본격화되기 시작하면서, 특히 1960년대 이후 도시공간
내에서 어린이를 위한 기본적인 시설물로 자리 잡기 시작했다. [2]

1970년대 초 네덜란드에서 시작된 모험 놀이터운동은 놀이활동가(Play worker)들의 지원을 받아
다양한 재료로 자신만의 놀이 공간을 만드는 어린이들과 협력하여 어린이들에게 자극적인 환경
을 제공하기 위해 시작되었다(Hart, 1992).

놀이터는 아이들이 흥미롭고 즐거운 환경에서 그들의 주변을 탐험하고 그들의 운동 능력을 확
장하도록 특별히 고안되었기 때문에 야
외 놀이와 어린이 발달에 있어 중요한 맥
락을 나타낸다.

역사적으로 공공 놀이터의 기본 구성
은 그네, 회전놀이기구, 미끄럼틀, 오르는
기구, 모래 구덩이 같은 구조물들의 집합
체였다. 고정 놀이기구로 특징 지워지는
전통적 놀이터처럼, 현대의 디자인은 품
질 면에서 더 조각적이었고(Hayward et al.,
1974), 상부구조 또는 다기능 구조라고 알
려진 구조물을 사용했다(Eriksen, 1985). 제
2차 세계 대전 이후 건축가와 예술가들이
형태에 관심을 두게 되었고(Solomon, 2005)
새로운 것에 대한 어른들의 아이디어가

영향을 받게 되면서 디자인의 변화가 나타났다(Frost, 2010).

　21세기 초창기 수십 년 동안 바위, 통나무, 심기, 수위 변화 등을 포함한 보다 자연주의적인 설계에 관한 관심이 증가하였다(Frost, 2010:193–7; Shackell et al., 2008). 아직 이러한 변형 디자인은 비교적 드물게 보인다. 표준 모델은 20세기 대부분과 21세기까지 상당히 일정하게 유지됐다.

　어린이 놀이터의 목표는 "아동의 놀이환경을 개선하는 것이고 아동 놀이기회와 긍정적 놀이경험의 양과 질을 높이는 것이다"라고 정의되면서 많은 원칙과 범주가 놀이터를 평가하기 위해 사용되었다. 그러면서 놀이터 사고예방에 대한 관심 증가로 인해 20세기 초에 놀이기구의 안전에 대한 기준이 탄생하게 되었다.

1) 통제되고 의도적인 놀이공간

　오늘날 부모님들의 어린 시절, 놀이터는 동네 공터나 골목이었다. 지금처럼 그네, 시소, 미끄럼틀 같은 놀이기구 하나 없이도 어디를 가든 해가 질 때까지 친구와 함께 뛰어논 경험이 있을 것이다. 골목길에서 놀며 자란 세대가 성장해서 어른이 된 지금, 골목길은 사라지고 있다. 그나마 남아있는 그 골목길에 차량과 건물들이 비집고 들어서고 있다. 바깥은 아이들이 뛰어놀기 위험한 공간으로 변했고 아이들은 안전한 집 안으로 쫓겨 들어오고 있다. 산업화 도시화가 가속되고 있는 현대사회에서의 도심 속 어린이 놀이터는 의미가 조금은 달라지고 있다.

어린이들에게 놀이터는 즐거운 놀이와 편익을 제공하는 잠재성을 가진 놀이터이지만 부모님들이 어린 시절 즐겼던 놀이에 비해 도심 속 우리 아이들이 마음껏 뛰어놀 수 없는 최소한의 공간이 되어가고 있으며, 어른들 눈높이에선 놀이터는 필수가 아닌 부대시설 정도의 취급을 받는 것이 현실이다. 그나마도 많지 않은 어린이 놀이터가 사고에 대한 우려로 인해 안전이 우선이라는 사회 분위기 속에서 본래의 취지를 잃고 획일화되어 가고 있으며, 놀이터에서 마땅히 즐거워야 할 주인공인 어린이들의 놀이기회와 웃음마저 점점 더 많은 통제를 받고 있다.

보육시설과 학교 교육에서도 놀이는 이루어지고 있지만, 그것은 동료들과 놀 수 있도록 하는 커뮤니케이션 목적이라든지, 의무적으로 놀이를 가르치는 목적을 가진 의도된 놀이이다. 이러한 놀이 지도는 보육시설과 학교에서 여러 가지 목적 때문에 널리 이루어지고 있지만, 교육현장에서 수행되는 놀이는 어디까지나 의도적인 학습이며, 어린이에게 자발적이고 개인적인 경험인 즐거운 놀이와는 거리가 멀어 보인다.

어린이는 자발적인 놀이를 통해 주변의 환경과 자연 등을 감지하면서 심신의 성장을 이루어간다고 선행 연구는 밝히고 있다. 이렇게 어린이는 놀이를 통해 자신과 환경에 대해 스스로 몸에 익혀 가는 것이지만 이를 통제하는 어른에 따라 노는 장소와 놀이 시간, 놀 친구가 제한되어 어린이 놀이의 본래 역할이 저해되고 있다

더구나 현대생활에 적응 또는 앞서나가기 위해 오늘날의 어린이는 조급한 부모에 의해 일찍부터 가능한 한 더 많은 시간을 학습시간으로 내쫓기고 있다. 그로 인해 아이들은 자기 자신과 주변 세상을 탐색하고 경험할 놀이기회가 눈에 띄게 줄어들고 있으며, 집 또는 학교, 학원에서 어른의 통제하에 더 많은 시간을 보내고 있다.

혹여 멋지게 잘 설치된 놀이터에서 잠시 놀이를 즐기는 때마저도 큰소리와 공놀이 금지 등의 통제로 인해 놀이터에서 마땅히 즐거워야 할 주인공인 어린이들의 놀이기회와 웃음마저 통제를 받고 있으며, 심지어는 놀이터가 천덕꾸러기 취급을 받고 있기도 하다. 놀이터는 어린이가 마음껏 뛰어놀 수 있는 공간이라기보다는 금지사항과 통제가 많은 재미없는 공간으로 변하고 있다. 선행 연구에 따르면 인위적이고 통제받지 않은 자유로운 놀이활동이 가능할 때에 아동발달이 극대화한다고 한다.

2) 사라지는 자연체험 기회

산업화 및 도시화로 인한 아스팔트로 포장된 도심공간이 확장되면서 자연환경을 접할 기회가

줄어들고 있다. 예전에 흔히 접하던 논, 밭은 물론 아이들에게 송사리, 미꾸라지, 올챙이를 가지고 노는 것은 교과서에서나 접하게 되는 풍경으로 보인다. 반딧불, 고추잠자리를 쫓는 놀이도 부모세대의 추억쯤으로 넘기게 되고 만다. 즉, 우리 아이들이 접할 수 있는 자연체험의 기회가 줄어들고 있다.

더구나 도심화가 심화하다 보니 도시에서 이제는 우리 아이들이 자연스럽게 발달할 수 있는 환경은 점차 없어지고 있다. 어떤 의미에서는 잃어가고 있는 이러한 놀이기회들을 인공적으로 보장해야 하는 시대에 살고 있다. 그러다 보니 표준화되고 인공적인 시설과 제품 위주로 설치되는 놀이터가 많아지고 있다. 해외 선행 연구에 따르면 인공놀이기구에 대하여 아이들은 15분 정도 지나면 호기심을 잃고 다른 놀이 활동을 찾는다고 한다.

그런데도 우리는 공장에서 찍어낸 인공적 기성제품만을 아이들에게 강요하고 있고, 공원이든 아파트든 어린이집이든 어디를 가든 다 비슷비슷한 놀이기구가 설치되어 흥미로움을 떨어트리고 있다. 어린이 놀이에 필요한 자발적 상상놀이 기회를 주기보다는 의도적 놀이가 정해져 있는 형태의 놀이기구가 대부분인 우리의 놀이시설 형태는 호기심과 흥미를 금방 떨어뜨리는 형태로 보인다. "인간은 야외 자연환경에서 진화한다"라고 밝힌 리브킨(Mary S. Rivkin)의 말처럼 아이들의 아동발달을 지원해 줄 수 있는 친환경 재료 및 다양한 야외 놀이환경이 필요하다.

따라서 온전한 어른으로 성장하기 위해서는 우리 아이들에게 다양한 실외 놀이기회를 최대한

가질 수 있도록 해주는 것이 필요하다. 조용히 둔턱이나 나무 위에 앉아 사색에 잠기거나 멀리 노는 친구를 바라보는 것도 놀잇거리이며, 정적놀이의 한 종류이다. 영유아 어린이들에게는 2천만 원 넘는 고가의 고정형 놀이기구 하나 없이도 모래놀이장에서 소품만 가지고도 충분히 재미있는 놀이가 되기도 한다. 그러한 놀이기회는 획일적인 놀이기구 중심의 놀이터보다는 스스로 만들어 나가는 일상생활 속 놀이터에서 가능하기 때문이다.

즉 어린이 놀이터는 놀이기구 중심이 아닌 아이들이 충분히 쉴 수 있으면서도 호기심과 도전을 즐길 수 있는 기능을 넣어주어야 한다. 굳이 놀이시설이 아닌 집이나 골목, 공원, 산과 들이 될 수도 있다. 그러나 아쉽게도 오늘날의 많은 아이에게 놀이시설은 놀이에 대한 흥미 및 도전 기회를 경험할 수 있는 몇 안 되는 최소의 공간이 되어가고 있다. 어린이는 놀이터에서 관리가 필요한 위험을 포함해 다양하면서도 도전적인 놀이경험을 원하고, 필요로 하고 있다는 것을 주지할 필요가 있다.

보건복지부가 실시한 '한국 아동종합실태조사' 결과 초중고생들은 '좋아하는 일을 실컷 할 수 있을 때' 평소 행복을 느낀다고 공통으로 대답했다. 이들이 가장 좋아하는 일은 바로 '놀이'이다. 놀이의 감소로 인해 어린이 행복지수가 떨어지고 있다.

3) 어린이 행복지수 최하위

대한민국 어린이헌장 제8조에는 '어린이는 해로운 사회 환경과 위험으로부터 먼저 보호되어야 한다.'고 명시되어 있으며, 유엔아동권리협약 제6조에서는 '모든 아동은 생명을 존중받을 권리를 가지고 있으며, 당사국 정부는 아동의 생존과 발달을 최대한 보장해야 한다.'라고 규정함으로써 아동의 생존과 발달, 안전에 관한 사항을 명시하였다. 따라서 우리 사회가 어린이들이 안전하고 쾌적한 환경에서 자유롭게 성장할 수 있는 환경이 되도록 노력해야 할 책임이 있다.

2013년 보건복지부가 실시한 '한국 아동종합실태조사' 결과 한국 아동의 '삶의 만족도'는 100점 만점에 60.3점으로 OECD 회원국 가운데 최하위를 차지했으며, 2014년에 발표된 어린이와 청소년의 '주관적 행복'지수도 경제협력개발기구(OECD) 23개 회원국 가운데 최하위를 차지했다. 한국의 어린이는 스트레스와 우울 수준이 높아지고 있으며, 인터넷과 스마트폰 등의 매체중독 비율도 높아지는 것으로 나타났다.

4) 잘못된 안전문화

그런데도 우리의 놀이터는 획일화되고 있으며, 아이들 성장에 필요한 놀이가치보다는 통제와 놀이기구 중심의 안전문화가 자리 잡고 있다. 놀이기구가 안전하면 다른 것은 문제 될 것 없다는 인식이 만연하고 있다.

놀이터에서 안전이 덜 중요하다는 것이 아니라 잘못된 어린이 놀이시설 안전문화가 퍼지고 있다.

놀이시설 안전 관련 선진국인 영국 안전보건청(HSE)은 "어린이 놀이에서 위험을 제거하는 노력은 가능하지도 않고 바람직하지도 않다"라고 밝히고 있다. 즉, "엄격한 안전기준을 모두 충족했다고 해서 놀이터에서 어린이들이 더 잘 배울 수 있을 거로 생각하는 때마저도 자신의 행동 결과로부터 어린이를 완전하게 보호하는 것이 절대 가능하지 않다"라고 밝히고 있다.

우리나라는 관련 법과 제도에서 어린이 놀이터에서 안전한 놀이터의 잣대로 「어린이 놀이시설 시설기준 및 기술기준」을 적용하고 있다. 그러다 보니 사회적으로도 이 안전기준에 어긋나면 위험하고, 안전기준에 적합하면 무조건 안전하다는 획일적 안전의식이 만연되고 있다.

어린이 놀이시설 안전기준을 현명하게 사용할 필요가 있다. "어린이 놀이시설 안전기준은 안

전관리 수단이지, 목표가 아니다"라고 우리나라 놀이시설 안전기준의 출처인 유럽표준위원회에서도 밝히고 있다. "놀이시설 안전기준은 놀이터의 안전관리에 있어 참고 포인트를 마련하여 도움을 주고 있지만 정확한 답을 주지는 못한다"라고 밝히고 있다. 따라서 지금의 우리나라 사회적 분위기처럼 놀이시설 안전기준을 잣대로 놀이터에서 사고가 일어나지 않는다고 판단해서는 안 된다.

어린이는 놀이를 통해 발달을 촉진하고 또 다른 욕구를 낳고, 갈등을 일으키고, 그것을 뛰어넘는 에너지를 창출해 간다. 아이들은 위험을 수반하면서도 모험과 도전을 반복해 자신의 벽을 뚫고 신체적, 정신적, 사회적으로 성장해 나간다고 일반적으로 알려져 있다.

어린이 놀이가 소중하고 필요한 것이라는 것을 알고 있지만, 실생활 속에서 우리 아이들 성장에 도움을 주는 그 놀이가치의 의미를 실천하고 있는 사회적인 노력은 미약하다. 특히 안전만을 우선시하는 사회적 분위기가 더욱 그런 면을 부추기고 있다.

그래서 우리나라는 유엔의 아동권리협약에 따른 어린이에게 좀 더 많은 놀이와 휴식을 즐길

수 있는 환경조성이 필요하다고 할 수 있겠다. 놀이시설 안전 측면에서 놀이기회를 통제하며 제한된 공간과 시간 속에 가두어 놓게 되면, 어린이의 올바른 성장을 기대하기란 어려운 것이다. 언제나 도전과 재미를 추구하는 어린이 놀이특성상 어쩌면 더 많은 위험한 상황 또는 장소로 우리 아이들을 내모는 것이 아닐까 하는 생각이 든다.

두껍고 어려운 놀이시설 안전기준서 서문에서도 밝히고 있듯이 놀이시설 안전기준은 어린이 놀이터에서 위험성을 주기 위해 존재하는 것이다. 즉 우리가 안전을 배우는 것은 우리 아이들에게 좀 더 도전적이고, 재미있게 놀 수 있는 놀이환경을 만들어주기 위한 것이다.

따라서 우리는 어린이가 우리 사회가 만들어준 안전한 환경 안에서 마음 놓고 친구들과 어울림을 통하여 선행 연구물에서 밝히고 있는 신체, 인지, 정서, 사회적 발달을 온전히 이룰 수 있도록 해서 우리 아이들이 적어도 놀이터 안에서만큼은 최대한의 이익을 가져갈 수 있도록 해야 한다.

③ 어린이 놀이의 이해

놀이는 유엔아동권리선언 제31조에 언급된 바와 같이 모든 아동의 기본 권리이고 필수적인 요소임은 분명하다. 선행 연구를 종합하면 놀이는 본능적이며, 내적으로 동기화된 자발적 활동[3]으로, 그 자체가 목적이 되는 과정 중심적 활동이라고 밝히고 있다. 모든 아동은 자연스럽게 놀고 싶은 충동과 호기심을 가지고 있다. 그들은 경험에 대한 욕구를 가지며, 탐구하고 이해하려는 욕구가 있다. 이런 자연스러운 충동들은 어린이들의 놀이에서 표출된다.

누구나 인지하듯이 어린이에게 있어 놀이는 즐거운 일이다. 어린이는 달리거나 비틀거리거나 밀치락달치락하며 또는 상상력을 동원하며 현재 환경을 응용하는 자기만의 놀이를 즐기면서 에너지를 태운다. 이런 식으로 전개되는 평소 아이들의 활동이 놀이이다.

아동발달 심리학에서는 일반적으로 아동의 발달영역을 세 가지 주요 측면으로 구별하고 있다. 신체발달, 인지발달, 사회정서발달이 그것이다. 그러한 아동발달은 어린이의 적극적인 탐색, 발견, 공상, 시험, 모방을 통해서 이루어지는데, 그 대부분은 바로 놀이 활동으로 일어난다고 선행 연구에서는 밝히고 있다.

어린이 놀이의 정의에 관련된 선행 연구를 살펴보면 놀이는 어린이의 최초 작업이며, 어린이는 그 놀이의 주체이다. 또한 어린이 놀이는 즐거움, 오락, 재미를 제공하는 자연스럽고 조직화한 활동이며, 어린이에게 있어서 발달 능력의 하나이고 목적적인 활동의 근본이 된다.

그러면서 어린이는 놀이를 통해 아동들의 근육 발달은 물론 신체적 균형이나 운동 기술의 발달을 가져간다. 그리고 아동이 타인의 관점을 이해할 수 있도록 하여 더 나은 인간관계를 형성하게 한다. 그뿐만 아니라 놀이 활동을 통해 다른 아동에 적응하는 것과 협동적으로 행동하는 것을 학습하게 해줌으로써 사회적 기술의 발달에 도움을 준다. 프로이트(Freud)는 놀이가 정서 발달에 기본이 될 뿐 아니라 치료 효과로서의 가치가 있다고 했으며, 저실드(Jersild)는 놀이가 사회에서 현실적으로 용납되지 않는 금지된 충동의 방출을 허용한다고 하였다.

팬치와 개스킨스(Goncu&Gaskins, 2007)는 놀이의 복잡성으로 인해 하나로 통합된 관점으로 정리하는 것에 대한 어려움을 지적해 온 바 있다. 놀이는 다양한 방법으로 정의할 수 있고 다양한 형태로 나타날 수 있지만 분명한 것은 놀이는 선천적인 어린 시절의 본능이며, 그것은 즐거울 뿐만 아니라 학습과 발달의 과정에도 결정적이라는 것이다.

놀이는 조용하고 사색적일 뿐만 아니라 활동적이고 떠들썩할 수도 있다. 놀이는 특별히 아무

것도 하지 않는 것, 많은 것을 하는 것, 떠들썩한 것, 뽐내는 것, 사색하는 것, 혼자 있는 것, 사교적인 것, 도전을 받는 것, 좌절하는 것, 어려움을 극복하는 것 등 많은 형태를 취하고 있다. 이렇게 놀이는 다양한 형태로 존재하지만, 놀이의 본질은 배움에 있어서 하나의 중요한 요소인 즐거움이다(Perry, 2001).

놀이는 다양하고 유연하며 옳거나 잘못된 방법은 없다. 활동적이거나 가라앉아 있거나 상상력이 풍부하거나 탐구적일 수 있고, 타인을 참여시키거나 혼자 수행될 수 있는 끝없는 놀이 유형을 포괄한다. 하지만 "만약 재미가 없다면 놀이가 아니다"라는 이론(Perry, 2001)이 교육자 사이에서 보편적으로 통용되고 있다.

놀이는 다른 형태로 태어나자마자 시작된다. 어린이는 기뻐할 만한 모든 것인 쌓기놀이, 상상, 유머와 같은 다양한 방법으로 놀면서 자신의 신체와 마음 그리고 언어를 사용한다(Perry, 2001). 놀이는 어린이들의 열정으로 비치기도 한다(Honig, 2000). 그러면서 어린이는 놀이를 통해 세계를 탐험하고 자신의 선택에 대한 책임을 지는 법을 배운다.

우리 성인들에게도 놀이는 오락과 휴식이며 의무적인 일 또는 작업에서의 탈출이 되어준다. 특히 어린이에게 있어 놀이 그 자체는 선행 연구에서 밝힌 바처럼 어린이가 경험과 지식을 얻는 수단으로써 이를 통해 사회성 및 가치형성, 창의력, 안정된 정서, 신체발달 등의 경험적인 습득을 얻을 수 있다. 이처럼 어린이에게 있어 놀이란 "그 자체가 생활이자 교육이며 즐거움"이라 정

의할 수 있겠다.

놀이를 어떻게 정의하든 그것은 모든 문화에서 어린이 일상적인 활동이다.[4] 피아제(Piaget)는 어린이들에게 놀이는 지각적, 신체·사회적, 감정적 발달에 있어 중요한 부분이며, 놀이를 통하여 어린이들은 자신과 자신이 속한 세계에 대해 배우게 된다고 밝히고 있다. 따라서 어린이에게 있어 놀이란 그 자체가 즐거움이며 목적인 동시에 놀이의 결과가 지식과 경험의 축적으로 나타나는 발달 과정이라고 할 수가 있다.

특히 야외 놀이는 아이들의 신체적, 인지적, 사회적, 정서적 발달의 모든 측면에 있어서 중요한 맥락이다(Clements, 2004; Lester와 Russell, 2008). 이것은 아이들이 그들의 환경을 탐구하고 그들의 몸이 무엇을 할 수 있는지를 배우면서 부상을 피하는 것을 배울 때 위험을 인식하고 평가하는 능력을 발달시키는 중요한 맥락이다. 어린이들의 발달과 놀이의 질은 아이들이 그들의 주변을 안전하게 탐험하고, 실험하고, 새로운 것을 시도하고, 도전을 받아들이고, 위험을 감수할 수 있게 할 때 향상된다.

결론적으로 놀이의 정의를 가장 쉽게 기술한 샤이어(Shier)의 표현에 따르면, '놀이는 공공서비스가 아니며, 상품은 더욱 아니다. 놀이는 자연스럽고 보편적인 인간의 충동이다. 어른들은 결코 아이들을 놀게 할 필요가 없다. 그리고 우리는 단지 아이들이 노는 것을 도울 필요가 거의 없다. 어른들은 아이들이 놀도록 내버려둬야 한다'(Shier, 2010).

어린이 놀이에 대한 이해를 좀 더 쉽게 표현해준 자료가 임상 심리사이자 일본 무사시대학의 인문학부 다케다 노부코 교수의 2014년 심포지엄의 발표 자료이다. 다케다 노부코 교수가 정의하는 어린이 놀이의 의의는 다음과 같다.

○ 카타르시스에 의한 자아의 통합

카타르시스라는 것은 쌓였던 감정을 해방하거나 열망을 충족하거나 대항할 수 있는 상태를 말한다. 아주 홀가분한 상태이다. 우리의 마음은 정신없이 노는 것을 통해 활발하게 본래의 힘을 되찾아 간다. 책임과 결과를 묻는 법이 없는 놀이는 자신을 어릴 때 시점으로 되돌려 놓고, 마음의 에너지를 충전하는 데 도움을 준다. 놀이는 쌓이고 쌓인 감정이나 여분의 에너지를 발산시킨다. 놀이는 불안과 분노를 통제하고 마음의 균형을 회복시켜 준다고 한다.

위니 코트라는 아동 정신과 의사는 놀이는 그 자체가 달래주는 것이라고 밝히고 있다. 란 드레스는 "놀이는 어린이가 가지는 가장 자연스럽고 활동적인 자기 치유 과정"이라고 했으며, 에릭슨은 "어린이 놀이는 소우주, 즉 마음대로 조작할 수 있는 장난감의 작은 세계이며, 그것은 아이들이 쌓은 항구"라고 밝히고 있다. 아이는 자신의 자아를 수리할 필요가 있다고 그곳으로 돌아가라고 말했다. 어린이 치료 연구자들은 어린이 놀이가 심신의 건강을 유지한다는 것을 실감으로 체험하고 이론화하고 있다.

○ 객관적인 비현실성과 주관적 현실성

놀이는 객관적으로는 비현실의 세계이다. 놀이터 주위에서 관찰하고 있는 부모에게 놀이는 비현실의 세계로 보이겠지만 놀이에 몰두하고 있는 어린이에게는 놀이는 주관적으로 현실이 된다. 어린이에게 소꿉놀이는 연극과 같다. 어떤 역할을 맡은 어린이는 실제 주인공은 아니지만, 주관적으로는 그 세계에 들어가고 있다. 그 역할에 실패해도 괜찮다. "지금 우리는 어디서 어떻게 실패하면 좋을까? 지금 실패하는 것을 허용하는 사회가 되고 있을까?" 어린이는 주인공이 되자 그 느낌을 체험해 볼 수 있다. 하지만 실제가 아니므로 안전하다. 실패하더라도 안전하다. 그래서 뭐든지 할 수 있다. 신체적 위험을 수반하는 것이 있을지도 모르지만, 놀이 속에서 평소 할 수 없는 것에도 도전할 수 있고, 다시 할 수 있다. 예를 들면 모래집 짓기 놀이를 가정해보자. 모래 언덕을 만들어도 실은 금방 무너지고 만다. 하지만 무너지더라도 또다시 할 수 있다. "아아, 사람은 실패해도 다시 할 수 있고, 몇 번이라도 다시 할 수 있어."라는 생각에 아이들은 모래집 짓기 놀이를 되풀이하다 보면, 쌓다가 스스로 망가뜨리고, 혹은 오빠가 일부러 부수더라도 다시 시작할 수 있다는 것을 놀이를 통해서 상징적으로 배운다. 분노에서도 회복할 수 있다. 자신이 나쁜 짓을 했다고 해도 거기서 돌아갈 수 있다. 그런 것은 바로 놀이를 통해서 배우게 되는 것이다.

○ 학습

세상의 모든 부모가 가장 관심을 두는 부분이다. 이른바 공부와 다른 배움이 놀이 속에서 일어난다. 어린이가 놀면서 하게 되는 사고는 일정한 답변을 추구하는 수렴적인 사고가 아니라 확산적 사고이다. 암기하거나 계산하는 공부라기보다는 시행착오를 경험하는 실험이다. 차례로 조건을 변화시키고 추구하는 연구 같은, 더 고도의 배움을 놀이를 통해서 가지게 된다.

예를 들면 눈앞에 개미가 한 마리 나왔다. 이 개미는 어디에서 오고 어디로 갈까, 어떤 곤충이지 하고, 유심히 관찰하는 아이가 있다. 이 어린이에게는 눈앞의 작은 재미있는 변화가 자극으로 이어지고, 더 알고 싶다는 요구를 동반한 고도의 학습 프로세스가 생기게 된다. 만약 놀이 중에서 정말 알고 싶은 게 있다면 어쩌면 글씨를 모르는 아이들도 어려운 도감을 읽고 이해하게 될지도 모른다. 그것은 어린이들에게 공부가 아니라 놀이이다. 배움을 발생시키는 놀이이다.

어린이에게 있어 놀이는 본래 재미있는 것이고, 놀면서 배우는 것도 재미있다. 그러면서 뇌를 사용하는 것이고, 놀이를 통해 이렇게 저렇게 머리를 사용하는 배움은 오히려 재미가 된다. 어린이는 역할놀이를 통해 사회적 관계에 대한 새로운 태도의 체득 또는 새로운 발견도 하게 된다. 다양한 나이의 아이들과 놀면서 인간관계를 배우고 자신의 자리를 배우고 갈 수 있다. 놀이는 사회적 학습의 장이다. 놀이는 누구도 가르칠 수 없는 것을 배우는 방법이라고 심리학자 프랭크는 말했다. 놀이는 아이들에게 사고나 개념을 익히는 방법이다. 우리 뇌의 대부분은 초등학교 입학 전에 만들어진다고 한다. 즉 학교 공부의 기초 및 기반은 놀이를 통해 만들어지고 있다.

이상에서 살펴본 바와 같이 아동발달학과 관련하여 놀이에 대한 수많은 정의와 개념이 있지만, 선행 연구물을 종합하여 포괄적으로 살펴보면 다음처럼 놀이를 정의할 수 있겠다.

1. 놀이는 모든 어린이의 삶에 있어 꼭 필요한 부분이자 우리의 성장 과정에서 가장 중요한 요소이다.
2. 놀이는 세상을 탐색하는 과정이며 어린이의 활동능력을 발전시킬 수 있는 수단이다.
3. 놀이는 신체, 인지, 정서, 사회적 발달에 꼭 필요하며 사회적 행동양식의 능력 습득에도 필요한 것이다.
4. 놀이는 어린이 스스로 만족하는 활동이며, 창조적 활동인 동시에 자유롭게 선택하는 다양한 활동을 아우르는 것이다.

즉, 어린이는 놀이를 통해 자신의 한계에 도전하고 신체적, 정신적, 사회적인 발달을 이루어 가며, 집단 놀이 속에서 자신의 역할을 확인하는 등의 다른 놀이를 통해 자신의 창의력과 자존감을 향상해 나가는 것이다.

　따라서 우리는 유엔의 아동권리협약에서 밝히고 있는 것처럼, 어린이에게 더 많은 놀이와 휴식을 즐길 수 있는 환경조성이 필요하다고 할 수 있겠다. 제한된 공간과 시간 속에 가두어 놓고 어린이의 올바른 성장을 기대하기란 어려운 것이다. 어린이가 마음 놓고 야외 놀이환경에서 친구들과 어울림을 통하여 학자들이 언급한 신체, 인지, 정서, 사회적 발달을 이룰 수 있도록 노력해야 하겠다.

④ 어린이 놀이터의 의미

> 놀이터는 어린이에게 그런 목적을 위해 디자인된 환경 안에서 위험을 배울 가능성을 줄 수 있게 특별하게 만든 장소이다. 따라서 놀이터는 우리 아이들이 좀 더 넓은 세상에서 비슷한 위해요인을 다루기 위해 스스로 무장할 수 있도록 도와주어야 한다. (Managing risk in Play Provision: A position Statement, 2002)

　의학 분야 란셋(Lancet)의 연구에 따르면 신체적인 활동 부진이 조기사망의 4가지 주요 원인 중 하나라고 말한다(나머지는 담배, 술, 비만이다.). 이것은 신체적 활동이 없을 때 생기는 명백한 위험이다.

　그래서 도전적인 놀이터는 오늘날 아이들의 신체적인 활동 부진으로 인한 위험에 대한 분명한

해답이 될 수 있다. 그들은 스스로 선택한 자발적인 신체활동을 즐긴다. 놀이는 어린이들 자신이 가장 좋아하는 취미활동 중 하나이다.

세계보건기구(WHO)는 5~18세 어린이들의 건강한 신체활동을 위한 국제 지침에서 놀이를 가장 먼저 다루고 있다. 점점 더 많은 과학적 연구 문헌은 아이들의 신체활동에 대해 이해하고 운동을 할 줄 아는 능력(Physical Literacy)을 개발하는 데 있어 놀이터가 중요한 역할을 한다고 밝히고 있다. 이것은 결국 아이들이 놀이터와 함께 자신이 살아갈 세상을 더욱 자신 있게 다루게 한다. 더 많은 연구에 따르면 다양한 여가활동 중에 놀이기구가 있는 놀이터는 아이들에게 최대한의 신체활동을 끌어낸다고 밝히고 있다.

최근에 노르웨이의 샌드세터 교수는 어린이들이 일상생활에서 신체적인 놀이를 할 때 현재보다 훨씬 더 많은 위험이 있어야 한다고 주장하면서 국제 언론의 헤드라인을 장식하기도 했다.

관련 문헌에 따르면 어린이에게 있어 놀이공간과 놀이터는 단순한 놀이와 오락을 할 기회만이 아닌 어린이의 건강한 신체, 인지, 사회정서 발달을 위한 놀이공간과 대인접촉을 통한 사회화 학습의 장소, 즉 교육과 같은 목적으로 제공되고 있다.

놀이터의 목적을 분명히 나타낸 선행 연구에 따르면, 놀이 제공은 더 분명한 운동 기술뿐만 아니라 협동 놀이, 모델링 행동, 갈등 해결 및 주고받기를 위한 기회를 제공할 필요가 있다고 한다.

놀이터의 특징은 아이들이 그들 자신의 페이스에 따라 자신만의 아이디어와 활동을 개발할 수

있도록 해야 한다(Gummer, 2010)고 밝히고 있으며, 놀이터에서 놀이의 분명한 특징은 신체적으로 활동적인 놀이를 증가시키는 것으로 나타났다(Hughes, 2007). 활동적으로 되기 위해서는 충분한 공간과 나이에 맞는 장비가 필요하고, 아이들이 빠르고 천천히 돌아다니고, 방향을 바꾸고, 환경을 조작할 수 있는 기능(Tigpen, 2007)들이 필요한 것으로 파악되었다.

Play = Learning.
 – Hirsch–Pasek & Golinkioff(2003)
만약 재미가 없다면 놀이가 아니다
(Perry, 2001)
놀이는 아이들의 열정이다.
(Honig, 2000)
신체의 피로로 놀지 못할 때까지 완전하고도 끈기 있게 노는 아이들은 자신과 다른 사람의 복지까지를 위해 자신을 희생할 수 있는 단호한 성인이 될 것이다. (Friedrich Froebel)

놀이터 존재 이유

"아동의 도전과 탐색에는 위험이 수반되며, 이러한 위험은 아동발달에 필요한 부분이며 아이들도 원하고 있다."

아동의 능력을 발달시키고, 도전과 탐험을 위한 환경에 도전하고 아동발달을 자극하기 위하여 놀이터는 존재

아이들은 밖에서 놀아야 하고 위험관리를 배워야 한다. 놀이터는 여기서 중요한 역할을 한다. 아이들의 안전을 향상하는 가장 좋은 방법은 그들이 직면해야 할 상황에 대처하기 위한 기술을 가르치고, 아이들의 건강, 웰빙, 학습과 발전을 향상하기 위해 다양한 범위의 놀이기회를 가질 수 있도록 하는 것이다.

어린이 놀이터를 통한 우선적인 편익은 어린이에게 놀 기회를 준다는 점이다. 지역 사회 곳곳에 설치되는 어린이 놀이터는 영국의 놀이터 위험관리 지침서에 언급된 다음과 같은 다양한 편익을 제공한다고 밝힌다.

편익	내용
놀이 장소	어린이는 놀이가 필요하며 놀 권리를 가진다. 그리고 놀이터는 어른의 간섭없이 자신들이 선택한 방법으로 자유롭게 노는 장소이다.
미팅공간	어린이는 친구들과 만나서 시간을 보낼 수 있는 장소와 주변을 찾는데, 놀이터를 우선하여 찾게 된다.
즐거운 공간	어른들과 마찬가지로 어린이는 자신의 삶을 즐길 필요가 있으며, 단순히 재미있는 시간과 장소를 가질 필요가 있다. 좋은 놀이환경은 놀이경험의 넓은 다양성과 선택을 제공하는 것이 필요하다.
부모와 보호자 지원	접근성 있고 좋은 놀이터는 자녀의 놀이경험을 확장해 주는 부모와 보호자에 대해서 배려하는 놀이터이다. 어린이가 시간을 보낼 수 있는 놀이터는 집안에서 겪는 스트레스를 덜어주고 다툼을 줄이는 데 도움을 준다.
위험을 다루는 학습	풍부하고 도전적이고, 관심을 끄는 놀이환경은 어린이에게 자신의 능력을 탐색하고 자신을 실험하도록 해준다. 심각한 손상 가능성을 제거한 관리된 환경 안에서 어린이는 위험을 잘못 판단하거나 단순히 운이 없어 실패한 경험에서 그 교훈을 배울 수 있다.
능력 개발 기회	자기주도적 놀이경험은 어른의 간섭없이 문제를 풀고 목표를 달성하는 방법을 스스로 찾아내는 기회를 준다. 이러한 경험은 어린이의 능력과 회복력(역경을 극복하는 능력)을 발전시킨다.
모험심 포용	어떤 아이는 위험한 상황을 적극적으로 찾아 나선다. 놀이터는 어린이가 실제로 위험한 환경에서 시간을 보낼 것이라는 위험을 줄이면서, 관리된 환경 안에서 어린이가 신나는 무언가를 찾는 것을 만족시켜줄 기회를 제공한다.
모이는 지점이 되는 공동체 역할	중앙에 있는 놀이기구는 다양한 연령대 아이들을 불러모으며, 아동 간에 그리고 어른과 아동 간에 교류와 소통을 증진한다. 질 좋은 다양한 기능을 가진 놀이터는 연대감과 공동체 의식을 가지게 한다. 놀이는 사회문화적으로 긍정적인 태도를 쌓는 데에도 중요하게 이바지한다. 예를 들면, 가정환경이 좋지 않은 아이나 쉽게 어울리기 힘든 외국 어린이들의 경우 놀이터에서 다른 아이들과 차별 없이 맘껏 놀 수 있다는 것은 이들에게 큰 도움이 되는 것이다. 좋은 놀이는 아이들이 좀 더 평등한 상태에서 사회적 욕구를 달성할 기회를 제공하는 것이다(Hill-Tout and others, 1995). 결국 놀이터는 문화적 동일성과 차이점을 탐험할 기회를 제공하는 것이다
자연을 접하는 기회	어린이는 자연 세계와 그 환경의 중요성을 인식하는 데 도움을 주는 경험과 자연과 소통하는 기회를 소중하게 생각한다. 녹색의 야외 환경을 접하게 되면 건강상 편익이 있다는 연구물과 증거가 늘고 있다.
친구를 사귀는 장소	친구를 사귀고 우정을 만드는 기회는 어린 시절의 가장 중요한 경험의 하나이다. 게다가 이런 경험은 어린이에게 자신감과 사회적 경쟁력을 키울 수 있도록 도와준다. 이미 여러 연구에서 밝혀진 것처럼 놀이는 아동에게 개성, 자부심, 그리고 다른 친구의 상황에 대한 공감, 일련의 그들 행동에 관한 인식의 증가에 대한 감각을 발달시키는 기회를 제공한다.
신체활동 증진	어린이 대부분은 야외에서 뛰놀 때 자연스레 신체적으로 활발해진다. 조직적인 스포츠 활동처럼 즉각적인 야외놀이도 활동적으로 된다는 것을 선행 연구에서 밝히고 있다.

⑤ 어린이 놀이의 역할과 중요성

센다(2002)는 놀이를 통해서 어린이는 크게 "창조성" "사회성" "감성" "신체성"의 4개의 능력 개발을 한다고 제시하고 있다. 사회성과 관련하여 서튼-스미스(Sutton-Smith, 1971)는 "유아에게 놀이는 곧 일이고 작업이며 놀이를 통하여 후일의 성인생활을 준비하고 역할수행과 기능을 익히게 되며, 이러한 사회화 과정은 놀이를 통하여 최초로 획득된다"라고 하였다. 그러면서 많은 선행 연구(Lester and Russell, 2008; NICE, 2010; Calter and Taylor, 2001)에서 밝힌 바처럼 어린이가 독립적인 학습과 자신감, 회복력, 자부심, 자기효율을 쌓을 기회를 제공할 수 있다.

문헌에 따르면 어린이는 놀이를 통해 가정을 더욱 가깝게 하게 되며 부모와 자식의 연대를 강화하는 것(Gardner and Ward, 2000)으로 파악되고 있는 반면에, 어른들의 감시로부터의 자유 역시 마찬가지로 중요하며, 어린이들이 독립적인 기동성을 얻고, 그들 자신의 상황에 따라 세계를 탐험하고, 그들 자신의 정체성을 창조할 수 있게 한다(Armitage, 2004)고 보고 있다. 더 나아가 프로이트(Freud)는 놀이가 정서 발달에 기본이 될 뿐 아니라 치료 효과로서의 가치가 있다고 하였다.

특히 어린이는 실외놀이를 통하여 2가지 배움을 얻는다고 한다. 하나는 어린이는 신체적 능력을 발달시키면서 주변 환경에 대하여 배우게 되고 세상에 대하여 생각하는 방법을 배우게 된다. 또한 어린이가 앞으로 살아갈 세상을 놀이를 통해서 미리 경험하며 세상에 존재하는 위험을 배

놀이의 중요성

• 즐거움을 찾는 활동이자 학습

• 놀면서 세상을 배우고, 위험을 경험

• 모든 어린이의 성장에 있어서 필수 불가결한 것.

놀이의 역할

① 놀이는 아이에게 즐거움을 줄 뿐만 아니라 아이의 신체적, 정신적, 사회적 발달 등을 촉진
  → 심신의 발달

② 아이는 놀이를 통해 위험에 관한 예지 능력과 사고 회피 능력 등 안전에 관한 신체 능력 등을 높임.
  → 위험대처 능력 발달

우게 된다. 유아들은 실내에서보다 실외에서 노는 것을 더 즐기며, 실외에서의 놀이가 유아의 인지, 사회, 정서, 창의성 및 신체발달에 중요한 역할을 한다고 한다. 이와 같이 실외 놀이기회가 많으면 많을수록 아동은 더 많이 발달하게 된다. 아동발달 전문가들은 이 점에 대하여 동의를 하고 있다.

어린이는 놀 때 가장 행복하다고 보고[5]하고 있으며, 이런 아이들의 '행복'에 대한 정의는 '원할 때 하고 싶은 것을 하는 것', '원하는 것을 얻는 것', 또는 '평범한 일에서 예상치 못한 일'과 강하게 연관되어 있으므로 일시적인 상태로 보인다(Counterpoint, 2008). 국내 연구에 따르면 어린이가 행복하다고 느끼는 것에는 놀이 자체, 놀이대상, 놀이환경, 놀이시간에 해당되는 내용이 포함되어 있다(안재진, 2016).

일반적으로 살펴보면, 어린이는 놀이를 통해 사회적 역할, 규범, 가치를 배우고 신체적, 인지적 능력, 창의력, 자아 가치와 효능을 개발한다.[6), 7)]

기본적으로 놀이를 통한 어린 시절의 신체 운동은 강한 뼈, 근육의 힘, 폐활량을 늘리는 데 도움을 준다. 또 인지 기능을 높이고, 학업 성취도를 향상하며, 신경 인지 처리를 가속화할 수 있다. 고대 그리스 철학자 Platon은 놀이가 학습 매개가 된다고 하며, 놀이의 중요성을 강조하였을 뿐 아니라 유아들의 인성에 도움을 준다고 하였으며, 유아를 교육하는 올바른 방법은 유아들이 자

신의 능력을 키울 수 있는 놀이를 하도록 하는 것이라고 제안하였다.

최근의 한 연구(Brockman 외, 2011)에 따르면 어린이들이 육체적으로 활동적인 놀이를 하는 주된 동기는 사회적, 즐거움 이유, 지루함을 예방하기 위한 것, 그리고 활동적인 것에 따른 신체적, 정서적 이익을 인식하기 때문이라는 것을 발견했다. 브록맨의 연구에 따르면 어린이는 성인의 통제로부터의 자유와 신체적인 활동적 놀이의 구조화되지 않은 성격을 중요시했다.

하지만 아이들은 그들의 활동적인 놀이가 열악한 날씨와 두려움, 적절한 놀이공간의 부족에 의해 제한된다고 느꼈다. 이러한 발견으로부터 저자들은 비가 오는 쉬는 시간에 밖에 있는 어린이들에게 방수복을 제공할 수 있도록 학교들이 더 많은 격려를 해야 한다고 제안한다. 브록맨 등의 연구진은 어린이와 부모의 두려움을 줄이기 위해 더 많은 안전한 놀이 장소가 필요하며, 이는 어린이들이 이웃에서 활동하지 못하게 할 수 있다고 믿는다. 이 연구는 또 휴대폰을 소유한 어린이들이 이웃 주변에서 활발하게 놀 수 있는 더 많은 독립성을 가지고 있다는 것을 발견했다. 왜냐하면 부모들이 그들이 전화로 연락할 수 있다면 그들을 감시하지 않고 밖에서 놀게 하는 것이 더 행복하기 때문이다.

계속해서 어린이 놀이는 아이들이 본질적인 관심사를 개발하고, 결정을 내리는 방법을 배우고, 문제를 해결하고, 자제력을 발휘하고, 규칙을 따르고, 감정을 조절하고, 또래 관계를 발전시키고 유지하도록 돕는 아이들의 작업으로 묘사되어 왔다.[8]

또래 친구들과 노는 것은 아이들의 사회적, 도덕적, 정서적 발달에 매우 중요하다. 놀이환경에서 아이들은 서로를 이해하고 협력, 나눔, 배려하는 기술을 개발하는 법을 배운다. 교실의 조직적인 환경에서 우정이 형성되는 것이 아니라 놀이에서 형성된다고 밝히고 있다(Heart, 2002).

인지발달과 관련해서는 20세기의 가장 영향력 있는 인지발달 이론가 중 하나인 피아제와 비고츠키는 둘 다 어린이 발달에 있어서 놀이의 필수적인 역할을 강조했다. 피아제에 따르면 놀이는 아이들에게 환경의 물질과 상호작용하고 세계에 대한 그들 자신의 지식을 형성할 광범위한 기회를 제공하여 놀이가 인지발달의 가장 중요한 요소 중 하나가 된다고 한다(Zigler and Bishop-Josef, 2009). 이처럼 선행 연구의 결과는 아이들이 놀 모든 기회를 주는 것이 중요하다는 것을 확인하는데, 이것이 그들의 신체적, 정신적 건강, 웰빙, 그리고 사회·정서적 발달에 도움이 될 수 있기 때문이다.

놀이를 통한 사회적 이점과 관련해 살펴보면, 다른 어린이들과 노는 것은 어린이들이 서로 관계를 맺고, 그룹을 형성하며, 집단의 일부나 지역 공동체 일부를 느끼는 방식에 영향을 미치는 것으로 관찰되고 있다. 어린이는 놀이를 통해 그들 자신의 언어, 규칙, 가치관을 사용하고 놀이는 그들 자신의 정체성을 발전시키는 데 도움을 준다(Casey, 2010). 또래들과 자유롭게 놀 수 있는 아이들은 다른 사람의 관점을 통해 사물을 볼 수 있는 기술을 개발하고, 협력하고, 돕고, 공유하고, 문제를 해결하는 기술을 개발한다(Open University, 2011).

데이비스(Davis 외, 2002)는 세대 간 상호작용을 하는 놀이는 신체, 인지, 사회, 정서 발달에 이점을 제공하는 것으로 파악하였다. 놀이를 통해 어린이는 문화나 다른 경계를 극복할 수 있고, 어린이가 자신과 다르다고 생각할 수 있는 다른 사람들을 이해하도록 도울 수 있고, 사회적 고립이 되기 쉬운 장애아들에게는 놀이가 다른 아이들과 유대감을 형성하는 중요한 방법이 될 수 있다(Dunn 외, 2004).

부모들이 놀이터에서 자녀들과 함께 다른 부모들을 만나 대화를 나누는데, 이것은 지역사회 관계와 우정을 키우는 데 도움이 된다. 레스터와 러셀(Lester and Russell, 2008)에 따르면, 신체적 접촉, 상상력의 사용, 사회적 교섭을 가능하게 하는 놀이의 종류는, 우정이 중요해지고 있는 삶에서 어린이들이 '매우 정교한 애착 시스템'을 형성할 수 있게 해준다.

역할극 놀이는 많은 어린이에게 소속감을 얻고, 그들의 사회적 기술을 향상하며, 성인-아동 관계 양성에 도움을 주는 것으로 나타났다(Ginsburg, 2007). 즉, 세대 간 소통하는 놀이도 창의성과 연계되어 있으며, 이를 능동적, 쌍방향 놀이를 위한 놀이 설정과 결합하면 아이들의 발전과 웰빙에

이바지할 수 있다(Davis 외, 2002).

이처럼 분명히 세대 간 상호작용과 관련된 놀이는 어린이들의 사회적 능력에 많은 이점이 있을 뿐만 아니라 어른과 어린이 간에 긍정적인 관계를 형성하는 데 중요한 역할을 한다. 하지만 아이들이 어른들의 시선을 피해서 놀 기회도 아이들에게 필수적이다.

그동안의 연구 결과는 아이들의 행복에 대한 공동체 놀이의 가치와 중요성도 입증해 왔다. 어른들에게도 어린이들의 놀이는 어린이가 노는 장소에서 서로 교류할 기회를 제공하기 때문에 좋은 사회적 네트워크를 구축하는 데 도움이 될 수 있다. 그중의 한 연구 결과는 공공 공간이 사회화 기회와 지역사회의 유대관계를 발전시키는 데 높이 평가되고 있다는 것을 발견했다. 특히 어린이들에게 공공장소는 그들에게 우정을 쌓고 사회생활의 규칙을 배우게 해준다. 또한 공공의 공간은 거리에 있던, 외딴 지역에 있든 간에 중요한 놀이 영역으로 확인되었다(Worpole&Knox, 2007).

오늘날의 어린이는 일반적으로 전 세대보다 야외에서 놀 기회가 적다고 한다. 증가하는 교통량, 위험에 대한 우려, 그리고 어린이에 대한 지나친 보호 태도는 어린이들과 젊은이들에게 놀 기회가 줄어들게 한 많은 요소 중 하나이다. 2007년 영국의 ICM 조사에 따르면, 71%의 성인들이 어렸을 때 매일 그들의 집 근처 거리나 지역에서 놀던 경험을 가졌지만, 오늘날에는 단지 21%의 어린이들만이 놀이를 경험한다고 밝히고 있다(Play England, 2007). 이렇게 열악한 놀이환경, 바

쁜 학교 일정, 그리고 체계화된 활동의 증가는 유익하고 기본적인 아이들의 권리인 놀이가 소외되었다는 것을 의미했고, 종종 '비할 수 없는 사치'로 인식되었다(Elkind, 2008).

2007년 미국소아과학회는 최근 수십 년간 어린이들의 여가시간이 줄어든 반면 같은 기간 어린이와 청소년의 우울증은 증가 추세에 있다고 보고했다. 보고서에 언급된 바와 같이 자유롭고 자발적인 창의적 놀이는 '압력과 스트레스의 영향으로부터 보호받을 수 있는 혜택을 제공한다'라고 밝히고 있다(Ginsburg, 2007).

위에서 세대 간 놀이의 이점을 언급했지만 지역사회 놀이는 자연환경에서 특히 유익할 수 있다. 자연에 대한 자유로운 놀이와 노출이 건강한 아동발달에 필수적인 것으로 점점 더 인식되고 있다(Moore&Cosco, 2009). 자연환경에서 노는 것이 아이들의 사회적 놀이, 행복감, 집중력, 운동력에 긍정적인 영향을 미친다는 연구 결과가 있으며, 아이들은 자연환경에 특별한 매력을 가지고 있다는 연구결과가 있다(Bird, 2007b; Lester and Russell, 2008).

그래서 오늘날 야외 놀이는 특히 중요하다고 할 수 있다. 왜냐하면 그것은 요소들을 경험할 독특한 기회를 제공하고, 야외 놀이가 가져다줄 수 있는 행복감과 즐거움 때문이다. 야외에 접근하면 어린이들이 자유롭게 움직이고 뛰어다닐 수 있는 공간이 더 넓어진다. 선행 연구에 따르면 자연계를 이해하고 존중하는 기회와 같은 어린이의 행복에 대한 다른 긍정적인 영향과 함께 신체활동의 수준을 증가시키기 위해 놀이의 중요성, 특히 야외 놀이의 중요성을 강조한다.

야외 놀이는 어린이들이 그들의 환경을 탐구하고 그들의 신체가 무엇을 할 수 있는지를 배우면서 부상을 피하는 것을 배우고 위험을 인식하고 평가하는 능력을 개발하는 중요한 맥락이다.[9]

어린이들의 자유로운 야외 놀이는 어린이의 발달과 학습에 있어 주요한 원동력으로 인식됐으며[10], 야외 자연환경에서 자유로운 놀이는 창의력을 촉진할 뿐만 아니라 운동 적합성과 능력, 환경 인식 및 항법 능력을 개발하는 데 중요하다.[11], [12]

특히 도전적인 환경은 아이들에게 자신의 영역을 넓히고, 모험을 하며, 조금 더 탐험하도록 동기를 부여하여 자신감과 자부심 그리고 학습의 기질을 촉진한다(Tovey, 2007).

즉, 어린이는 놀이를 통해 자신의 한계에 도전하고 신체적, 정신적, 사회적 발달을 이루며, 집단 놀이 속에서 자신의 역할을 확인하는 등의 다른 놀이를 통해 자신의 창의력과 자존감을 향상해 나가는 것이다. 이처럼 놀이는 모든 어린이의 성장에 필수적인 것이다.[13]

건강한 어린이의 발달과 관련하여 놀이는 중요한 활동이라고 널리 받아들여지고 있으며, 국제 놀이협회(IPA)에 따르면 놀이는 다음과 같은 이점을 제공한다고 밝히고 있다.

- 놀이는 어린이에게 자유롭게 즐기고 어떤 놀이 또는 운동을 선택하고, 행동을 조절하는 기회를 제공한다.
- 놀이는 가능성(한계)을 실험하고 위험을 탐험하는 기회를 제공한다.
- 놀이는 어린이를 위해 매우 폭넓은 신체, 사회, 지적 경험을 제공한다.
- 놀이는 독립심과 자부심을 키워준다.

- 놀이는 다른 친구에 대한 관계를 발달시켜주며, 사회적 상호작용을 위한 기회를 제공한다.
- 놀이는 어린이의 웰빙(well-being), 건강한 성장과 발달을 지원한다.
- 놀이는 아동의 지식과 이해를 증가시킨다.
- 놀이는 어린이의 창의력과 학습능력을 촉진한다.

이상 위에서 설명한 연구는 건강한 어린이 발육을 위한 기본적이고 필수적인 필요성으로서 야외에서 자유롭고 위험한 놀이의 풍부한 기회를 강력히 지원하고 있다. 지금까지 선행 연구를 종합해보면 어린이 놀이는 분명히 어린이들의 삶에 유익한 역할을 한다. 놀이의 이점은 즉각적이고 장기적이며, 아이들의 신체적, 정신적 행복, 교육적 발전, 두뇌를 포함한 아이들의 건강과 발달의 모든 측면에 이바지한다.

결국 이렇게 필수불가결한 어린이 놀이의 부흥으로 인한 수혜자는 우리 사회이다. 우리 사회의 기초이자 기반시설인 어린이 놀이터가 가지는 중요성은 여기에 있다. 하지만 어린이 놀이가 현대사회에서는 다른 사회문화적 요인에 의해 뒷전으로 밀리고 있다.

선행 연구에 따르면 사회, 환경적으로 어린이 놀이를 지원 또는 억제하는 요인을 다음과 같이 밝히고 있다.[14]

연구자	놀이 지원요인	놀이 억제 요인
Gauntlet et al., 2010	재료와 장난감들이 개방적이고 다양할 때 가장 효과적으로 활용되며 어린이들에게 창의성, 또래 및 성인과의 사회적 상호작용, 자작 및 깊은 참여를 위한 풍부한 기회를 제공한다.	
The importance of play Dr David Whitebread 2012	자극의 수준, 성인들과의 상호작용의 질 독립성이나 자율성의 정도	
Burghardt, 2005	환경에서의 일정 수준의 스트레스나 예측 불가능성이 어린이의 회복력과 재미의 발달을 지원한다.	높은 수준의 스트레스는 분명히 아이들이 참여하는 놀이 양의 감소로 이어진다.
미국 국립발달아동 과학위원회(2005)	정서적으로 지원되고 자극적인 환경에서 살아가는 아이들에게서 발생하는 '긍정적인 스트레스(positive stress)'는 불확실성의 요소를 포함하면서 아동의 재미과 회복력 발달을 지원한다.	아이들이 응원받지 못하면서도 심각하고 지속적으로 스트레스를 받는 상황에 처하게 되는 '강박 스트레스'가 있다.

(Vitch 등, 2006)		부모, 보호자, 교사가 지나치게 위험을 회피하고 과잉 보호 및 감시하게 되면서 아이들의 놀이에 부정적인 영향을 미칠 수 있다.
Singer et al., 2009		유럽 전역과 다른 4개 대륙의 어머니들은 교통, 범죄, 괴롭힘과 폭력, 유괴 가능성, 먼지, 세균, 그리고 다른 유사한 문제들과 관련하여, 아이들이 밖에서 놀 수 있도록 하는 것에 대한 두려움을 나타내고 있다.
Moss, 2012		자녀들이 1970년대 이후 집 주변에서 감독받지 않을 수 있는 지역이 90% 줄어들었다.

즉, 아주 훌륭한 놀이터를 만들어놓더라도 장난꾸러기 성향이 강한 아이라도 놀 수 없을 것이며, 시간, 공간, 독립성과 자율성이 주어지지 않으면 학습과 발달의 측면에서 그 혜택을 충분히 거둘 수 있을 만큼 스스로 자발적이고 자기 주도적인 놀이 활동을 전개할 수 없다는 것을 보여주고 있다.

굳이 놀이가치와 아이들의 발달적 욕구를 논외로 하더라도 놀이터에서 아이들의 치명적 사고 방지(안전)을 위해서라도 놀이터는 좀 더 도전적이어야 하며, 어린이 스스로 안전을 확보할 수 있는 능력을 개발하기 위해서라도 이용자의 욕구를 채울 수 있는 스릴을 유발하는 놀이환경을 만

들고 제공해주는 노력이 필요하다.

따라서 어린이 놀이를 충분히 지원하기 위해서는 충분한 물리적 놀이공간뿐만 아니라 놀이를 자유롭게 즐길 수 있는 사회, 문화적 지원이 절실하다. 특히, 어린이들의 안전 능력 증진을 위해 필요한 위험체험에 대해서 피해 및 손해를 두려워하는 부모들에 대한 인식개선도 병행되어야 함을 보여주고 있다.

⑥ 어린이 놀이행동의 특성과 욕구

지금까지 놀이가 어린이 발달의 필수적인 부분이고 모든 어린이에게 기본이라는 설득력 있는 연구 기반의 증거를 제시했고, 이번에는 놀이의 주체인 어린이를 중심으로 그들의 욕구와 놀이 행동 특성을 살펴보자.

모든 어린이는 자연스럽게 놀고 싶은 충동과 호기심을 가지고 있고, 자극적이고 도전적인 놀이를 원한다는 것은 누구나 아는 사실이다. 그들은 경험에 대한 욕구를 가지며, 탐구하고 이해하려는 충동을 지니고 있다. 이런 자연스러운 충동들은 혼자 또는 집단놀이에서 충분히 표현한다.

예를 들면, 아이들이 놀이를 할 때, 그들은 종종 일상적으로 친숙한 것에 대해서 지루함을 느끼고 더 불확실하고, 더 도전적이고, 더 매력적인 것으로 이동한다. 이처럼 어린이는 놀이를 통해 더 높이, 빨리, 더 잘 할 수 있다는 의욕은 성장에 있어 빼놓을 수 없다. 이렇게 어린이는 의욕을 가지고 놀면서 때로는 의도한 대로 되지 않아 실패하기도 한다. 어린이는 놀면서 언제든 넘어지고, 떨어지고, 충돌하는 등의 경험을 통해 크고 작은 부상을 하기도 한다. 즉, 의욕적인 놀이에는 위험이 따른다. 따라서 어린이는 놀이를 통해 적극적으로 자신을 시험해보고 자신의 능력을 개발할 기회를 찾으며, 자신을 둘러싼 세상과 환경을 탐색하면서 필연적으로 위험과 맞닥뜨리게 된다. 그러면서 어린이는 도전적인 놀이경험을 통해서 평생 마주하게 될 수많은 일상적인 위험을 다루는 방법을 배우게 된다.

결과적으로 어린이는 어른들이 감독하지 않는 다른 아이들과 더 많이 놀기를 원하며, 특별히 구조화되지 않은 공간에서, 제조된 장난감보다는 자연적으로 이용 가능한 물건으로 더 많이 노는 것으로 확인되었다.[15]

다양한 증거에 따르면 어린이들의 재미(즐거움, playfulness)가 정신적인 행복의 표시일 뿐 아니라 놀이에 의해 지탱되고 있다는 것을 보여준다.[16]

또한 어린이 놀이의 한 가지 일반적인 특징은 높은 곳에 오르거나, 회전하거나, 빠르게 움직이거나, 게임놀이처럼 약간 겁이 나고, 긴장 수준이 높아지는 상황을 능동적으로 찾는다. 놀이는 다른 활동과 달리 그 활동 그 자체가 목적이 되며 전체 과정을 진행함에 있어 일정한 유형이나 특별한 행동 양식을 정할 수 없다. 심리학자들은 이러한 경험이 아이들이 도전적이거나 새로운 상황에 대한 반응에서 더 탄력적이고 융통성 있게 되도록 돕는다고 주장하면서 이를 적응변화로 설명한다.[17]

이렇게 어린이가 놀이를 통해 위험을 감수하는 것은 어린이가 자신과 친구들에게 자신이 가지고 있는 용기와 신체적 기술을 보여주는 기회가 되기도 한다.

어린이의 놀이에 대한 관찰적 연구(Sandseter, 2007, 2009; Stephenson, 2003; Greenfield, 2004)에서 나온 증거들은 어린이들이 위험을 감수하는 활동을 추구한다는 것을 암시한다. 어린이 대부분은 자연스럽게 위험한 놀이에 끌리고, 그러한 놀이가 불러일으키는 스릴, 흥분 그리고 심지어 두려움을 즐긴다. 또한 어린이 놀이에는 위험한 활동을 수반하는 두려움과 흥분에 대한 욕구가 존재한다(Zuckerman, Kuhlman, 1994)고 밝히고 있다.

놀이 중인 모든 아이는 자연스럽게 호기심을 가진다. 그들은 경험에 대한 욕구와 탐구하고 이해하려는 충동을 지니고 있다. 이런 자연스러운 충동들과 성향들은 어린이들의 놀이에서 마음껏 표현된다. 게다가, 어린이 놀이의 가장 일관된 특징 중 하나는 일상적이고 친숙하며, 따라서 잠재적으로 지루할 수 있는 것에서 더 도전적이고, 더 매력적인 것으로의 이동이다.

이것은 아이들에게 의도하지 않은 방식으로 장비를 사용하고, 높은 곳에서 뛰어내리고, 구조물이나 나무를 오르고, 모의 공격을 하는 것으로 나타날 수 있다. 관찰을 기반으로 한 연구[18]에 따르면, 어린이들이 가장 흔하고 선호하는 위험한 놀이의 형태가 등반이라는 것을 보여주었고, 다음으로 다른 형태의 놀이보다는 높은 곳에서 점프하는 것을 즐기고 선호했다. 그러나 어린이들이 기꺼이 위험을 감수하는 정도는 크게 다르게 나타났다. 궁극적으로 어린이는 그 보상이 위험을 능가하기에 충분한지에 근거하여 위험한 놀이를 할 것인지를 선택한다고 밝히고 있다.

이렇듯 어린이는 야외에서 위험한 놀이에 대한 자연스러운 추구 경향이 있으며[19], [20], 어떤 아이들은 다른 아이들보다 위험에 대한 욕구가 더 크다.[21] 야외 자유 놀이에 참여하는 미취학 아동들의 자연주의적 관찰은 높이와 고속에서 노는 것과 같은 위험에 고의로 노출되었음을 나타낸다.[22]

이 같은 위험한 놀이 행동에 대한 뉴질랜드의 한 연구에 따르면 어린이들이 이전에 해본 적이 없는 어떤 것을 시도하는 것, '통제 불능'에 가까운 느낌(흔히 속도나 높이에 관련된 것), 그리고 어떤 종류에 대한 두려움을 극복하는 것을 포함하는 경향이 있다고 관찰했다(Stephenson, 2003).

어린이 놀이 분야 대표적 연구가인 데이빗 볼(David Ball, 2002)의 연구에 따르면, 어린이는 놀면서 위험에 대한 도전을 원하며 필요로 한다고 언급하며, '어린이가 놀이의 즐거움인 위험성(risk)에 도전하는 것은 놀이의 매력을 높이고 아이에게 도전할 가능성을 주는 것'이라고 밝히고 있다. 또한 '어린이는 통제를 통해 방해받지 않는다면 어린이는 자기 자신을 지킨다'라고 제시하고 있다.[23]

어린이가 도전적이고 위험한 놀이를 자주 찾는다는 최근의 연구 결과는 다음과 같다.

저자	주요 내용
all, Gill, & Spiegal, 2008; Greenfield, 2004; Sandseter, 2007a; Stephenson, 2003	아이들은 적극적으로 자신의 한계를 시험할 도전과 기회를 찾으며, 이것은 필연적으로 위험에 직면하는 것을 의미한다.
Stephenson, 2003	어린이들에게 불충분한 도전이 제시되면 부적절하고 위험한 방법으로 장비를 사용할 가능성이 증가한다.
Adams, 2001; Aldis, 1975; Smith, 1998; Stephenson, 2003	어린이들의 신체적 놀이는 도전적이고, 약간 무섭고, 다소 위험한 놀이에 자연스럽게 끌리게 된다. 즉, 아이들은 비록 그것이 공포와 스릴의 느낌과 해로울 가능성과 밀접하게 연관되어 있음에도 종종 도전적이고 위험한 형태의 놀이를 추구한다.
Sandseter, 2007	아이들의 놀이 관찰과 인터뷰에서 분명한 공통의 주제는 아이들이 경험하는 흥분과 즐거움, 그리고 두려움의 감정을 불러일으키거나 다칠 수 있다는 것을 인정하지만 그러한 경험을 찾고자 하는 명백한 욕구였다.
Coster & Gleve, 2008	어린이들과의 인터뷰 결과는 어린이들이 재미, 즐거움, 스릴, 자부심, 자신감과 같은 긍정적인 감정을 경험하기 위해 위험한 놀이를 한다는 것을 보여주었다.
Helen Littlea, David Eagerb, 2010	관찰 결과 높이를 증가시키기 위한 노력으로 기구의 보호난간을 오르는 형태로 관찰되어 위험을 가중시킨 것으로 확인되었다.
Eager and Little, 2011	"위험 결핍 장애"("risk Deficit Disorder")라는 용어를 만들어 아이들이 자신의 삶에서 위험을 제거하려는 시도로 인해 발생할 수 있는 일련의 문제를 설명했다.
Tvovey and Waller, 2014	이러한 위험 회피적 경향은 아이들의 자율성을 떨어뜨려, '무기력한' 상태를 유지할 수 있다.
Stephenson, 2003; Tovey, 2007; Waite et al., 2014)	즉각적인 판단을 포함한 삶의 잠재적인 위험에 대한 인식과 그것들을 다루는 방법을 아는 것은 강하고 능력 있는 학습자들에게 이바지하는 중요한 삶의 기술이다.

또 하나의 아동놀이의 욕구와 관련된 연구에서는 아이들이 자연 친화력을 가지고 있으며 자연 환경에서 더 적극적으로 자신의 정체성을 즐기고, 배우고, 실험하고, 창조하고, 발견한다는 것을

밝혀냈다(Cob, 1977; Moore and Wong, 1997). 또한 어린이 놀이는 필요에 따라 환경을 직접 조작할 기회를 가질 수 있을 때 가장 만족스러워하는 것으로 밝혀졌다(Banarjee and Southworth, 1996).

어린이가 맞닥뜨리는 현실 세계는 위험에서 자유롭지 못하며 오히려 위험이 일상적으로 존재하는 세상이다. 어린이는 놀이터 안에서 아이들이 살아갈 세상을 미리 경험하는 것과 같다고 말할 수 있다. 이상의 연구물을 종합해 살펴보면, 어른이 되어가는 어린이의 발달 과정 중 꼭 필요한 부분은 바로 한계를 탐색하고 새로운 경험을 시도하는 필요와 소망이다. 최소한의 손상은 아이들이 배워 가는 과정 일부분이며, 지극히 정상적인 것이다. 중요한 점은 위험을 접하는 것이 어린이의 놀이 목적에 있어서 필요한 특징이라는 점이다. 어린이에게 있어 놀이터는 환경을 배우고, 도전하고, 자극받을 수 있는 부분으로서 허용될 수 있는 위험을 접할 기회를 제공하는 것과 같은 것이다.

Chapter

II

위험과 놀이가치

　최근 수십 년간 아이들의 역량과 회복력에 대한 사회적 인식의 변화가 지속되어 왔다.[24] 유아기에 대한 지원과 교육은 안전하고 안전한 환경에서 신체적으로 도전적인 활발한 놀이를 할 중요한 기회를 제공한다. 그러나 점점 더 위험을 회피하게 되는 사회에서 안전에 대한 지나친 강조는 그러한 놀이기회를 잠식해 왔다.[25] 한때 아이들을 능동적으로 책임감 있고 능력 있는 아이로 간주했던 것에서, 최근에는 아이들을 어른보다 미성숙한 아이로 보는 쪽으로 옮겨갔으며, 이로 인해 아이들은 자신의 부족함으로부터 보호되어야 한다는 인식을 지니게 되었다.[26],[27]

　이러한 경향은 어린이들의 탐험과 야외 자유 놀이기회의 접근을 제한하는 데 기여했다.[28],[29] 최근의 국내 놀이터 디자인도 놀이가치의 이점보다 안전에 의해 추진되는 경향이 크다고 할수 있다. 제도적으로는 놀이기구 안전기준의 철저한 준수를 요구하고 있으며, 설치업체의 경우에도 안전에 대해 우선적인 고려를 하는 것이 현실이다. 따라서 놀이터 설계 시 안전관리 제도와 안전기준의 제약을 받고 있어 다양하고 창의적인 놀이터 제공에 있어 어려움이 존재한다. 서구 국가에서 보여준 사례처럼 놀이터에 대한 공공 안전정책이 엄격해짐에 따라 놀이터가 퇴색하고 놀이문화가 저해되는 것을 우려하는 목소리가 증가하고 있다. 부모와 사회가 가지는 그 두려움의 결과는 바로 우리 아이들의 능력과 상상력을 시험할 기회를 제공하는 놀이기회의 감소로 나타나고

있다. 즉, 놀이에 필수적으로 수반되는 위험과 책임에 대한 우려로 인해 유엔아동권리협약 제31조에서 언급된 어린이의 기본권리인 놀이기회가 제한되고 있다.

이를 뒷받침하듯 최근 들어 부모와 언론 및 선행 연구들은 어린이 안전을 위한 노력이 어린이들의 과잉보호에 집중하고 있다는 우려를 표명했다.[30], [31] 예를 들어, 많은 언론 기사들은 과도한 건강 및 안전 규제와 과도하게 보호하려는 육아 관행이 아이들의 위험한 야외 놀이기회를 감소시키는 역할을 한다고 밝히고 있다.[32], [33], [34] 마찬가지로, 수많은 육아 서적들은 부모들이 자녀들의 독립성과 자발적인 신체적 위험을 지나치게 줄이고 있다고 비판하고 있다.[35], [36], [37], [38]

문헌에 따르면 야외 놀이의 중요성에 대한 인정에도 불구하고, 최근 몇 년간 놀이시설과 자유로운 놀이의 기회가 감소하고 있고(Waller, 2006), 많은 서구사회가 결과적으로 두려움으로 인해 점점 더 위험을 꺼리고 있다는 우려가 증가하고 있다(Gill, 2007; Lester and Russell, 2008; Madge and Barker, 2007)고 밝히고 있다. 이것은 도전과 자극이 제거된 지나친 보호 안전 조치에 대한 증가 추세를 예고하고 있다. 그러한 위험 최소화 조치는 아이들의 건강과 발전에 해로운 영향을 미칠 가능성이 크다고 주장되어 왔다(Bundy, Luckett, Tranter, Naugton, Wyver, Ragen 외, 2009; Little & Wyver, 2008). 다른 연구에서는 과도한 안전을 위한 조치와 간섭은 반발을 일으킬 가능성이 있으며, 이는 어린이 부상 감소에 대해 상대적으로 상당한 놀이가치를 훼손할 수 있다고 밝히고 있다.[39], [40]

이러한 우려에도 불구하고 물리적 놀이와 그 제공에 영향을 미칠 수 있는 요인을 조사하는 연구는 거의 없었다. 부모의 안전에 대한 우려는 어린이들의 독립적 활동에 더 큰 제한을 두게 되고, 통제되고 구조화된 놀이 공간의 확산과 유년기의 제도화라는 결과를 가져왔다(Lester and Russell, 2008; Valentine and McKendrick, 1997; Waller, 2006)고 비판하고 있다.

이와 더불어 2016년 프란치스코 교황은 다음과 같이 비판하기도 했다. "우리는 아이가 겪을 수 있는 모든 상황을 통제할 수 없다. 만약 부모들이 자식들이 어디에 있는지 항상 알아야 하고 그들의 모든 움직임을 통제하는 것에 집착한다면, 그들은 공간만 지배하려 할 것이다. 그러나 이것은 자녀들이 도전에 직면할 수 있도록 교육하고, 능력을 키우고, 준비할 수 있는 방법이 아니다. 가장 중요한 것은 그들이 자유, 성숙, 전반적인 규율과 진정한 자율에서 성장할 수 있도록 사랑스럽게 도와주는 능력이다."

이렇듯 최근의 새로운 연구들은 우리가 어린이를 보호하고 심각한 부상을 피하기 위해 과도한 안전에 대한 집중과 함께 어린이의 전반적인 발달에 중요한 놀이경험과 자극으로부터 아이들을 제한하는 문제가 발생하고 있다고 제기하고 있다.

다양한 아동발달과 건강상의 혜택을 가져오는 놀이에는 위험한 놀이가 수반되면서 잦은 사고를 경험하기도 하지만 사회적으로 안전에 대한 지나친 집중과 함께 아이들의 야외 위험 놀이기회를 제한하는 사회적 경향은 건강한 어린이 발달에 위협이 될 수 있다. Eager와 Little은 아이들이 삶에서 위험을 제거하려는 시도로 인해 경험할 수 있는 일련의 문제들을 설명하기 위해 "위험결핍장애(risk Deficit Disorder)"라는 용어를 만들었다.[41]

필자는 어린이 놀이와 관련된 안전 노력의 측면에서 나타난 분명한 부정적 경향에 대해 이러한 우려에 대해 필자는 심각하게 공감한다.

부모가 된다는 것은 인간의 삶에 근본적인 목적이 된다. 하지만 아이가 태어나는 순간부터 부모가 된다는 것은 사랑하는 것을 잃는 것에 대한 근본적인 두려움을 수반한다. 이러한 두려움은 어떤 위험 또는 심지어 도전이 되는 것으로부터 아이를 보호하려는 과잉보호 행동을 초래할 수 있다. 소위 헬리콥터 육아이다. 놀이터에서 그런 종류의 과잉보호가 일어날 때, 신체적 놀이경험을 통해 세상을 알아가기 위해 성장한다는 놀이터의 목적에 반하는 역효과를 초래하게 된다.

점점 더 많은 부모가 놀이터가 너무 위험하다고 불평하는 것 같다. 놀이터 주인들은 놀이터의 어른들로부터 많은 불평과 비합리적인 두려움을 보고한다. 그것은 대부분 놀이터가 어떻게 안전을 확보하는지에 대한 지식과 이해 부족으로 인해 발생한다. 그러나 그들은 어린 시절에 무엇이 진짜 위험(danger)한 것이고 무엇이 건강한 위험(risk)인지에 대한 인식의 균형 부족에서 비롯된다.

이렇게 놀이터에 존재하는 위험에 대한 기피 현상은 위험이 부정적인 어떤 것이기 때문에 피해야 한다는 관점에서 비롯된다(Furedi, 2001). 이러한 부정적인 관점에 대한 논리적 오류는 위험과 안전이 공존할 수 없다는 믿음 때문에 발생한다.[42]

실제 1998년 판 영국 놀이기구 안전기준(BS EN1176-1)에서는, "놀이 가치를 포함하는 것은 본 표준의 목적이 아니다"라고 기술되어 있다. 이런 표현은 안전기준이 놀이 제공의 이점이나 "놀이 가치"에 대한 언급 없이 위험 최소화에 대해서만 다루고 있다는 것을 의미할 것이다. 만약 그렇다면, 이것은 몇십 년 동안 어린이들의 놀이기회 위축에 대해 어느 정도 설명이 된다.

그러나 놀랍게도 2008년과 2017년 개정판에서는 "어린이 개발 및 또는 놀이에 미치는 기여를 줄이는 것은 이 표준요건의 목적이 아니다(BSI)"라는 문구로 시작한다. 그리고 나서 "놀이 제공은 위험을 제공해야 할 필요성과 어린이들을 심각한 위해로부터 보호해야 할 필요성 사이의 균형을 관리하는 것을 목표로 해야 한다"라고 기술한다.

이렇게 2000년대 들어서 관련 연구가 진행되면서 어린이들을 위한 야외 놀이의 가치와 중요성을 인식하고 그들에게 더 나은 놀이기회를 주는 방법들에 대한 인식이 상승하고 있다고 영국 국립아동국(National Children's Bureau, 2013)은 밝히고 있다. 이것은 놀이를 통해 어린이는 여러 위험에 노출되게 되고 이것은 바로 인간적인 차원에서 그것에 대처하는 방법을 배우는 것이라는 깨달음이다. 영국의 안전 규제 기관인 보건안전부(HSE)가 2012년 발표한 고위성명서에 다음과 같이 밝히고 있다.

"어린이는 놀이를 통해 세상을 살아나가게 한다. 그것은 그들의 능력에 관한 탐구와 이해를 제공하고, 그들이 배우고 발전할 수 있도록 돕는다. 그리고 그들을 위험에서 벗어나 있지 않고 오히려 위험이 존재하는 세계인 그들이 살아갈 세계의 현실에 드러낸다. 놀이의 기회는 어린이의 위험인식을 발달시키고 그들의 미래의 삶을 준비시킨다."

놀이터 안전분야에서 이러한 새로운 접근과 인식은 예견되었다. 왜냐하면 일부 사회에서 어린이와 젊은이들이 수십 년 동안 필수적인 발달 경험을 박탈당했고 시정 조치가 시급하다는 많은 보고서, 연구 논문, 언론 성명서가 있기 때문이다(Bundy et al., 2009; Guldberg, 2009; Jones, 2006; Louv, 2005; Play SafetyForum, 2002; Sandseter & Kennair, 2011).

사회적으로 지적되는 과도한 위험에 대한 혐오의 원인이 무엇이든 간에, 이 문제를 해결하는 방법은 위험관리에 대한 보다 균형 있고 사려 깊은 접근법을 촉진해야 한다는 공통된 견해가 있다. 선도적인 영국의 놀이정책을 보면, '아이들의 놀이에서 이용할 수 있는 환경과 기회의 범위를 넓힘으로써 긍정적인 반응을 보이는 동시에, 그들의 신체적, 심리적 행복을 계속 고려하는 것'이라고 영국 보건안전청(HSE)은 명시하고 있다[43]. 그러면서 위험의 체험을 어린이 놀이에서 필수적인 요소를 식별하고 있다.

관련 법과 제도가 시행된 지 10년이 지난 지금 우리나라의 놀이터 안전을 향한 우리의 접근법을 성찰하고 건강한 어린이 발달에 미치는 영향을 고려하는 것은 시기적절하고 중요한 일이 아닐 수 없다. 최근의 위험한 놀이를 제공하는 노력은 보편적이지만 얼마나 위험한 놀이를 허용할지는 사회적 맥락에 따라 다르게 나타날 수 있다(Tovey, 2007). 그러나 유럽에서 선행적으로 보여주고 있는 "가능한 한 안전하게"가 아닌 "필요에 따른" 안전을 위한 최적의 전략을 모색하기 위한 새로운 연구와 조치들을 검토해볼 필요가 있다. 이러한 패러다임 변화는 인식론적 성장의 잠재력과 더불어 어린이들의 안전을 확보하면서도 최적의 아동발달을 촉진하기 위한 대안을 고민한다는 점에서 우리에게 시사하는 바가 상당하다고 할 수 있다.

놀이터에서의 안전은 절대적인 것이 아니며 홀로 자리매김될 수도 없다. 어린이에게 있어 놀이터는 가장 먼저이며 가장 중요한 것이다. 흥미롭고 매력적이지 못하다면 얼마나 안전하든 실패한 것이다.

(Managing risk in Play Provision: Implementation guide, 2013)

1) 위험은 어디에나 있다

살아가면서 끊임없이 접하게 되는 위협과 위험에 대한 느낌은 심지어 우리 아이들이 놀게 하는 방법에까지 영향을 미친다. "너무 높아", "천천히", "안돼", "조심해"는 우리가 놀이터와 집에서 아이들에게 주의를 주는 문장들이다.

발달 심리학자인 마리아나 브루소니(Brussoni) 박사는 다음과 같이 설명한다. 그녀는 만약 우리가 항상 아이들에게 조심하라고 말한다면, 분명하거나 즉각적인 위험이 없고, 당신이 어떻게 조심해야 하는지에 대한 명확한 지침이 없을 때, 그것은 아이들에게 지속적인 위협이 있는 것처럼 느끼게 한다고 설명한다. 만약 아이가 실제로 조심하거나 두려워해야 할 것이 무엇인지 모른다면, 아이는 주위의 모든 것에 대해 막연하게 불안해지고 위협받게 될 것이다. 위협과 위험에 대한 이러한 인식은 야외활동과 위험한 놀이의 감소와 결국 아이들의 웰빙, 건강, 환경에 영향을 미치게 되는 것이다.

우리는 위험을 인정하고 이야기할 필요가 있다. 우리가 하는 모든 일과 환경에 위험이 존재하며, 위험은 나쁜 것이 아니다. 그것은 결과의 가능성을 설명하는 중립적인 용어다. 차로 출근하거나 목욕을 하거나 저녁을 먹는 것에도 위험은 존재한다. 그리고 거리를 탐험하거나 부모가 볼 수 없는 곳에서 놀거나 나무를 기어 올라가는 위험은 정상적이고 본능적인 놀이행동이다. 이렇게 어린이 놀이에 내재한 위험이 있다는 것을 받아들이고 부모들이 두려움을 해소하고 아이들이 그들의 세계를 탐험할 수 있는 더 큰 자유를 허락해 줄 수 있어야 한다.

우리 어른들은 통상의 사용 방법에 따른 어린이 놀이를 상정하고 놀이환경과 놀이기구를 제공하지만, 어린이들은 왕성한 호기심과 도전 욕구로 인해 어른들이 예상치 못한 놀이를 하기도 한다. 이러한 놀이 안에는 위험을 포함하고 있고, 실제로 이러한 위험으로 인해 안전사고가 많이 발생하고 있다.

그동안 어린이 놀이시설 사고 현황자료를 살펴보면 어린이에게 심각한 손상을 유발하는 위험 원인으로는 주로 시설물의 결함과 부적절한 이용 등이 있다. 시설물의 결함은 다양하게 나타나고 있으며, 심각한 손상으로 이어질 수 있어서 철저한 관리가 필요한 위험이다.

그네의 주기둥이 흔들리거나 볼트나사가 날카롭게 튀어나온 것이라든지 사다리가 부러진 것 등이 시설물의 결함이다. 또한 바닥재가 뒤틀린 상태를 방치하게 되면 사고로 이어질 수 있다. 이와 같은 관리가 필요한 위해요인에 대해서는 따로 정리하도록 하겠다.

어린이 놀이터에는 조합놀이대, 그네와 같은 놀이기구에 존재하는 시설결함과 같은 위험도 있지만 이용자가 그네를 타다가 공중에서 갑자기 뛰어내린다든지, 조합놀이대 보호난간 출입구에서 직접 뛰어내리는 등의 이용자에 의한 위험도 있다. 놀이터에서 발생하는 사고는 이러한 위험으로부터 시작되며 놀이터 안전은 사고예방 차원에서 해당 위험을 관리하는 것을 목표로 한다. 하지만 어린이 놀이에는 필요한 위험도 있다는 것을 분명하게 인지할 필요가 있다.

우선 놀이터에 존재하는 다양한 위험에 대한 이해를 위해 먼저 국내외 놀이터 안전과 관련되어 사용되는 용어를 중심으로 살펴보도록 하겠다.

2) 안전(Safety)

'안전한' 또는 '안전'은 아마도 어린이와 위험에 대한 논쟁에서 가장 흔하게 접하는 용어일 것이다. 어떤 사람들에게 '안전하다'라는 말은 전혀 해를 입을 위험이 없다는 것을 의미한다. 다른 사람들에게 그것은 상황이 안전기준을 준수한다는 것을 의미한다. 일부 사람들에게는 위험 수준이 대체로 허용되는 것으로 간주하는 개념적 가치보다 낮다는 것을 의미할 수 있다. '안전하다'는 말은 다른 사람들에게 다른 것을 의미하기 때문에 이와 같은 질문에 대한 간단한 대답은 없다.[44] 안전과 관련된 논의에 있어 그 중심에는 위험이 있으며, 선행 연구에 따른 위험에는 risk, hazard, harm, danger가 있으며, 다음과 같이 정의되고 있다.

구분	일반적 정의
risk	일반적으로 risk는 "(부상이나 손실과 같은) 좋지 않거나 불쾌한 일이 발생할 가능성"이다. [45] 위험관리 맥락에서 이 단어는 결과의 심각성과 그 확률을 측정하는 것을 포함하는 경향이 있다. 영국보건안전청은 위험을 '누군가가 [위험]에 의해 피해를 볼 확률과 함께 위해요인 (hazard)이 얼마나 심각할 수 있는지를 나타내는 것'으로 정의한다.(HSE, 2006).
hazard	위해요인(hazard)은 잠재적인 위해(harm)의 근원이다. [46] 어린이를 심각하게 다치거나 위험에 빠뜨릴 수 있고 어린이가 인식할 수 있는 능력 밖인 환경에서의 danger로 정의한다. [47]
danger	부상 또는 위해(harm)를 일으킬 수 있는 것이다. [48]
harm	harm 관습적으로는 부정적인 것이며, 사전적 정의에서는 일종의 외상(injury)이다.

3) 위험(risk)과 위해요인(hazard)

"위험"(risk)이라는 용어는 오늘날에는 많이 사용하는 낯익은 용어이며, 일상적으로 다양하게 사용되고 있다. 우리 사회에서는 "위험"으로, 산업계에서는 "위험" 또는 "리스크"라는 용어로 흔하게 사용되지만 그것이 대체 무엇을 의미하는지는 정확하게 구분되어 사용되고 있지 못한 측면이 많다.

위험은 '그것은 위험하다(risky)'와 같이 그 가능성이 허용될 수 없는 정도로 높은지에 대한 가치 판단을 의미한다. 그래서 주어진 위험이 허용 또는 용납될 수 있는가 없는가에 대한 혼동이 일어날 수 있다.

우리말로서는 똑같은 단어인 위험이라도 영어로 옮기면 danger와 risk 둘로 구분된다. 어린이 놀이에서 'danger'의 위험과 'risk'의 위험은 다르다. 이 두 가지를 잘 구분하는 것이 놀이터 설계와 안전관리에 있어서 매우 중요하다.

영어 단어 중 '위험'을 뜻하는 단어는 크게 'danger'와 'risk' 두 가지가 있다. 우리는 이 두 단어를 동일하게 위험으로 해석하지만 사실 이 두 단어가 지칭하는 위험은 전혀 다르다. 'danger'는 무언가 손실 내지 손해를 야기할 가능성을 의미한다. 하지만 'risk'는 다르다. 'risk'는 무조건 손실 내지 손해만 야기하는 것이 아니라 경우에 따라서는 더 긍정적인 상황이 전개될 가능성도 함께 내포하고 있는 개념이다.

단어 구분에서도 알 수 있듯이 영미권 문화에서는 오래전부터 위험은 상황에 따라서 얼마든지 회피하거나 손실을 줄일 수 있는 대상이며 때에 따라서는 오히려 이익을 볼 수도 있는 대상으로 간주해 왔다. 즉, 위험은 관리의 대상이었던 것이다. 그러나 지난 수십 년 동안, 안전과 책임에 대한 우려로 인해 우리의 놀이환경에서 '위험한' 것으로 간주하는 특징들을 제거해 왔다. 어린이 놀이터에서 필요한 또는 관리해야 하는 위험에 대해서는 뒷장에서 자세히 안내하겠다.

일반적으로 놀이터 안전관리에 사용되는 '위험'은 'risk'와 'hazard'로 구분해서 국제적으로 사용되고 있다. 이 두 가지 다 '위험'이라고 사용되지만 risk 와 hazard의 의미는 다르다.

우리 국어사전에 따른 정의는 다음과 같다.

위험(risk)	위해요인(hazard)
해로움이나 손실이 생길 우려가 있음. 또는 그런 상태	위험과 재해의 원인

영어인 Oxford Advanced Learner's Dictionary에 따른 정의는 다음과 같다.

위험(risk)	위해요인(hazard)
he possibility of sth bad happening at some time in the future	a thing that can be dangerous or cause damage

국제 규격에 정의된 내용을 살펴보면 제품안전 분야 ISO/IEC Guide 51과 ISO 31000(조직의 리스크 관리를 목적으로 하는 국제 규격)의 용어집에 제시되고 있다.

구분	ISO/IEC Guide 51	ISO/Guide 73:
risk	the Combination of the probability of occurrence of harm and the severity of that harm(1990) 위해의 발생 가능성 및 심각성의 조합	The combination of the probability of an event and its consequence(2002) 사고 발생 확률과 사고 결과의 조합
		the effect of uncertainty on objectives(2010) 목적에 대한 불확실함의 영향
hazard	potential source of harm 위해의 잠재적 원천	source of potential harm 잠재적 위해의 원천

일반적으로 위험(risk)라는 단어는 가능성 또는 부정적인 결과를 의미하지만, 그로 인한 영향은 긍정적인 것과 부정적인 것을 모두 포함하고 있으며, 좋지 않은 결과뿐만 아니라 가능성에 대한 심각함의 측정을 포함하는 경향이 있다.

실제 어린이 놀이기구와 관련된 미국 규격인 CPSC 지침은 다음과 같이 언급 및 사용되고 있어서 위험(risk)은 "위험한 상황이나 상태"를 지칭하고, 위해요인(hazard)은 "그 위험원"을 지칭하는 것으로 판단된다.

위험(risk)	위해요인(hazard)
child at risk (위험에 처한 아동)	playground hazard(놀이터 위해요인)
to avoid this risk (위험을 피하는)	entrapment hazard(얽매임 위해요인)
the risks posed by each of these hazards (이런 위해요인으로 야기된 위험)	

미국에서 놀이터안전에 관한 권위 있는 연구자인 워렉의 논문에 따르면 위험(risk)을 "어린이에게 도전의 일환", 위해요인(hazard)을 "있어서는 안 되는 것"이라는 분류를 하고 있다.

놀이터 안전을 담당하고 있는 영국안전보건청은 리스크(risk)에 대해 다음과 같이 정의하고 있다.

위험(risk)	위해요인(hazard)
the chance that somebody could be harmed by [a hazard] together with an indication of how serious the harm could be. 얼마나 심각한 손상이 발생될 수 있는 지의 지적과 함께 누군가가 손상을 당할 수 있는 가능성	Anything that can cause harm 손상을 일으키는 모든 것

리스크(risk)와 위해요인(hazard)을 구분하는 것은 그것의 좋은 면과 나쁜 면을 구별하기 위함임을 밝히고 있다.

미국에서는 애초부터 놀이기구의 안전기준을 중심으로 한 연구가 진행되었고 'risk'와 'hazard'라는 개념이 도입되어 현재의 CPSC 공공 놀이터의 안전지침서를 통해 관리되고 있다. [49] 리스크는 "child at risk" "to avoid this risk" 등으로 이용되고, 위해요인(hazard)은 "playground hazard", "entrapment hazard" 등으로 사용하고 있다. 리스크는 "위험한 상황이나 상태"를 말한다. 위해요인은 "위험원"을 가리키고 있다. 이 지침서에 언급된 가장 알기 쉬운 예로서는 '각각의 위해요인으로 야기된 리스크(the risks posed by each of these hazards)'이다.

마리아나 브루소니와 14명의 다른 연구원(Brussoni, et al., 2015. p. 6425)이 발표한 논문에서는 리스크(risk)를 "어린이에게 도전을 인식하고 평가하고 행동 방침을 결정할 수 있는 상황"이라고 기술

한다. 그들은 "위해요인(hazard)"이라는 용어를 사용하여 "어린이는 스스로 평가할 수 없고 뚜렷한 혜택이 없는" 잠재적 위해(harm)의 원인으로 설명한다.[50]

일본도 놀이시설 안전관리의 기본적 조건으로, 놀이터에서 어린이가 스스로 예측 가능한 위험이자 도전의 대상이 되는 위험을 리스크로 분류하고, 아이가 예측할 수 없는 위험이자 놀이터에서 제거해야 할 것으로 위해요인을 구분하고 있다.[51]

4) 위해(harm)

관습적으로 위해(harm)는 명백하게 부정적인 것이다. 사전적 정의는 위해(harm)는 어떤 종류의 부상(injury)을 수반한다. 놀이터 안전과 관련하여 때때로 위해(harm)의 원천으로 사용되는 'hazard' 용어는 용납될 수 없으며 완화해야 할 것으로 사용되고 있다. 이것은 사실 혼동될 수 있는데 위해요인(hazard)은 어디에든지 있기 때문이다. 잠재적으로 어느 정도의 손상은 일어날 수 있다는 의미에서 어떤 상황이든 간에 위험하지 않은 행동이나 사물은 없고 영국의 놀이터안전관리 가이드에서 밝히고 있다.

모두 알고 있는 바처럼 우리 아이들이 살아가는 현실 세계는 위험에서 자유롭지 못하며 오히려 위험이 늘 존재하는 세상이다. 현대를 살아가는 아이들은 잘 관리되고 있는 어느 정도의 위험(risk)을 경험하면서 재미를 가지기도 하겠지만 때로는 잠재적 위해요인(hazard)을 수반하기도 하는 놀이환경에 자주 노출되기도 한다.

risk와 hazard가 서로 어떻게 관련되는지에 대한 보다 정량적인 표현은 Kaplan과 Garrick(1981)

의 방정식(risk = hazard / Safeguards)을 사용한다.[52]

이 방정식을 risk와 hazard의 정의와 결합함으로써, 성인은 안전조치를 취함으로써 어린이가 알지 못할 수 있는 위험의 수와 크기를 줄이는 것이 합리적임을 나타낸다. 반면에 risk 요소나 도전요소들은 아이가 계속 탐색하도록 놔두어야 한다고 제시하고 있다.

지금까지 살펴본 내용을 정리하면 다음과 같다.

1. risk는 "(부상이나 손실과 같은) 좋지 않거나 불쾌한 일이 발생할 가능성"이다.
2. hazard는 harm나 danger의 잠재적 근원이다.
3. danger는 부상 또는 위해(harm)을 일으킬 수 있는 것이다.

이러한 정의에서 hazard는 환경에서의 danger이며[53], risk는 그러한 danger에 직면할 확률이다.[54] 그래서 위험관리는 주어진 환경에 존재하는 risk를 허용하면서 hazard를 줄이거나 무효화하려는 활동에 참여하는 체계적인 접근방법이다.[55] 이러한 정의는 risk와 hazard에 대한 기본적인 이해를 제공하고 있지만 어린이 놀이와 관련된 risk와 hazard 관리에 대한 접근법을 개발하기 위해 향후 더 상세한 논의와 연구가 필요하다.

본 저서에서는 위험(Risk)이라는 용어는 그 결과가 주로 긍정적이든 부정적이든 불확실한 상황을 포괄하는 데 사용되며, 위해요인(hazard)이라는 용어는 심각한 부상이나 사망의 높은 확률을 수반하는 위해성(harm)의 원천이 있는 상황을 지칭하는 것으로 사용하고자 한다.

❸ 놀이가치로서의 위험

어린이는 놀면서 위험에 대한 도전을 원하며 필요로 한다. 어린이가 놀이의 즐거움인 위험성(risk)에 도전하는 것은 놀이의 매력을 높이고 아이에게 도전할 가능성을 주는 것이다. 어린이는 통제를 통해 방해받지 않는다면 어린이는 자기 자신을 지킨다.(DavidBall, 2002)

어린이들은 아주 어렸을 때부터 놀이를 통해 자신의 능력을 발달시키고 새로운 경험을 위한 도전, 극한의 탐구를 위해 위험을 경험하고 싶어 하는 것은 우리 모두 아는 사실이다.

놀이는 즐거운 것이기 때문에 활동 자체만으로도 가치를 가진다. 아동발달과 놀이의 질은 아이들이 안전하게 주변 환경을 탐색, 실험, 새로운 것을 다루고, 위험과 도전을 받아들이는 환경이 주어질 때 향상된다. 그래서 어린이 놀이터는 아동의 능력을 발달시키고 주변 환경에 도전하게 하고, 아동발달을 지원 및 자극해주기 위해 존재한다.

어린이는 굳이 놀이터가 아니더라도 여러 환경에서 다양한 놀이경험을 갖게 된다. 그러면서 어린이는 스스로 자기만의 방식으로 놀이에 변화를 주고 발달을 가져간다. 놀이기구들이 배치된 놀이터에서는 건강한 햇빛과 신선한 공기를 만끽하며, 경험한 적이 없는 다른 친구들의 놀이에 흥미를 지니게 되고, 더 높고 빠르게 그리고 멀리 가고자 하는 의욕을 가지고 놀면서 때로는 넘어지고 떨어지기도 한다. 자기가 의도한 대로 되지 않아 실패하면서 크고 작은 부상을 입기도 한다. 그래서 의욕적인 어린이 놀이에는 필연적으로 위험과 그에 따른 부상이 수반될 수 있다는 사실이다.

하지만 어린이가 놀면서 경험하게 되는 이러한 실패와 손상은 단지 쓰라린 상처로만 남는 것이 아니라 어린이 스스로 실패와 위험이라는 것을 배우게 된다. 즉, 다음번 도전에는 다치지 않고자 하는 지혜를 놀면서 몸으로 직접 배우는 것이다. 이것은 선생님의 입을 통해서 또는 교실 안에서는 배우기 힘들며, 어린이가 직접적인 신체적 움직임과 접촉을 통해서만 배울 수 있는 중요한 과목이다. 그러면서 세상 밖에서 만나게 될 다양한 위험을 놀이터 안에서 경험하면서 위험을 배우게 된다.

어린이는 이렇게 놀이터에 존재하는 위험을 스스로 재미있게 다양하게 체험하면서 크고 작은 위험을 예측하거나 회피하는 능력을 키우게 된다. 그러면서 그 위험에 대한 도전과 체험을 통해서 친구들과 함께 심신의 발달을 극대화하게 된다. 따라서 놀이터에서 경험하는 위험은 실패와 아픔도 있지만 건강하고 긍정적인 역할을 담당하고 있다.

더욱이 어린이는 왕성한 호기심 충족과 재미를 찾으면서 자기만의 방식으로 엉뚱하면서도 다양한 놀이방법을 탐색 및 구하게 된다. 설치된 놀이기구의 본래 목적과는 다른 놀이에 이용하기도 한다. 즉, 어른의 상상을 초월한 놀이방법을 즐기면서 도전을 하고 호기심을 채워나간다.

그러는 과정에서 맞닥뜨리게 되는 위험은 어린이가 스스로 선택한 것이며 인식하고 있는 것이다. 그러면서 친구들과 뛰어놀면서 의도치 않게 겪게 되는 부상 경험은 우리에게 있어 지극히 정상적인 과정의 하나라고 말할 수 있다. 이렇게 자발적으로 도전하는 위험은 어린이의 성장과 경험에 도움을 주는 "놀이가치"의 하나가 된다.

놀이를 통해 경험하는 수많은 타박상과 통증은 "경험으로부터 학습"이라는 일종의 교육적 가치를 가지는 것으로 받아들여지고 있다. 경험으로부터 배우는 것은 기쁨만큼이나 어려움을 마주하는 것을 내포하고 있다. 즉, 최소한의 어느 정도 부상은 살아가는 데 필요한 기술을 배울 기회를 제공하는 가치를 가진다. 놀면서 실패를 한다는 것은 그만큼 더 많은 위험을 경험하고 배울 기회를 가진다는 것을 의미한다. 이렇게 어린이는 놀이를 즐기면서 어린이가 앞으로 살아갈 세상에 존재하는 위험과 그것에 대응하는 법을 배우게 되고 위험에 대한 인식을 개선하게 된다.

영국의 놀이터 위험관리 가이드에 따르면 놀이터에서 겪는 최소한의 흔한 부상은 자체적으로 문제가 되지 않는다고 한다. 놀이터에서 발견되는 날카로움 또는 심각한 부상을 초래할 수 있는 기구의 배치 및 다른 시설결함같이 치명적 손상을 유발하는 요인을 밝히기 전까지는 보통 부정적 결과로 간주하지 않는다. 어린이 놀이터에서 놀이기구를 이용하며 일어나는 모든 위험이나 사고

를 없애자는 것은 무의미한 것으로, 기구들을 모두 철거하지 않는 한 불가능하다고 밝히고 있다.

어린이들이 앞으로 살아갈 세상은 위험이 없다기보다는 위험이 늘 존재하는 곳이다. 놀이터에서 어린이가 신나게 놀면서 열상 및 찰과상 그리고 심지어 다리가 부러지는 것은 누구나 살아가면서 경험할 수 있는 정상적인 손상이라고 할 수 있다. 부정적 결과로서 점수화하는 것은 또 다른 측면이다. 놀이터에서 일상적으로 당하게 되는 부상은 사업장 재해에서 적용하는 것처럼 반드시 심각한 위험의 경고 대상은 아니다. 아이들이 성장하면서 겪게 되는 일상생활의 일부분인 것이다.

위험은 아마도 우리가 결과를 알 수 없는 대안적 행동 과정 중에서 선택해야 하는 상황으로 더 잘 정의된다. 그러한 상황은 종종 우리에게 가능한 바람직하지 않은 결과뿐만 아니라 성공이나 실패의 가능성에도 대비하여 이익을 검토하도록 요구한다(Clifford, 1991; Kopfstein, 1973; Rosenbloom, 2003). 이러한 관점에서 고려할 때 위험은 반드시 피해야 할 것이 아니라 관리해야 하는 것이다 (Ball, Gill, Spiegal, 2008; Christensen과 Mikkelsen, 2008). 리스크(risk) 요소나 도전요소들은 놀이 속에서 아이가 계속 탐색하도록 놔두어야 한다.[56],[57],[58],[59],[60] 나무 비유를 계속하면 어른들은 썩은 나뭇가지를 제거(안전 조치)하면서 나무의 견고함을 책임지면서 아이들에게 썩은 나뭇가지를 식별하도록 지도해야 한다.[61],[62] 즉, 아이들 스스로 얼마나 높이 올라갈 것인지 그리고 어떤 길로 정상에 오르는지를 선택하고 자기 책임하에 도전하는 위험이 '건강한' 위험이 된다.

따라서 어린이 놀이는 아무도 가르칠 수 없는 것을 어린이들이 자발적으로 배우는 방법이며,

놀이를 통해 어린이는 세상을 이해하고 재창조하며 혁신하고 변화시켜 나가게 된다. 그러나 우리는 종종 이러한 어린이 놀이를 때때로 필요 없는 것으로 여기거나 어린이의 선행 학습에 장애가 된다고 통제하는 경향이 상당한 편이다. 특히 우리 사회가 아이들이 놀면서 다치는 것을 두려워하여 놀이기회 자체를 통제하는 것은 놀이의 진정한 가치를 이해하지 못한 데서 비롯된 것이다.

어린이 놀이터의 안전을 확보하기 위해서는 단순히 모든 위험을 제거하고, 어린이의 도전행동까지 제거하는 것이 아니다. 유럽기준 EN1176/1177 서문에서 밝힌 바처럼 어린이가 안전한 환경 속에서 위험을 경험 또는 체득할 수 있도록 도와주는 것이 놀이터 안전의 핵심이다.

다시 말하면, 놀이터 안전의 핵심은 위험하게 이용하려는 어린이를 통제하는 것이 아니라 어린이가 도전을 통해 놀이기구 및 놀이터를 좀 더 위험하게 이용할 것을 예상하는 것이다. 즉, 어린이가 좀더 재미있게 이용 및 도전하다가 놀이기구에서 떨어졌을 때 바닥에 어린이에게 손상을 줄 수 있는 위험물을 제거하고, 추락 시 그 충격을 흡수할 수 있는 탄성을 바닥재가 가지고 있는지 검토하고 보완하는 "어린이 보호"라는 관점이 필요하다.

따라서 우리는 어린이 놀이터에 존재하는 모든 위험을 제거하기보다는 적절한 곳에서 다치지 않고 재미와 위험을 경험할 수 있도록 의도적으로 디자인 및 관리하도록 노력해야 한다. 따라서 놀이터에서 도전과 모험에 대한 아이들의 열정과 욕구를 고려할 때, 놀이터가 충분히 도전적이지 않고, 그 환경 안에서 통제 또는 디자인되지 않는다면 아이들은 다른 위험한 곳을 찾을 가능성이 있다. 이것은 사고가 발생할 것이라는 의미가 아니라 간단하게 말하면 놀이터가 이용되고

관리되고 있다면, 어린이들은 스스로 위험을 경험하고 관리할 수 있는 능력을 배우고 갖게 되는 것을 의미한다. 이러한 기회가 없다면 어린이는 두 번 다시 배울 기회가 없어지는 것이며 노력도 안 할 것이다. 놀이시설에서 어린이가 불확실성을 다루고, 그런 상황에 도전하는 것은 긍정적인 것이며, 안전한 환경에서는 체득될 수 없는 것들이다. 교실에서 책 속의 글이 아니라 몸을 통해서만 배울 수 있다. 따라서 우리는 어린이들이 가상이 아닌 실제 위험(hazard)을 경험할 수 있는 환경을 제공할 수밖에 없다.

어린이는 위험을 관리하는 법을 배우기 위해 위험을 경험할 필요가 있다. 이것은 어린이 성장에 필요한 부분이며, 어린이가 이러한 중요한 기술을 개발하는 데 있어 놀이가 가장 중요한 역할을 담당하고 있다. 자전거를 타고, 네트를 기어오르고, 그네에서 친구를 밀어주는 것 모두 위험을 포함하고 있다(HSE statement on children's play, 3 September, 2012).

우리나라에서 적용하는 「어린이 놀이시설의 시설기준 및 기술기준」의 근거인 유럽기준 EN1176, 1177의 서문에서도 "놀이터에서 위험 감수(risk taking)는 필수적이며, 놀이터는 위험성을 주기 위해 만들어진다."라고 밝히고 있다. 즉, 어린이를 심각한 손상으로부터 보호하면서도 위험 경험이 놀이에 필요한 한 부분임을 인식하고 있다.

이러한 경험을 통해 유럽과 미국에서는 놀이에서 "위험(risk)"에 도전함으로써 작은 부상을 경험하는 한이 있더라도 그것은 더 큰 안전사고나 다른 위험을 피하기 위한 학습 기회이며, 거기에는 안전에 대한 판단력, 행동력을 갖기 위한 "놀이의 가치(심신의 발달을 돕는 것)"가 있다고 밝히고 있다.

이렇게 어린이 놀이터에 필요한 위험과 그 역할에 대한 근거는 다음 사이트에서도 확인할 수 있다.

http://www.hse.gov.uk/entertainment/childrens-play-july-2012.pdf

http://www.makingthelink.net/news/03-09-12/capt-supports-hse-statement-children%E2%80%99s-play

http://rethinkingchildhood.com/2012/09/03/health-safety-hse-statement/

http://loveoutdoorplay.net/2012/09/04/a-vision-for-britains-urban-school-grounds/

결론적으로 어린이 놀이에 존재하는 모든 위험을 제거하거나, 어린이가 무조건 피하게 해서는 안 된다는 점이다.

　따라서 어린이의 놀이활동과 놀이공간의 위험을 평가하고 관리하는 것은 우리의 책임이다. 어린이가 용납할 수 없는 심각한 위험에 노출되지 않으면서도 어린이의 능력을 맘껏 펼치고 시험하고 발달시킬 수 있도록 기회를 주어야 한다.

　이것은 넓은 의미에서 어린이에 대한 어른의 사회적 책임이며, 만약 우리 어른들이 위험을 관리하고 접할 통제된 기회를 제공하지 않는다면 어린이들은 이러한 위험대처능력을 배울 기회를 거부하게 될 수도 있으며, 어린이들은 어쩌면 더 많은 위험을 지니면서도 통제되지 않은 환경인 위험한 도로가, 주차장 또는 공사장 같은 위험한 곳에서 놀이를 즐길 수 있도록 내몰릴 수도 있다. 그러므로 치명적인 위험에 노출되지 않으면서 아동의 능력을 맘껏 펼치고 시험하고 발달시킬 수 있도록 기회를 주어야 한다. 즉, 어린이 놀이에는 그러한 기회를 경험할 수 있는 필요한 위험이 있으며, 그것을 리스크(risk)라고 구분한다.

| 본질적으로 놀이는 안전하며 편익을 주는 활동이다. 아이들 스스로 경험을 통해 안전을 배운다. |

　유아기에는 보호자가 적절하게 지켜보는 가운데 스스로 위험에 도전하면서 성장하게 되고, 어느 정도 나이가 되면 어린이 스스로 그 위험(risk)을 인식하고 통제할 수 있게 된다.

　모든 종류의 부상은 아이들과 부모에게는 고통이 되지만 부상의 위험에 노출되거나 실제 최소

한의 부상 경험이 없는 아이들은 없을 것이다.

사실 아동발달적 측면에서 좋다고 널리 알려진 축구와 같은 스포츠를 즐기는 것은 실제로 놀이터에서 노는 것보다 더 많은 손상위험을 내포하고 있다. 그렇지만 다칠 가능성과 심각성을 알고 있지만 축구를 통한 즐거움과 편익은 이러한 위험으로 인한 손실을 뛰어넘기에 어린이들은 축구 또는 수영 등을 즐기는 것이다. 어린이들은 어느 정도의 신체적 적성과 능력을 지니고 있으며, 우리 어른들이 과대평가하는 경향이 있는 위험에 대하여 적절히 평가하고 대응할 능력까지 발전시켜 나간다.

어린이 대부분은 높은 곳에서 떨어지는 위험과 같이 자연스레 놀이터에 존재하는 위험(본인이 선택하여 도전하는 것)에 노출되는 것을 스스로 통제할 수 있다는 것을 우리는 알고 있다. 얼마나 높이 올라갈지, 얼마나 멀리 뛸지 그리고 또래 간에 주고받는 압박에 굴복할지 말지를 결정하는 것은 어린이 스스로 선택한 놀이의 불확실성과 위험을 다루는 학습에 있어 매우 가치 있는 경험이 된다.

우리는 이렇게 놀이터에 존재하는 다양한 위험을 인지하고 대처하는 능력에 대해 어린이 스스로 몸으로 부딪히면서 배워 나갈 수밖에 없다는 것을 이해할 수 있을 것이다. 그래서 어린이에게 심각한 사고를 사전에 방지하는 능력을 펼칠 수 있는 안전한 놀이 공간과 환경은 매우 중요하다.

따라서 그러한 기회를 어린이들이 충분히 가져갈 수 있도록 위험에 대해서 인지하고 배울 수 있도록 적절하게 통제된 환경을 만들어 주어야 한다. 어린이들은 우리가 일반적으로 접하는 넓

은 범위의 위험보다는 적은 경험을 하게 되지만 위험을 접하는 것은 놀이 목적에 있어서 꼭 필요한 특징이기 때문이다. 그래서 어린이에게 있어 놀이터는 환경을 배우고, 도전하고, 자극받을 수 있는 부분으로서 허용될 수 있는 위험을 접할 기회가 있는 장소가 되는 것이다.

놀이터에서 안전을 적용할 때에 이 점을 우리는 인지하고 있어야 한다. 하지만 어린이들은 잠재적 위해요인을 가진 상황과 관련된 위험을 평가하거나 판단하는 능력이 모자랄 수 있어 치명적이거나 항구적인 아이들의 손상에 대해서는 어른보다 더 많은 보호가 필요하다. 이러한 위해요인에 대해서는 다음 장에서 자세히 살피도록 하겠다.

놀이에 필요한 건강한 위험에 대해 언급되고 있는 구미 선진국의 선행 연구결과와 관련 정책을 살펴보면 다음과 같다.

만약 어린이를 안전하게 키우고 싶다면, 아이가 필요로 하는 스릴을 맛볼 수 있는 장소를 제공해야만 한다. 그곳에는 올라갈 수 있는 나무와 어린이가 갈망하는 도전과 모험을 안전하게 즐길 수 있는 거리가 있어야 한다(Susan Isaacs, 1936).

어린이가 위험을 감수하는 것은 더 많은 편익을 가지는 것으로 간주하는데, 이것은 창의성을 포함하여 바람직한 인간의 기질을 발달시키는 데 이바지하는 것이다(Susa and Benedict in Ball, 2002).

어린이 놀이에서 "위험"을 모두 제거할 경우 놀이가치(play value)는 낮아지고, 어린이의 위기 회피능력의 발달을 방해한다. 놀이터에서는 가능한 한 최대한의 놀이가치를, 그리고 필요한 만큼의 안전을 고려해야 한다(Julian Richter, 2007).

어린이가 위험 또는 위험평가와 관련된 놀이인 '심층적 놀이'(deep play)에 참여하는 것은 인간의 죽음을 받아들이는 법을 배우게 되는 하나의 중요한 방법이며, 의도적으로는 참을수 없고 윤리적으로도 받아들일 수 없는 이러한 체험을 겪게 하는 것으로부터 어린이를 보호하는 것이다(Hughes, 2001:53).

어린이 놀이가 가지는 자연스러운 특징과 아동발달에 있어 그 역할 때문에 사실 최소한의 사고는 흔한 일이 될 것이다. 유럽기준에 따르면 어린이는 위험에 대응하는 방법을 배울 필요가 있으며, 이것으로 인해 아이들은 충돌과 타박상 그리고 심지어 팔다리가 부러지는 일도 생기게 된다(BSI, 2008a).

어른으로 성장하는 어린이의 필수적인 과정의 하나는 새로운 경험을 시도하고, 한계를 탐험하는 욕구와 바람이다. 최소한의 손상은 모든 아이가 배우는 과정의 일부이며 살아가면서 겪게 되는 일상적인 일인 것이다(유럽표준위원회, CEN 2006).

놀이는 어린이의 행복과 발달에 상당히 중요한 역할을 한다. 놀이기회를 설계하고 제공할 때의 목표는 위험(risk)를 제거하는 것이 아니라 위험(risk)과 편익(benefit)의 비중을 높이는 것이다. 온실 속 화초처럼 자란다면 그 어떤 어린이도 위험을 배우지 못할 것이다.

어린이는 손상 위험을 비롯한 도전을 하고 싶어 하는 강한 동기부여가 되지 않는 한, 결코 걸음마를 배우지 않으며 자전거나 계단을 오르지 않게 된다. 놀이에 있어 어린이가 위험가능성을 인지하고 도전해보는 것은 정신건강에 중요한 2가지 예방요소인 자신감과 적응력을 쌓는 것을 도와준다.

놀이기회를 제공하는 데 있어 목표는 위험을 제거하는 것이 아니라, 위험의 비중을 높여서 최선의 편익을 제공하는 것이다. 온실 속에 화초 같은 환경이라면 그 어떤 어린이도 위험을 배우지 못할 것이다. 본질에서 놀이는 안전하며 어린이에게 최대한의 편익을 주는 활동이다.

즉, 어린이 놀이터는 이러한 위험 가능성과 도전 거리를 가지고 있어야 하며, 갑자기 맞닥뜨릴 수 있는 형태의 새로운 놀이기회를 맛볼 수 있는 놀이터가 좋은 놀이터라고 할 수 있다. 어린이는 이러한 경험을 통해 도전과 모험을 시도하면서, 적응력과 회복력을 포함한 새로운 기술들을 배우게 된다.

> **안전의 위험**
> 가장 큰 위험은 위험(risk)이 전혀 없는 것이다.
> (Bundy et al, 2009) **"**

그러므로 어린이 놀이에 있어 어느 정도의 위험에 노출 또는 도전하는 것은 실제 의욕적으로 성장하는 어린이에게는 이익이 된다. 그것은 기본적인 인간의 욕구를 충족하는 것이며, 실질적으로 계속해서 위험을 접하면서 배울 기회를 제공하는 것과 같은 것이다.

④ 위험을 다루는 아동의 능력

국내와 달리 어린이 놀이와 관련하여 경험적 기반의 놀이터 안전에 관한 서구의 연구 결과를 살펴보면 다음과 같다.

어린이 안전과 관련된 부모의 우려는 어린이들의 독립적인 놀이 접근에 가장 중요한 영향을 미치는 것으로 나타났다.[63], [64] 연구는 부모들이 어린이 놀이에 대한 그들의 초기 제한이 그들이 더 많은 독립성을 얻으면 그들의 아이들을 더 큰 위험에 빠뜨릴 가능성을 가지고 있다는 것을 알

아냈다. [65], [66] 수많은 연구는 어린이들이 위험과 안전관리에 관한 결정을 신뢰받기를 원한다는 것을 보여주고 있다. [67], [68], [69]

발렌틴(Valentine, 1997)의 연구에 참여한 어린이들은 자신의 안전을 협상하는 데 유능하다고 인식했다. 또한 부모가 아니라 스스로 자신의 안전에 책임이 있다고 생각했다. 많은 경우에 아이들은 부모보다 지역에 대해 더 자세한 지식을 가지고 있었고 안전하게 공간을 사용하는 데 익숙했다. [70]

샌드세터(Sandseter)와 케너(2011)는 아이들이 위험한 놀이에 참여하는 것은 자극에 대한 두려움(예를 들어 높이)을 자연스럽고 점진적으로 자신을 자극에 노출하는 적응적 기능을 지니고 있다고 이론화했다. [71] 그들은 아이들에게 충분한 위험한 놀이기회를 제공하지 않는다면, 두려움을 유발하는 상황에 대처할 수 있는 능력을 경험하지 못할 것이라고 주장했다. 게다가 그들은 그들의 두려움을 유지할 것이고, 이것은 불안장애로 바뀔지도 모른다고 했다. 중요한 것은 불안장애는 어린이와 청소년들에게 가장 널리 퍼진 정신질환이며, 부모의 과잉보호 증가율과 관련이 있다고 밝혔다. [72]

아이들은 위험한 놀이경험의 결과로 자신과 동료들을 위해 위험관리 전략을 배운다는 증거가 있다. 놀이 중인 아동에 관한 관찰 연구는 그들이 위험에 노출되어 있다는 것을 발견했지만 해를 완화하기 위한 명확한 전략을 보여주었다. [73], [74] 또한 어린이들은 자신의 체질과 기술에 대한 이해뿐만 아니라 놀이 친구에 대한 이해를 높이기 위해 자신의 위험한 놀이경험을 이끌었다. 이러

한 이해는 서로 간에 위험한 놀이에 대한 참여와 안전에 대한 도움을 촉진했다[75]고 밝히고 있다.

"어른들이 과소평가하고 있지만 어린이는 위험을 평가하고 관리하는 능력이 향상하고 있다"라는 점을 알아야 한다. 어린이 대부분은 높은 곳에서 떨어지는 위험과 같이 자연스레 놀이터에 존재하는 위험과 본인이 선택하여 도전하는 위험에 노출되는 것을 스스로 통제할 줄 알게 된다 (Ball, 2002; Little and Wyver, 2008).

놀이터 위험관리 가이드(2002)에 따르면, 아이들 대부분은 높은 곳에서 떨어지는 위험(risk)과 같은 좋은 위험에 자연스럽게 노출되는 것을 통제한다. 얼마나 높이 올라가야 할지, 얼마나 멀리 뛰어야 할지, 그리고 어느 한쪽을 해야 하는 동료들의 압력에 굴복해야 할지를 결정하는 것은 모두 불확실성과 위험을 다루는 법을 배우는 데 있어 귀중한 경험이다[76]라고 언급하고 있다.

영국의 다른 연구에서 아이들은 그들 자신의 안전을 협상하는 데 능숙하다고 판단했다.[77] 게다가 그들은 그들의 부모가 아니라, 그들 자신의 안전에 대한 책임이 일차적으로 책임이 있다고 느꼈다. 많은 경우 아이들은 부모보다 그 지역에 대해 더 자세한 지식을 가지고 있었고 공간을 안전하게 다루기 위해 위험(risk)을 감수하는 방법을 활용했다.

미래에 다가올 4차 산업혁명을 앞서 이끌기 위해서는 현재의 아동 청소년들의 창의성, 즐거움, 정신의 건강함, 웰빙, 융통성 등의 능력 가치를 중요하게 고려할 필요가 있다. 이러한 특성과 가치는 모두 놀이를 할 때 나타나는 특징과 같다고 판단된다.

⑤ 놀이에 필요한 위험체험

위험한 놀이기회와 경험을 통한 혜택이 위험보다 훨씬 크다는 선행 연구 증거는 쉽게 찾을 수 있다. 철봉에서 혼자 회전을 하거나, 정글짐을 오르는 아이들은 그들 자신의 한계를 더 잘 느끼고 그 안에서 활동하는 법을 배울 수 있다. 부모가 원하는 바처럼, 자신과 자신의 능력에 대한 자신감을 쌓고 더 유능한 사람이 될 것이다. 이러한 혜택은 친구 간 사회적 관계 향상, 스트레스 감소, 그리고 더 나은 대인관계를 위한 기술 등이 포함된다.

지금은 우리가 위험한 놀이라고 부르는 것은 우리가 어렸을 때 동네 골목이나 공터에서 자연스럽게 뛰놀았던 추억 속에만 남아있다. 위험한 놀이는 부모님을 놀라게 할 수도 있지만, 우리는 그 속에서 성취감과 즐거움을 맛보았을 것이다.

부모들이 건강하고 행복한 아이들을 키우기 위해 최선을 다하고 있다는 것은 의심의 여지가 없다. 하지만 때때로 부모의 막연한 두려움이 자유로운 어린이 놀이에 방해가 된다. 대부분의 놀이터 부상은 가벼운 것이다. 일반적으로 부모들이 알고 있는 위험(danger)과 아이들의 놀이에 필수적인 위험(risk)은 다르다는 것을 주지할 필요가 있다. 놀이터에 존재하는 모든 위험, 즉 놀이가치로서의 위험까지 제거하려는 시도는 분명 잘못된 것이며, 아이들의 창의성, 도전심, 탐구심 등 건강한 성장에 필요한 발달적 특성을 저해할 수 있다.

아이가 밖에서 놀거나, 높은 곳에서 놀거나, 더 많은 도전적인 놀이를 시도하는 것은 신체, 인지, 사회, 정서 발달뿐만 아니라 아이의 행복에도 더 많이 이바지하게 된다. 따라서 부모는 아이들이 자유롭게 뛰놀 수 있도록 도전적인 놀이를 지지해줄 필요가 있다. 최근의 놀이터 안전과 관련된 연구는 이것이 지나친 보호일 수 있고 어린이들은 야외에서 위험한 놀이를 할 수 있는 더 많은 기회가 필요하다고 제안하고 있다.

어린이가 성장하고 발전함에 따라, 어린이는 그들만의 놀이에서 다른 유형의 도전과 위험을 찾아내는 것을 반복하게 된다. 현대의 연구는 상황 대부분에서 위험한 놀이가 모든 어린이의 발달에 많은 이점을 제공한다는 것을 밝혀냈다. 놀이와 위험과의 상관관계에 대한 연구물과 정책을 종합해 보면 아래와 같이 놀이에 존재하는 위험의 필요성과 중요성을 언급하고 있다. 아래에 제시된 연구 결과는 그러한 놀이가 신체활동, 사회적 기술, 위험관리 기술, 회복력, 그리고 자신감과 관련이 있다는 것을 보여준다.

년도	연구자	연구 내용
1936	Susan Isaacs	만약 어린이를 안전하게 키우고 싶다면, 아이가 필요로 하는 스릴을 맛볼 수 있는 장소를 제공해야만 한다. 그곳에는 올라갈 수 있는 나무와 어린이가 갈망하는 도전과 모험을 안전하게 즐길 수 있는 거리가 있어야 한다.
1995	Roberts, Smith, & Bryce	어린이들이 사회에 적극적으로 참여하고 발전하기 위해서는 위험(risk)에 직면할 필요가 있다는 오랜 견해가 있다.
2001	Hughes	어린이가 위험 또는 위험평가와 관련된 놀이인 '심층적 놀이'(deep play)에 참여하는 것은 인간의 죽음을 받아들이는 법을 배우게 되는 하나의 중요한 방법이며, 의도적으로는 참을 수 없고 윤리적으로도 받아들일 수 없는 이러한 체험을 겪게 하는 것으로부터 어린이를 보호하는 것이다.
2001	Stonehouse	위험 감수를 지원하는 환경은 아이들이 능력 있고 지략이 풍부하다는 것을 증명할 수 있게 하여, 아이들이 그들 자신의 학습의 건설자가 될 수 있도록 한다.

2002	Susa and Benedict in Ball, 2002	어린이가 위험을 감수하는 것은 더 많은 편익을 가지는 것으로서, 이것은 창의성을 포함하여 바람직한 인간의 기질을 발달시키는 데 이바지하는 것이다.
2006	유럽표준위원회CEN	어른으로 성장하는 어린이의 필수적인 과정의 하나는 새로운 경험을 시도하고, 한계를 탐험하는 욕구와 바람이다. 최소한의 손상은 모든 아이의 배우는 과정 일부이며 살아가면서 겪게 되는 일상적인 일인 것이다.
2006	Joe Frost	어쨌든 아이들이 모든 부상의 위험으로부터 보호되어야 한다는 잘못된 관점에 도달했다. 실제 세계에서는 삶이 위험으로 가득 차 있다. 재정, 신체적, 감정적, 사회적 위험과 합리적인 위험(risk)은 아이들의 건강한 발전을 위해 필수적이다.
2007	Julian Richter	어린이 놀이에서 "위험(risk)"을 모두 제거할 경우 놀이가치(play value)는 낮아지고, 어린이의 위기 회피능력의 발달을 방해한다. 놀이터에서는 가능한 한 최대한의 놀이가치를, 그리고 필요한 만큼의 안전을 고려해야 한다.
	Ball, Gill, & Spiegal, 2008; Greenfield, 2004; Sandseter, 2007a; Stephenson, 2003	아이들은 자신의 한계를 시험할 기회와 도전을 적극적으로 추구하며, 이는 필연적으로 위험(risk)에 직면하게 될 것이다.
2008	영국 안전기준 BSI	어린이 놀이가 가지는 자연스러운 특징과 아동발달에 있어 그 역할 때문에 사실 최소한의 사고는 흔한 일이 될 것이다. 어린이 놀이시설의 유럽 안전기준(EN 1178/1177)에 따르면, 어린이는 놀이를 통해 위험(risk)에 대응하는 방법을 배울 필요가 있으며, 이로 인해 어린이는 충돌과 타박상 그리고 심지어 팔다리가 부러지는 일도 발생할 수 있다.
2012	HSE statement on children's play	'본질적으로 어린이 놀이는 안전하며 편익을 주는 활동이다. 아이들 스스로 경험을 통해 안전을 배운다. 놀이기회를 제공하는 데 있어 목표는 위험을 제거하는 것이 아니라, 위험(risk)의 비중을 높여서 최선의 편익을 제공하는 것이다. 온실 속에 화초 같은 환경이라면 그 어떤 어린이도 위험을 배우지 못할 것이다.'
2013	Managing risk in Play Provision: Implementation guide,	어린이는 손상위험을 포함하는 도전에 대한 강한 동기부여가 되지 않는 한 결코 걸음마를 배우지 않으며 자전거나 계단을 오르지 않게 된다. 놀이에 있어 어린이가 위험가능성을 인지하고 도전해보는 것은 정신건강에 중요한 2가지 예방요소인 자신감과 적응력을 쌓는 것을 도와준다.

　어린이가 놀면서 접하는 위험(risk)에 관한 선행 연구의 고찰은 필수불가결한 것으로 인식하고 있다. 위험한 놀이의 학습 잠재력은 오랫동안 인정되어 왔다(Henniger, 1994; Jambor, 1986; Stine, 1997)고 인식하고 있으며, 놀이 중에 위험(risk)을 경험하는 것은 어린이들이 신체적 한계를 시험하고 지각 운동 능력을 개발하고 위험한 환경과 활동을 피하고 적응하는 법을 배우는 데 도움이 된

다. [78] 더군다나 놀이는 성인으로 자랄 아이들에 필요한 회복력과 위험관리 기술을 발전시키기 위해 필수적이다[79]라고 주장하고 있다.

이러한 추세에 대응하여, 어린이 놀이와 관련된 연구자들은 위험이 도전적인 놀이의 필수적인 부분이고, 특정한 유형의 위험한 놀이가 건강상의 이익과 학습과 연관되어 있다는 사례를 만들기 위한 선험적 추론과 경험적 연구가 활발히 진행되어 왔다. 그러면서 놀이터에서 위험(risk)의 제거가 창조적이고 도전적이며 흥미진진한 놀이의 감소와 관련이 있다고 주장하고 있다.

최근 연구는 어린이 놀이의 필수적인 부분으로 위험 감수에 초점을 맞추기 시작했다. [80] 일반적으로 위험한 놀이(risky play)는 도전, 한계 테스트, 경계 탐색 및 위험에 대한 학습의 기회를 제공하는 놀이로 정의될 수 있다. [81]

15년 넘게 숲 놀이터 현장에서 활동한 (사)숲에서놀자의 소나무샘 이병율에 따르면 "우리 인간의 기본적인 터전인 숲은 어린이가 경험해야 할 다양한 위험을 접할 수 있는 최고의 자연 놀이환경이다"라고 밝힌다. 그는 신체적 체험을 통해 직접 눈으로 위험과 스릴을 인지하고, 자연의 냄새와 소리를 온몸으로 느끼면서 두려움을 극복해나가며 세상을 살아갈 힘을 얻게 된다고 힘주어 말한다.

이처럼 어린이들은 높이, 속도, 거칠고 넘어지는 놀이, 그리고 어느 정도의 위험을 수반할 수 있는 다른 요소들과 관련된 경험에서 오는 스릴, 흥분, 그리고 통제 불능의 느낌을 즐긴다. 아이들이 도전적인 놀이에 참여하는 것과 함께 오는 불확실성을 경험하게 하는 것은 그들의 정서적 반응, 신체적 능력, 대처 능력, 역경을 관리하는 능력에 긍정적인 영향을 미친다. [82], [83], [84] 그들이 자라면서 위험한 상황에 숙달할 수 있는 아이들은 그들의 위해성을 관리하기 위해 성인에 덜 의존한다. [85] 그들은 성인으로 전환하면서 안전하고 자신 있게 그들 주위의 세계를 항해한다. [86]

2002년 Play Safety Forum에서 발간한 지침서에 따르면, 아동은 위험을 감수할 필요가 있고 위험을 관리하는 방법을 배워야 하므로 놀이 공간을 계획할 때 위험으로부터 얻는 편익을 함께 고려하면서 위험을 관리해야 함을 강조하고 있다. 같은 해 공표된 영국의 웨일스 정부 놀이정책은 '아이들은 증가하는 위험을 감수할 기회를 찾고자 하는 선천적인 욕망이 있다'라는 것이다. [87]

2012년 발표된 영국 보건안전청(HSE)의 성명서에 따르면, 다양한 환경에서 모든 아이가 놀이를 즐기는 것을 완전히 지원한다면서, 잘 관리된 놀이환경 안에서 아이들은 어느 정도의 위험(risk)을 경험하며 때때로 잠재적 위험(danger)에 종종 노출된다는 것을 의미한다는 것을 이해하고 있다고 밝히고 있다. [88] 또 영국의 국립 보건 및 임상 연구소(National Institute of Health and Clinical

Excellence)는 "과도한 위험 회피"에 대응하고 어린이의 "나이와 능력에 따라 위험을 평가하고 관리하는 기술 개발"을 요구하는 정책을 요구하는 부상 예방 지침을 발표했다.[89]

2015년 부상 예방 연구자들이 주도한 체계적인 문헌 검토 결과, 전반적으로 위험한 놀이를 통한 건강과 발달상의 편익이 증가하는 사고위험보다 더 큰 것으로 나타났다. 이것은 아이들에게 위험 감수 기회를 허용하는 것이 건전한 발달과 공중 보건의 입장이라는 관점을 실증적으로 뒷받침해 준다.[90]

따라서 놀이환경에서는 어느 정도의 위험을 허용하는 것이 중요하다. 아이들은 자신의 의지에 따라 자유롭게 위험과 도전을 경험할 필요가 있으며, 우리가 어느 정도의 불확실성을 유지할 수 있을 때만 그렇게 할 수 있을 것이다.[91]

최근의 연구는 위험한 놀이(risky play)의 개별 경험(Sandseter, 2010; Adams, 2001)과 학습 환경의 영향에 초점을 맞추고 있다(Ball, 2002; Stephenson, 2003). 학습 환경이 변화를 일으킬 수 있으며 위험 역량과 인식의 성장을 측정하는 것이 가능하다는 주장이 제기되었다(Vetter, Kuhnen, & Lensing-Conrady, 2008). 어린이 놀이 및 그에 따른 위험 플레이 기회는 가정이나 야외 또는 유아 교육 및 보호 환경에서 발생한다. 이러한 각 설정은 위험한 놀이에 대해 서로 다른 기회와 여유가 있다(Kernan, 2014; Helen Little, Wyver, 2011). 아이들은 자연스럽게 자신의 한계를 시험하고 위험을 감수하는 놀이를 하려고 한다.

놀이에서 위험의 초점은 주로 신체적 부상의 '허용 가능한 위험'을 수반하는 짜릿하고 흥미로운 형태의 놀이(Sandseter, 2009b)에 있다. 이러한 위험은 어린이에게 '효익'을 의미해야 하며 어린이에 의해 위험으로 간주하고 있다(Little, Wyver, & Gibson, 2011; Little & Wyver, 2010). 예를 들면, 아이들이 재미있고 흥미진진하다고 판단하고, 그들이 스스로 넘어지거나 다칠 수 있지만 이러한 위험을 받아들이는 오르기를 들 수 있다.

전반적으로, 위험 감수할 수 있는 기술을 개발하고 위험한 상황에 대처하는 방법을 배우기 위해서는 어린이들에게 위험한 놀이가 필요하다는 것이 현재 잘 받아들여지고 있다(Brusoni, Olsen, Pike&Sleet, 2012). 이렇게 하면 아이는 위험을 다루는 능력을 얻을 수 있다. 어린이들에게 위험한 놀이의 중요한 요소는 전에 해보지 못한 것을 시도하는 것, 키나 속도 때문에 종종 '통제 불능'의 경계선에서 느끼는 것, 그리고 두려움을 극복하는 것이다(Stephenson, 2003).

어린이들을 나이에 적합한 위험한 놀이를 접하지 못하게 하는 것은 정상적인 어린이 발달을 방해할 것이며(Alexander, Frohlich, & Fusco, 2012), 환경에 대한 두려움, 불편함 및 혐오의 발달과 연관되어 있다(Sandeter & Kennair, 2011).

지난 수십 년 동안 야외 놀이가 매우 감소했고, 따라서 유럽 전역의 어린이들에게 위험 놀이기회도 감소하였다(Clements, 2004). 야외 놀이기회는 줄어들고 있고 많은 나라는 북유럽 국가들처럼 자연에서 시간을 보내는 문화유산을 가지고 있지 않다. 따라서, 매우 어린 아이들에게 위험 능력을 증가시킬 기회를 만들기 위해 유치원 교육의 공식적인 설정 내에서 위험한 놀이 활동을 수행하는 것이 중요하다(Brusoni et al., 2014; Nikiforidou, Pange, & Chadzpadelis, 2012).

더욱이 안전에 대한 우려는 위험한 놀이기회 제한의 증가를 불러일으켰지만(Ball, 2002;

Stephenson, 2003), 사고를 예방하는 데는 실패했다. 게다가 이 젊은 세대의 지나친 보호는 그들의 건강과 매일의 기능의 예측 불가능성에 대처하는 능력에 부정적인 영향을 미치기 때문에 훨씬 더 큰 위험이라는 경고가 제기되었다(Gill, 2007; Little & Wyver, 2008). 새로운 이니셔티브와 움직임은 놀이터를 흥미롭고 도전적인 실험 환경(Bundy et al., 2009)으로 재설계하고 실외 환경에서의 비용 활용에 초점을 맞춤으로써 이러한 우려를 심각하게 받아들인다(Kernan, 2014; Helen Little et al., 2011). 존슨, 크리스티, 워들(2005)은 어린이들에게 야외 놀이의 중요성을 옹호하는 비슷한 주장을 하고 있는데, 그중 하나는 위험을 감수하는 기술의 발전이다.

베터(Vetter et al., 2008)에 따르면, 위험 감수 능력(risk-taking skills)의 정의는 위험 역량(risk competence) 이라는 다차원적인 개념을 우리에게 가져다준다. 베터가 밝히는 위험 역량(risk competence)은 위험한 상황에서 기회를 살피고 획기적인 활동에 참여하는 능력 또는 더 관리하기 쉬운(통제 가능한) 상황 또는 전혀 참여하지 않는 것으로 간주하는 역량으로 정의된다.

이러한 긍정적인 견해는 한편으로는 자신의 경험과 능력에 대한 현실적인 평가와 다른 한편으로는 관련된 위험(즉, 위험 인식)에 대한 현실적인 추정에 기초한다(Vetter et al., 2008). 위험인식은 '특정 유형의 사고가 발생할 확률을 주관적으로 평가하고, 그 결과에 대해 우리가 얼마나 우려하고 있는지를 평가하는 것'으로 정의된다. 위험을 인식하는 것은 부정적인 결과뿐만 아니라 확률에 대한 평가도 포함한다(Sjoberg, Moen, & Rundmo, 2004, p8). 이와 같이 위험인식은 행동 결정을 내리기 전에 상황에 대한 인식과 평가에 초점을 맞추고, 따라서 위험 역량의 일부분이다.

비록 매우 어린 아이들의 위험 능력 및 위험 인식 개발에 관한 연구는 부족하지만, 심지어 취학 전 아동들도 위험을 추구하고 어느 정도 위험역량을 가지고 있다는 증거가 증가하고 있다(Little & Wyver, 2010; Sandseter, 2007b, 2009c; Stephenson, 2003). 게다가, 더 일반적인 건강상의 이점 외에도, 위험한 놀이는 위험 인식과 능력 능력에 긍정적인 영향을 미친다.

선행 연구에 따르면, 위험에 대한 부모와 관리 주체들의 잘못된 인식과 태도는 위험을 감수하는 행동에 대한 장벽으로 나타날 수 있다. 반대로 그들의 긍정적인 태도는 아이들을 격려하고 위험 감수 능력을 향상시킨다(Brusoni et al., 2012; Little, 2010; Little et al., 2011; Sandseter, 2014)라고 밝히고 있다. 이렇게 아동 안전과 관련된 부모의 우려가 어린이들의 독립 놀이 접근에 가장 큰 영향을 미치는 것으로 나타났으며[92], 수많은 연구는 어린이들이 위험관리와 안전에 관한 결정에 있어 신뢰받기를 원한다는 것을 보여준다. [93], [94]

놀이환경에서 어느 정도 위험체험의 필요성이 더욱 중요해지는 것은 어린이들의 생활습관 변화 폭이 넓기 때문이다. 일상의 생활 지난 몇십 년 동안 아이들이 독립적으로 놀고 집 밖으로 돌아다니면서 보내는 시간이 줄어들었다. 이러한 감소의 이유는 복잡하고 논쟁의 여지가 있다. 그러나 모든 선행 연구 결과는 결과적으로 아이들이 스스로 위험을 관리하는 방법을 접하고 배울 기회가 적다는 것에 동의하고 있다. 아이들에게 위험을 감수할 수 있도록 관리된 기회를 주는 것은 그들에게 더 넓은 자유를 잃은 것에 대해 보상하는 방법이다.[95] 얼마나 높이 올라갈지, 얼마나 멀리 뛸지 그리고 또래 간에 주고받는 압박에 굴복할지 말지를 결정하는 것은 어린이 스스로 선택한 놀이의 불확실성과 위험을 다루는 학습에 있어 매우 가치 있는 경험이다.[96]

이렇게 우리 아이들이 긍정적으로 성장하기 위해서 위험 감수(risk taking)는 필수적인 것을 확인할 수 있다. 위험을 인지하고 도전하는 것은 아이들이 체험해야만 얻을 수 있는 중요한 삶의 기술이면서, 세상을 안전하게 살아가는 방법을 배우는 방법이다. 위험을 감수하는 긴장감은 놀이의 동기가 된다. 이와 동시에 검토해야 할 놀이터의 안전은 복잡하고 민감한 영역이다. 이러한 복잡성을 인정하고 감정과 이성의 균형을 맞추는 것을 통해 좋은 길을 찾아야 한다. 그것은 아이들의 건강과 웰빙을 중심에 놓는 것으로 시작된다고 판단한다.

즉, 어린이 놀이를 통한 위험체험은 아이들이 그들의 환경을 탐구하고 그들의 몸이 무엇을 할 수 있는지를 배우면서 부상을 피하는 것을 배울 때 위험을 인식하고 평가하는 능력을 발달시키는 중요한 맥락이다. 어린이들의 발달과 놀이의 질은 아이들이 그들의 주변을 안전하게 탐험하고, 실험하고, 새로운 것을 시도하고, 도전을 받아들이고, 위험을 감수할 수 있을 때 향상된다고 할 수 있다. 이것은 놀이를 통한 혜택을 누릴 수 있을 뿐만 아니라 놀이시설의 안전(시설적 측면이 아닌 이용자 측면)을 위해서도 필요한 부분이라고 생각한다.

이상 선행 연구를 종합해 보면, 아이들은 언제나 위험한 놀이를 즐기며, 아이들을 안전하게 유지하는 것은 그들이 위험을 감수하고 관리하도록 위험체험 기회를 제공하는 것을 포함한다는 것을 알 수 있다. 많은 분야의 문헌은 안전 노력이 야외에서 위험한 놀이를 통해 어린이 발달을 위한 기회와 균형을 이루어야 한다는 생각을 뒷받침한다. 따라서 Sandseter(2009년)와 Lee(1999년)가 밝힌 바처럼 어린이들에게 더 큰 도전 과제를 제공하면서 부정적 위험감수의 발생 상황을 감소시키는 놀이터를 제공하기 위해 힘써야 한다.

우리는 놀이터에서 부상을 최소화하면서도 아이들이 스스로 도전하고 자신의 능력과 한계를 발견할 수 있도록 하기 위한 유익한 위험에 대해 고려하는 새로운 접근이 필요하다. 현대의 연구를 종합하면 위험한 놀이는 보편적이며 선천적인 발달 욕구를 채워주는 아이들의 모든 연령대에서 관찰되는 것으로 파악된다. 위험천만한 놀이의 본질은 흥분과 성취의 보상으로 놀이환경에서 인지된 위험을 관리하려는 어린이의 시도라고 할 수 있다. 학자들은 다음과 같이 제시하고 있다.

놀이는 본질적으로 불확실성, 예측 불가능성, 신기함, 유연성을 수반하며 결과보다는 과정에 초점을 맞추고 있다(Caillois, 1962; Lester와 Russell, 2008). 그리고 어떤 위험요소는 이 예측 불가능하고 구조화되지 않은 행동으로 발생한다. 위험한 놀이를 통한 학습 잠재력은 오랫동안 인정되어 왔다(Henniger, 1994; Jambor, 1986; Stine, 1997). 아이들은 놀이를 할 때마다 일상적이고 친숙하며 지루하게 느껴지는 것에서 알 수 없고 불확실하며 매력적인 것으로 나아간다. 어린이 대부분은 모험적이고 신나는 놀이경험을 적극적으로 찾는 것으로 알려져 있다. 게다가 위험 활동을 수반하는 두려움과 흥분에 대한 욕구가 종종 발생한다고 밝히고 있다(Zuckerman&Kuhlman, 1994).

최근의 연구는 어린이 놀이의 필수적인 부분으로 위험 감수에 초점을 맞추기 시작했으며, 위험한 놀이의 특징을 밝혀냈다(Sandseter, 2007; Stephenson, 2003; Waters and Begley, 2007). 위험한 놀이

는 신체활동놀이 내에서 축적되며, 스릴 있고 흥미진진하며 신체 상해 위험이 있는 곳으로 정의되었다.[97] 또한 도전, 한계 테스트, 경계 탐색 및 위험 학습 기회를 제공하는 놀이로 정의되기도 했다(Ball, 2002; Little and Wyver, 2008).

그린필드(Greenfield, 2004)는 4살 어린이들에게 야외 놀이터에 대한 그들의 느낌과 견해를 전해 달라고 부탁했다. 이들이 즐겨 찾는 영역은 자전거, 그네 및 '줌 슬라이드'로, '위험, 속도, 흥분, 스릴, 불확실성 및 도전'과 같은 공통적인 특징을 가지고 있었다.

비슷하게, 스티븐슨(Stephenson, 2003)은 4살짜리 어린이 놀이의 요소는 '전에 해보지 못한 것을 시도하고, 키나 속도 때문에 종종 통제 불능의 경계선에서 느끼고, 두려움을 극복하는 것'으로 파악했다. 아이들은 그들 자신의 기술 수준과 능력을 예민하게 인식하고 있는 것처럼 보였다. 이런 종류의 놀이 목적은 그들 자신의 한계를 시험하고 그들의 신체적 능력을 보여주는 것이었다. 가장 많이 인용되는 "위험한" 놀이는 신체적인 부상의 위험을 수반하는 스릴 있고 도전적인 형태의 놀이로 정의되며(Sandeter, 2007), 이런 종류의 놀이는 대부분 야외와 자유로운 놀이에서 이루어진다.

노르웨이 유치원에서 실시한 연구(Sandseter, 2007)에 따르면, 3세에서 5세까지의 어린이에 대한 관찰에서, 아주 높은 곳에서 놀거나, 빠른 속도로 놀거나, 톱과 칼과 같은 위험한 도구를 가지고 놀거나, 불이나 물과 같은 위험한 요소 근처에서 놀거나, 거칠게 놀거나, 어린이들이 '사라지거나 길을 잃을 수 있는' 숨겨진 놀이 등 여섯 가지 범주의 위험한 놀이를 찾아냈다. 두려움을 극복하고 '통제 불능'을 느끼는 것은 놀이의 중요한 요소였다. 이러한 위험한 놀이에 대한 설명은 카일로이스(Caillois, 1962)가 말하는 어지러움(ilinx) 또는 현기증을 쫓는 데 초점을 맞춘 것처럼 보이는 게임과 일치하며, 그러한 순간적인 지각 불안과 함께 오는 감각에 초점을 맞춘다.

샌드세터(Sandseter, 2007, 2009a)가 밝히는 아이들이 참여해야 하는 여섯 가지 "위험한 놀이"는 다음과 같다.

① 아주 높은 곳에서 놀기(Play with great Heights)

높은 곳에서 뛰어내리는 것은 기본적으로 통제력을 상실하는 방법이다. 높은 곳에서 매달리기, 균형 잡기, 뛰어내리기, 오르기와 같은 놀이를 통해 추락으로 인한 손상 위험이 있지만, 아이들 대부분은 높은 곳에서 뛰어내리는 것을 좋아한다. 그것은 흥분과 두려움이 뒤섞인 것을 보여주기 때문이다. 나무에 오르는 것은 어린이들에게도 비슷한 스릴을 선사한다. 항상 떨어질 가능

성이 있는 "위협"이 있기 때문이다.

② 빠른 속도 즐기기(Play with high Speed)

빠른 속도로 하는 놀이는 "통제력 상실"과 관련이 있는 것으로 보이는 또 다른 위험한 놀이 활동이다. 무언가(사람/사물)와 충돌할 수 있는 동선과 통제되지 않은 속도를 말하는데, 예를 들면 빠른 속도로 자전거 타기, 썰매 타기, 미끄러지기, 제어하기 힘들 정도로 달리기 등이다. 고속으로 자전거를 탈 때, 어떤 물건이나 누군가와 부딪히거나 심지어는 떨어질 가능성이 있는 위험과 흥분된 상황이다. 다른 고속의 예로는 가파른 언덕을 뛰어 내려가거나, 운동장 그네를 타고 그네를 타거나, 짚라인을 타고 여행하는 것이 있다.

③ 위험한 도구를 가지고 놀기(play with dangerous Tools)

지난 수십 년 동안, 캐나다 어린이들이 나무를 자르기 위해 톱을 사용하고, 새집 또는 작은 나무집 등을 만들기 위해 망치를 사용하고, 작은 막대기에 주머니칼을 사용하는 것을 보는 것은 드문 일이 아니었다. 부모들의 안전에 대한 우려가 증가하면서, 오늘날 아이들 사이에서 도구를 가지고 노는 것은 거의 사라졌다. 그래도 아이들은 기회가 되면 도구를 사용하는 것을 좋아하는 경향이 있다. 다칠 위험이 항상 있지만, 이런 종류의 놀이는 어린이들이 위험을 완화하기 위해 집중하도록 장려한다.

④ **위험한 요소 근처에서 놀기(Play near dangerous Elements)**

위험한 요소 근처에서 노는 것은 불, 절벽 근처에서 노는 것, 깊은 물 근처에서 노는 것 같은 것을 포함한다. 여기서는 굳이 말로 설명할 필요가 없다. 현시적으로 제기되는 생명에 대한 위험을 마주하게 된다. 그러나 아이들은 이러한 상황과 환경에서 한계를 시험하는 것을 즐기고 흥분하는 것 같다고 샌드세터는 밝히고 있다.

⑤ **거친 신체놀이(Rough and Tumble play)**

레슬링, 씨름, 격투, 막대로 울타리 치기 등과 같이 서로에게 손상을 일으킬 수 있는 것이 있다. 이런 종류의 놀이는 장난스러운 접촉과 실제 싸움 사이의 균형을 관리하는 것을 포함한다. 여기에는 플레이 레슬링, 플레이 투구, 스틱을 이용한 펜싱 등이 포함될 수 있다.

⑥ **아이들이 "사라지거나" 길을 잃을 수 있는 놀이(Play where the children can Disappear/Get lost)**

이런 종류의 놀이는 나무숲 등에서 아이들이 스스로 탐험할 기회를 얻게 되어 길을 잃을 위험이 있는 미지의 지역으로 모험하는 경우를 말한다. 확실히, 숲이나 알려지지 않은 도시에서 길을 잃는 것은 어린이들에게 실질적인 위험을 불러일으킨다. 그래서 이런 종류의 놀이는 아이들에게 거리를 측정하고 항해에 필요한 장소 및 공간을 인식하고 기억하도록 한다.

이상 언급된 각각의 놀이 형태들은 모든 놀이환경에서 찾아볼 수 없을지도 모른다. 만약 그렇다면, 아이들은 본능적으로 그들을 경험할 방법을 찾으려고 할 것이다. 이들의 간략한 목록은 다음과 같으며 좀 더 신나고 도전적인 놀이터를 설계한다면 참조할 수 있는 좋은 예제로 파악된다.

주요 위험 유형	주요 내용
상당한 높이	오름대, 점프, 균형 잡기, 매달림,
빠른 속도	회전, 슬라이딩, 달리기, 자전거, 스케이트
위험한 공구	절단, 찌르기, 채찍질, 톱질, 묶기
위험요소들	단차 변화, 물, 불
가상 공격놀이(Mock-Aggression)	레슬링, 술래잡기 등 거칠고 넘어지는 놀이
사라짐/길 잃음	보호자 또는 울타리가 없는 숲 등 알 수 없는 환경 탐색

여러 선행 연구자들이 밝혔듯이, 위험한 놀이는 아이들이 그들의 경계를 테스트하고 불확실성을 가지고 시시덕거리는 것이고, 그들은 우리가 생각하는 것보다 그들의 한계를 확인하고 위험을 관리하는 데 더 많은 능력을 지니고 있다.

이렇게 스테픈슨, 그린필드, 샌드세터 등 아동놀이의 선행 연구자들이 밝힌 바처럼 많은 어린이는 자연스레 위험한 놀이에 끌리고, 그러한 놀이가 불러일으키는 스릴과 흥분, 심지어 두려움을 즐긴다. 이런 놀이 형태들은 부모들 대부분이 두려움을 가지게 되지만 어린이에게는 일종의 인식된 위험성을 제시한다.

관련 선행 연구들(Greenfield, 2004; Sandseter, 2007; Stephenson, 2003; Waters and Begley, 2007)은 위험한 놀이를 구성하는 것은 상당히 보편적이라고 밝히고 있지만 얼마나 위험한 놀이를 허용하는지는 사회적 맥락에 따라 다르다는 것을 보여준다.[98]

연구에 따르면 위험한 놀이를 통한 혜택에 대해 다음과 같이 정리하고 있다. 위험한 놀이는 아이들이 스트레스를 받는 상황에 대처하고, 추적하는 법을 배우고, 사회적 상호작용 기술을 향상하며, 창의력을 높이고, 인간 사망에 대해 배우고, 그들의 한계를 이해하는 데 도움을 주고, 개선을 위한 영역을 인식하고, 긍정적이고, 적극적인 활동 성향을 형성하는 데 도움을 줌으로써 아이들의 발달에 도움이 되는 것으로 나타났다.[99] 다른 이점들에는 향상된 운동 기술과 함께 환경에 대한 인지적 이해도 포함된다.[100]

놀이를 통한 위험을 감수하는 것은 긍정적인 결과를 가져올 수 있다. 우리가 새로운 기술을 개발하고, 새로운 행동을 시도하고, 우리가 덜 알고 있는 것을 탐구하기 위해 친숙한 것을 버리려고 노력하는 것처럼 우리가 위험을 감수하려는 것은 인간 학습에 기본이 되며, 어린이에게는 특히 중요하다고 밝히고 있다(Greenfield 2004; Stine 1997; Tovey2007).

이와 반대로 놀이터에서 어린이가 경험할 수 있는 위험이 부족한 경우 여러 우려를 밝히고 있다. 놀이환경의 위험 부족은 "위험을 회피하는" 아이, 일상의 상황을 효과적으로 관리하는 방법을 배우지 못한 아이, 스릴을 경험하기 위해 위험하거나 위험한 장소를 찾는 아이로 이어질 수 있다. 정신건강 전문가들도 놀이의 위험성이 부족하면 회복력이 떨어지고 궁극적으로는 정신건강 문제가 발생하여 전문적인 개입이 필요하다고 주장한다.[101]

또한 아이들의 운동기술이 놀이 공간에서 그들에게 주어진 기회를 초과하는 상황에서 위험한 놀이가 일어나는 것을 흔히 볼 수 있다.[102] 2017년 9월 국제놀이협회 컨퍼런스에서 아동놀이연구가 요스트(Bambi Yost)는 "한 번도 해보지 않은 일을 해보면 많은 이점이 있다. 그것은 새로운 뉴

런을 생성하고 더 큰 자기 확신을 심어줄 것이다. 한 번 실패하면 다음 번엔 성공할 수도 있다"라고 말했다.[103]

야외에서 위험한 놀이를 할 기회가 없다면 어린이들이 신체활동을 중단하게 될 것이라는 우려를 뒷받침하는 증거가 있다. 16개의 보육 센터에서 미취학 아동들의 놀이 장비 사용을 기록한 캐나다의 연구는 놀이기구를 이용한 시간이 13%에 불과하고 그 시간의 3%만 놀이기구의 제작 의도 대로 사용되었다는 것을 발견했다.[104] 한 연구에서 미국의 보육 제공자들은 지나치게 엄격한 기준이 어린이들에게 도전적이지 않고 흥미롭지 않게 만들어 그들의 신체활동을 방해했다는 우려를 표명했다[74].[105] 게다가 연구자들은 일부 어린이들이 도전을 유지하기 위해 안전하지 않은 방법으로 장비를 사용했다는 점에 주목했다.

다음은 어린이들이 위험한 놀이를 하는 동안 자신의 감정을 겉으로 표현하는 방법에 대한 설명이다.

두려움: 어린이는 많은 놀이 시간을 두려움의 감정을 관리하는 데 보낸다. 이 감정은 주로 활동의 회피나 후퇴로 인식될 수 있다. 그래도 어린이가 반항적으로 행동하거나, 제자리에서 얼거나, 방어적이거나 겁이 많아지거나, 어른에게 도움을 청할 때 다른 공포의 표현은 관찰될 수 있다(Sandsetter, Ellen Beate Hansen, 2009). 이것은 모든 어린이가 어느 정도 경험하는 정상적이고 건강한 감정이며, 그들이 어렸을 때 관리하는 법을 배워야 한다.

즐거움: 재미있다는 것은 아이들이 처음에 확신하지 못했던 위험한 위업을 성취한 후에 느끼는 보상이다. 아이들의 위험한 놀이 동안의 경험은 행복감에 대한 경계선이다. 따라서 그들은 원래의 즐거움과 흥분을 다시 경험하기 위해 같은 행동을 반복적으로 하는 경향이 있다. 이 감정은 일반적으로 웃고 소리치며 춤추고 전정 지향적인 연극을 통해 표현된다.[106]

경계선 공포: 놀이를 하는 동안 아이들은 종종 통제 불능을 느끼거나 예측할 수 없는 상황에 휘말리게 될 것이고 확신하지 못하는 경향이 있고, 어쩌면 그들이 느끼고 있는 감정까지도 혼란스럽게 할 것이다. 그들은 겁을 먹었는가, 흥분되었는가, 아니면 둘 다인가? 아이들이 놀다가 갑자기 멈추거나 망설일 때 눈에 띄는 것처럼 흥분과 함께 공포가 뒤따르는 것은 이러한 위험한 놀이 시간 동안이다.

크리스텐센과 미켈센(Christensen & Mikkelsen, 2008)의 연구는 어린이들이 어른들에게는 자주 보이지 않는 활동인 그들만의 정교한 위험 관리 형태를 실천하고 있다는 것을 보여준다. 어린이들을 그러한 기회로부터 격리시키려고 하는 것은 그들을 많은 사회적 관계, 감정적인 흥분, 그리고 다른 아이들과의 관계를 저해하는 결과를 가져온다고 평가한다. 더구나 일

반적으로 사고는 아이들이 많은 것을 배우는 중요한 사건이다. 따라서 어른들은 단순히 기계적인 위험을 제거하는 오류를 범하지 않고, 대신 세상의 본질을 이해하고 아이들의 회복력을 높일 수 있는 방법으로 아이들의 위험 평가(Risk Assessment)와 그에 대한 관리 기술을 확장하는 놀이환경을 조성하는 것이 바람직하다고 밝히는 팀 길(Gill, 2007, 2010)의 제언에 대해 유의할 필요가 있다.

지금까지 살펴본바, 놀이터에서 접하게 되는 위험(risk)은 어린이들이 위험관리를 배우는 데 도움이 되는 개별적인 추론과 선택에 근거하여 성공하거나 실패하는 기회를 만드는 도전을 만들어 냄으로써 아이들의 성장에 필수적이라고 말할 수 있다.

놀이터의 위험관리

① 놀이터에 존재하는 위험의 구분

놀이터는 어린이에게 긴장감과 도전의 즐거움의 요소가 있는 한편, 기본적인 안전성이 확보되지 않으면 안 된다. 놀이에 존재하는 위험은 창조적이며 무척 신나는 것이 될 수 있지만, 어떤 위험은 관리될 필요가 있다.

어린이는 더 의욕적인 놀이를 통해 도전과 실패를 겪으면서 자연스레 크고 작은 위험을 이해하고, 그것을 예측하거나 회피하는 능력을 학습할 기회를 얻는다. 이렇게 놀이활동 속에서 수반되는 신체적 도전으로 인해 여러 상황의 위험을 수반하기도 한다. 어린이가 완전히 기능하고 유능한 사람이 되기 위한 탐색과정에서 새로운 활동을 시도하고 그들의 한계를 시험하는 것처럼 어린이들에게 위험감수(risk taking)는 특히 중요하다(Greenfield, 2004; Stine, 1997; Tovey, 2007). 우리나라 놀이시설 안전기준의 모태가 되는 EN1176에서도 밝힌 바처럼, 작은 부상을 경험하는 한이 있더라도 리스크는 보다 큰 안전사고나 다른 위험을 피하기 위한 학습 기회이며, 거기에는 안전에 대한 판단력, 행동력을 갖기 위한 놀이가치(play value)가 된다.

위험 감수의 결과가 긍정적이거나 부정적일 수 있다는 것을 받아들인다면, 위험의 광범위한 정의가 필요하다. 따라서 위험은 결과를 알 수 없는 대안적인 행동 과정 중 선택을 해야 하는 상황으로 더 잘 정의된다. 그러한 상황들은 성공이나 실패의 가능성뿐만 아니라 바람직하지 않을 수 있는 결과와 대비되는 혜택을 고려해야 한다(Clifford, 1991; Kopfstein, 1973; Rosenbloom, 2003). 이러한 관점에서 고려할 때, 위험(risk)은 반드시 피해야 할 위험이 아니라 관리될 필요가 있는 위험이다(Ball, Gill, Spiegal, 2008; Christensen and Mikkelsen, 2008).

이렇게 우리는 놀이터에서 부상을 최소화해야 하지만 아이들이 스스로 도전하고 자신의 능력과 한계를 탐색할 수 있도록 하는 놀이환경 내의 유익한 위험(Risk)에 대해 새로운 사고 방식이 필요하다.

어린이들이 안전하게 위험을 감수하고 배우는 환경을 위해서는 도전을 통해 성취감과 즐거움을 체험할 수 있는 위험(risk)은 놀이가치로서 권장할 필요가 있지만, 심각한 손상을 유발하는 위해요인(hazard)은 제거할 필요가 있다.

전통적인 사업장에서 위험관리는 부정적인 결과의 위험을 줄이기 위해 위험의 식별과 필요 시 완화를 포함하지만 놀이터에 적용되는 위험관리는 다르게 구분하고 있다. 국제적으로 놀이터의 위험관리에 관한 공인된 지침서에 따르면, 리스크(risk)와 위해요인(hazard)은 학습의 기회가 될 수 있다는 점에서 어느 정도 가치가 있다고 제시한다. 따라서 모든 위해요인의 제거 또는 완화는 불가능할 뿐만 아니라 잠재적으로 피해가 될 수 있다. 만약 세상이 본질적으로 위해요인(hazard)으로 가득하다면, 사람들은 자신을 보호하기 위해 그것을 인식하고 반응하는 법을 배울 필요가 있다. 이러한 학습 일부는 자기 주도적 경험을 통해 발생한다. 즉 위해요인(hazard)이 발생할 때 마주치고 평가하고 대응함으로써 기술을 습득하는 것이다.[107]

다른 놀이학자들도 관련 규정에 따른 지나친 통제식 위험관리 조치보다는 치명적 위험과 긍정적, '건전한' 위험으로 구별할 필요가 있다(Bundy, Tranter, Naugton, Wyver, & Lucett, 2009; Little, 2006; Little & Wyver, 2008)고 밝히고 있다. 영국의 왕립사고예방기구(RoSPA)가 추구하는 바처럼 놀이터 설계와 놀이터 안전에 있어 가능한 한 '안전하게'가 아닌, 필요한 만큼의 안전을 지지하는 관점에서 접근해야 한다(Champion, 2008). 위험요소를 제거하는 것이 중요하지만, 어린이들이 실제 부상 위험에 처하지 않고 위험(risk)에 대한 인식을 경험할 수 있도록 도전 기회를 유지할 필요가 있다(Mitchell, Cavanagh, & Eager, 2006).

우리가 새로운 기술을 개발하고, 새로운 행동을 시도하고, 모르는 것을 탐구하기 위해 익숙한 것을 버리고 위험을 무릅쓸 준비가 되어 있는 것은 인간 학습의 기본이다. 특히 발달과정에서 아이들에게 탐색하고 새로운 활동을 시도하고 한계를 시험할 때 중요하다(Greenfield, 2004; Stine, 1997; Tovey, 2007). 그러한 놀이에 수반되는 위해요인에 대해 놀이 학자들은 위해요인(hazard)을 어린이를 심각하게 다치거나 위험에 빠뜨릴 수 있고 어린이가 인식할 수 있는 능력 밖인 환경에서의 위험(danger)으로 정의한다. 그런 다음 위험(risk)은 어린이가 자신의 한계를 정하면서 마주치는 것을 선택함으로써 인식하고 관리할 수 있는 환경 내의 도전과 불확실성으로 정의한다.

전형적인 예로는 나무 오르기이다. 오르는 나무의 높이는 어린이가 관리할 수 있는 위험(risk)을 제공한다(예: 어린이가 얼마나 높이 올라가는지를 결정할 수 있다. (Brussoni M, Olsen LL, Pike I, Sleet DA. (2012).[108], [109], [110] 잠재적 hazard는 아이가 아직 식별할 수 없는 미지의 썩은 나뭇가지일 것이다.[111]

'위해요인'은 어린이에게 인지되지 않은 요소인 것에 반하여, '위험(risk)'은 어린이가 인지한 위험으로서 위험하다는 것을 아는 상태이다(Moore et al., 1992). 따라서 어른에 의해 관리되는 위해요인과 함께 아이들이 다루는 위험 또는 도전을 가진 공간에서 놀이가 이루어져야 한다.[112], [113], [114]

위험을 모두 제거한다고 해서 안전한 것은 아니다.[115] 미국의 놀이터안전 연구학자인 워렉(1999)

은 '아이들 놀이에서 "위험"을 모두 없앨 때 놀이의 가치가 낮아지고, 아이의 위기 회피 능력의 발육을 방해한다. 가능한 한 최대한의 놀이가치를, 필요한 만큼의 안전이 필요하다고 주장한 리히터(Julian Richter)는 정곡을 찌르고 있었다. 안전의 진짜 의미를 알고 있다.'라고 언급하고 있다.

이러한 위험을 감수하는 체험이 아이들의 건강과 웰빙에 도움이 될 수 있다는 믿음은 우리가 안전문제에 대해 안주하게 된다는 것을 의미하는 것이 아니라, 건강하고 잘 관리된 위험 감수를 위한 기회를 제공하기 위해 리스크(risk)와 위해요인(Hhazard)을 구분해야 할 필요가 있다는 것을 의미한다.[116]

어린이 놀이터는 어린이에게 긴장감과 도전의 즐거움의 요소를 제공하고 있지만, 기본적인 안전성이 확보되지 않으면 안 된다. 어린이 놀이터에 존재하는 위험은 다양하고 매우 신나는 것이 될 수 있지만, 어떤 위험은 관리될 필요가 있다. 어린이는 놀이를 통한 발달과 행복이 보장되어야 한다. 이 경우 치명적 위험과 긍정적이고 건전한 위험을 구별할 필요가 있다(Bundy, Tranter, Naugton, Wyver, & Lucett, 2009; Little, 2006; Little & Wyver, 2008).

유럽에서는 영국을 중심으로 2008년 놀이터의 위험관리에 관한 지침서를 발간하면서 좋은 위험과 나쁜 위험으로 구분하고 그 위험에 대한 관리와 평가가 중요함을 다루면서 심각한 위해요인으로부터 어린이를 보호하는 것과 놀이를 통한 편익을 가져가는 것 사이의 균형을 유지할 것을 요구하고 있다.

관습적으로 사업장의 위험관리에서는 부정적인 결과를 가져오는 위험(risk)을 줄이기 위해 위해요인을 밝혀내고 필요한 경우 완화하는 조치를 한다. 그러나 놀이터에 적용할 때는 다르다. 놀이가 일어나는 놀이터 대부분에서 수직으로 떨어질 수 있는 울타리 출입구와 흔들리는 다리와 같은 위험은 잠재적으로 허용할 수 있는 위험성이 된다. 놀이가 발생하는 공간에서의 위험은 항상 부정적인 결과를 가져오는 것은 아니다. 어린이는 위험에 대한 경험을 통해 많은 긍정적인 것을 얻을 수 있다.

그러므로 놀이터에서 어린이가 접하게 되는 위험에 대해 두 가지로 나누어 관리하는 것이 필요하다. 하나는 어린이 성장에 도움을 주면서 어린이 놀이를 좀 더 재미있게 만드는 요소인 리스크(risk)와 그 반대로 어린이에게 치명적 손상으로 연결되는 위해요인(hazard)이다.

어린이가 선택하는 리스크는 도전(challange)이고 모험이며, 아직 경험치 못한 세상을 배우는 수단이며 자신의 발달을 극대화해주는 수단의 하나가 된다. 어린이들이 놀면서 경험하는 도전과 모험으로 인한 실패와 손상은 허용하고, 어린이들이 이것에 대한 더 많은 경험을 통해 최대한의

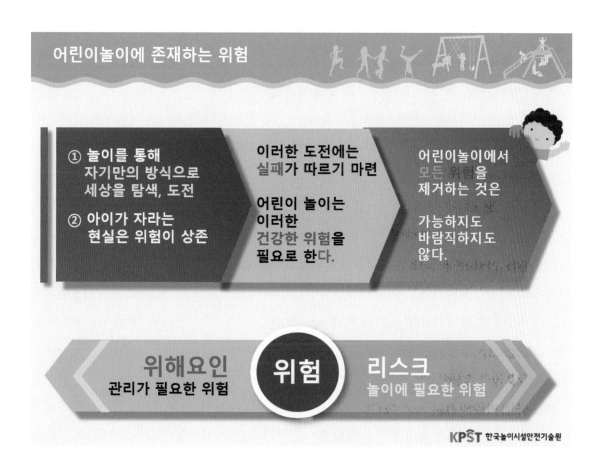

편익을 가져갈 수 있도록 건강한 위험은 배려할 필요가 있다. 하지만 심각한 정신적, 신체적 후유증을 가져오는 중대사고로 연결될 수 있는 위해요인은 관리되어야 한다.

우리나라는 물론 유럽과 미국에서는 안전기준으로 놀이기구들의 설계·제조·설치, 관리에서의 치명적인 "위해요인(hazard)"을 없앨 것을 관계자에게 요구하고 있다. 차이가 있다면 우리나라는 강제기준이며, 구미 국가는 자율기준으로 운영되고 있다.

'위해요인'은 어린이에게 인지되지 않은 요소인 것에 반하여, '위험(risk)'는 어린이가 인지한 위험으로서 위험하다는 것을 아는 상태이다. 즉, 리스크는 어린이가 인식할 수 있는 위험으로서 이를 택할 것인지 아닌지를 어린이 스스로 결정할 수 있다.

이 같은 방법으로 어린이는 놀이터에서 놀면서 위험을 선택하고 도전해가면서 대처하는 방법을 배우게 된다.

유럽 및 미국, 일본 등의 어린이 놀이시설 안전관리 기술자료에 따르면 놀이의 즐거움에 따른 위험 또는 어린이가 받아들일 수 있는 위험을 '리스크(risk)'라고 한다. 반대로, 놀이의 즐거움과는 무관하고 수용할 수 없는 위험을 '위해요인(hazard)'이라고 한다. 위험성은 관리 주체나 보호자 등이 적절히 지켜보면서 아이들을 놀게 하는 것으로 회피할 수 있다. 그러나 위해요인은 어린이가 놀이시설을 이용하기 이전에 완전히 제거할 필요가 있다.

놀이터에는 어린이에게 학습의 기회가 되는 건강한 위험과 달리, 놀이가치와 놀이의 즐거움과는 상관없이 어린이에게 치명적 손상을 발생시킬 우려가 있는 위해요인도 존재한다. 치사 사고나 기능 장애나 운동 장애 등 심각한 후유증을 남기는 위해요인은 반드시 관리될 필요가 있다.

예를 들면, 놀이기구의 안전인증기준에 따르면 놀이기구에 존재하는 볼트 나사는 8mm 이상 돌출되지 않도록 하고 있다. 8mm 이상 돌출되더라도 끝처리는 라운딩 처리되어야 한다.

놀이기구에 약 10mm 정도 튀어나온 나사가 있어도 그 정도는 괜찮다며 무시할 수도 있다. 실제 성인들은 튀어나온 볼트, 나사에 잘 걸리지 않을뿐더러, 실제 점퍼 자락이 걸리더라도 그동안 살아온 직간접적인 경험과 대응능력을 갖고 있어서 옷이 찢기는 한이 있더라도 금방 몸의 중심과 균형을 잡게 된다. 그래서 어떤 작업장에서는 성인들에게 10mm 정도 돌출된 볼트, 나사는 심각한 손상을 초래하는 위해요인으로 관리되는 것은 아니다.

하지만 경험과 성장이 완전하지 않은 어린이에게 있어 그렇게 튀어나온 볼트, 나사는 즉시 제거해야 하는 위해요인이다. 놀이에 집중 또는 전념하는 어린이의 놀이행동 동선상에 존재하는 돌기는 어린이에게 심각한 손상을 줄 수 있기 때문이다.

선행 연구 문헌을 종합한 결과, 어린이가 놀이를 통해 일반적으로 접하게 되는 위해요인((hazard and danger)과 함께 유익한 리스크(risk)와의 균형이 필요함을 인식해야 하며, 어린이가 놀이터에서 접하는 위험은 구분되어 관리될 필요성이 있는 것으로 파악되고 있고 아래와 같이 구분하여 정의할 수 있다.

따라서 어린이 놀이터에 항상 존재할 수밖에 없는 어떤 리스크(risk)는 놀이의 재미 요소인 모험과 도전의 대상이 되며, 놀이가치의 하나로서 어린이의 발달에 필요한 건강한 위험성이라고 할 수 있다. 어린이가 위험을 예측하고 어떻게 대처해야 할지 판단 가능한 위험성이다. 즉, 자신의 능력을 알고 위험을 감수할지를 스스로 결정할 수 있는 대상으로 어린이에게 분명히 보이는 것이다.

어린이 놀이에 필요한 위험(risk)은 다음과 같이 정의할 수 있다.

• 어린이가 인지할 수 있으며, 스스로 판단 및 의사결정이 가능한 위험성

• 놀이의 즐거움에 따른 위험으로 어린이가 기꺼이 수용하고자 하는 위험성

• 도전대상이며 호기심을 채울 거리

• 재미의 대상이며, 심신발달을 지원하는 놀이가치의 하나

• 친구와 함께 겨루고 놀 거리이며, 놀이터가 재미있어지는 이유

위해요인 (관리가 필요한 위험)	어린이 놀이에 존재하는 위험	리스크 (건강한 위험)
		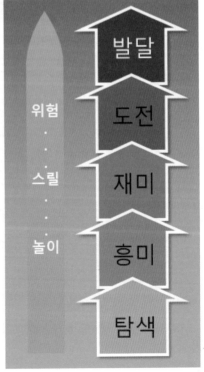

반면에 위해요인은 어린이의 모험과 도전을 통한 놀이가치와 상관없이 사고를 발생시킬 우려가 있는 위험 원인(hazard)이라고 할 수 있다. 어린이가 예측하지 못하고 어떻게 대처해야 좋을지 판단 불가능한 요인이며, 어린이에게 심각한 손상을 가져오는 요인이다. 어린이들이 안전하게 위험을 탐구하고 학습할 수 있는 환경에 이바지하는 것은 이러한 위해요인(hazard)의 제거다(Lester and Russell, 2008; Tovey, 2007). 그동안의 현장 조사와 선행 연구물 분석을 통해 어린이 놀이에 수반되는 위험의 구분과 예제를 아래 표와 같이 정리하였다. 제거할 필요가 있는 구체적이고 기술적인 위해요인(hazard)은 「어린이 놀이시설의 시설기준 및 기술기준」을 참조하기 바란다.

어린이 놀이에 수반되는 위험의 구분

구분	리스크(risk)	위해요인(hazard)	
정의	• 어린이가 인지할 수 있으며, 스스로 판단 및 의사결정이 가능한 위험성 • 놀이의 즐거움에 따른 위험으로 어린이가 기꺼이 수용하고자 하는 위험성 • 도전대상이며 호기심을 채울 거리 • 재미의 대상이며, 심신발달을 지원하는 놀이가치의 하나 • 친구와 함께 겨루고 놀 거리 • 놀이터가 재미있어지는 이유가 됨.	• 놀이의 즐거움과는 무관하고 수용할 수 없는 위험 • 어린이가 예측하기 어렵고 판단하기 힘든 위험 • 인지할 수 없으며 오히려 어린이에게 중대한 손상을 가져옴.	
구분	• 발생가능성이 상당히 낮은 경우 • 위험이 이용자에게 분명하게 인지되는 경우 • 분명한 편익이 존재할 경우 • 위험을 제거할수록 편익이 줄어드는 경우 • 위험을 관리할 수 있는 합리적인 실제 적용방법이 없는 경우	• 발생가능성이 상당히 높은 경우 • 위험이 이용자에게 분명히 인지될 수 없는 경우 • 분명한 편익이 없는 경우 • 위험을 관리할 수 있는 합리적 방법이 있는 경우	
종류	• 높은 곳으로 올라가는 도전 • 높은 곳에서 뛰어내리는 도전 • 친구와 겨루기, 함께 도전하기 • 재미를 위해 스릴있는 놀이 시도	**시설적 요인** • 부적절한 배치/동선 • 위험한 돌기 및 틈새 • 기구의 파손, 마모	**인적 요인** • 부적절한 이용 • 부적절한 복장 • 부적절한 소지품 • 보호관찰 없는 영유아
결과	• 가벼운 손발의 골절, 찰과상, 타박상 • 성취감, 호기심 충족, 재미, 심신의 발달, 자신감, 위험 대처능력 발달	병원 입원이 필요한 팔다리 골절, 열상 등 어린이에게 편익이 되는 것이 없음.	

관리	보유할 필요성 있으며, 좀 더 많이 체험할 수 있도록 배려가 필요하다. • 사회적, 환경적 상황을 고려하여 관리 • 나이별 능력을 고려한 관리 필요	어린이가 놀이시설을 이용하기 이전에 회피 또는 줄일 필요가 있다.
유의 사항	• 어떤 연령대에는 리스크가 되지만, 영유아에게는 위해요인이 되기도 함.	• 시설적 요인 외 인적 요인에 대한 관리가 필요함 • 인적 요인에 대한 관리에서 인식개선(안내, 교육, 사례공유 등)이 필수적임.

　　어린이에게는 도전대상이며 호기심을 채울 거리가 리스크라고 필자는 정의했는데, 주의할 것이 있다. 어린이의 나이와 발달에 맞는 점진적 리스크(도전)가 필요하다. 놀이터를 이용하는 다양한 연령층의 어린이가 자신의 발달 수준에 적합한 놀이활동에 참여할 수 있도록 하는 것으로서, 자신에게 너무 어렵지도 않으면서 너무 쉽지도 않은 가장 최적의 도전의식을 느낄 수 있는 놀이활동을 하도록 지원해야 한다. 점진적인 도전의식에서 중요한 것은 인식되는 도전이라는 점이다. 따라서 어린이에게 도전적인 환경을 제공할 때는 어린이가 도전적이라는 것을 충분히 인식할 수 있도록 해야 하며, 만일 도전에 실패하였을 때에도 어린이들이 이로 인해 다치지 않도록 배려해야 한다.

어린이 놀이에 수반되는 위험의 예제

리스크(risk)	위해요인(hazard)
수영장에서 보트 이용 설사 물이 얕아도 익사사고라는 피할 수 없는 위험을 내포하지만, 매우 낮은 위험 정도를 가지는 것이며, 보통은 허용되는 놀이이다. 여기에서 살펴보면 발생 가능성은 보통 상당히 낮으면서, 위해요인은 분명하게 인지된다. 어린이는 이러한 물놀이 경험과 즐거움을 통한 편익을 얻으며, 마지막으로 이용자가 가질 수 있는 이러한 편익을 제거하지 않고는 이러한 위험을 관리 또는 줄이는 것은 비현실적인 것이 되므로 이러한 위험은 일반적으로 허용되고 있다.	**보트의 시설결함** 안전할 거라 믿었던 보트에 시설결함 또는 작동 불량, 비상장치 등은 사전에 면밀한 점검 없이는 볼 수도 없고, 판단하기 힘들어서 위해요인이 된다.
차량 운전, 앞차와의 거리 우리가 교차로에서 운전하고 있을 때 다가오는 차의 속도와 거리를 판단하여 안전하게 건너갈 수 있도록 왼쪽으로 핸들을 돌리도록 결정한다.	**사각지대** 사각지대는 다가오는 다른 차량이 얼마나 빠르게 다가오는지를 볼 수도 없고, 판단할 수 없어 "운전할 때 위험한 요인이다."

놀이기구의 높이에 대한 도전 아이들은 그네에서 땅에 내려올 때 다치지 않을 만큼의 높이라고 판단하기 때문에 뛰어내리기로 마음먹는 것이다.	**놀이기구의 마모/얽매임** 그네 체인의 마모로 인해 어린이는 추락사고를 당할 수 있다. 이렇게 아이들은 그네 체인의 마모, 얽매임 개구부 등은 눈으로 보고 평가할 수 없기에 판단(결정)을 할 수가 없다.
과감한 놀이기구 이용(의사결정) 어린이는 위험한 구름 사다리를 건너가기로 마음먹는다. 나무 또는 놀이기구 위로 오르기 등	**딱딱한 바닥** 나무 또는 놀이기구 아래에 손상을 입을 수 있는 딱딱한 바닥
건강한 놀이터 ① 다이내믹하고, 신체적 도전 놀이기회를 주는 움직이는 놀이기구 ② 오르는 기구에서 만족감과 두려움을 극복할 수 있는 높이의 변화를 주는 놀이기구 ③ 자신의 기술과 상상력으로 부수거나 만들 수 있는 자연적 부드러운 재료들을 포함한다.	**위험한 놀이터** ① 높이에 따른 충격흡수기능과 하강 공간의 부족 ② 손잡이, 난간의 미고정, 날카로움, 얽매임 ③ 충격구역 내 놀잇감의 배치, 공간 미구분 등

부모들 대부분은 자신의 자녀가 성장하면 다양한 종류의 위험과 도전을 배울 필요가 있다고 생각한다. 그러나 위험에 대한 도전은 놀고 있는 아이에게 위험을 경험하게 하는 것이지, 심각한 손상(harm)을 일으키는 위해요인(hazard)에 아이들을 내버려 두는 것이 아니다. 생명에 위협을 주

거나 평생 장애를 일으킬 수 있는 치명적인 손상에 어린이를 내버려 두거나 노출해서는 안 된다. 예를 들어 그넷줄의 파손으로 인해 아동이 추락하여 머리에 손상을 입는 경우 또는 놀이기구에서 떨어질 수 있는 충격구역 내에 유리 조각이 방치된 상태에서 어린이가 추락하는 경우 등은 절대로 일어나서는 안 되는 일이다. 그래서 우리는 놀이터에 대한 안전점검을 정기적으로 실시해야 하는 이유가 여기에 있는 것이다.

② 관리가 필요한 위해요인

위해요인(hazard)이란 손상(harm)을 가져올 수 있는 요인이다. 사고가 발생하면 중대한 결과를 초래하게 되는 요인이다. 그러나 사고가 일어나긴 쉽지만, 발생했을 경우에 중대한 결과를 초래하지 않는다면 그것은 위해요인이라고 할 수 없다.

위해요인(hazard)에는 사람, 즉 이용자(어린이)에게 관련된 것과 사물, 즉 놀이기구에 관련된 것이 있다. 이용자(어린이)의 부적절하고 잘못된 이용과 놀이기구의 튀어나온 못과 같은 것은 위해요인(hazard)이라고 말할 수 있다. 놀이시설의 안전사고는 물리적 또는 인적 위해요인(hazard) 요인 때문에 발생하기도 하며, 혹은 두 가지 모두의 위해요인에 기인하기도 한다.

중요한 것은 어린이 놀이시설 사고예방을 위해 치명적인 "위해요인(hazard)"을 제거하는 국내외 놀이시설 관련 기준은 물리적 요인에 관해서만 규정하고 있고, 안전사고에 영향을 미치는 또 다른 위해요인인 인적, 관리적, 환경적 요인에 대해서는 세부적인 지침이 부족한 실정이다.

그래서 이러한 인적/관리적/환경적 위해요인을 제거 및 관리하지 못해 놀이터에서의 안전사고가 끊임없이 발생하고 있다. 따라서 「어린이 놀이시설 안전관리법」에 따라 설치된 놀이기구에 대해 물리적인 안전인증과 설치검사를 받았다 하더라도, 일상적으로 안전하게 유지 관리해야 할 필요성이 있어서 동법에서도 관리 주체에게 최소한의 안전관리의무를 부과하고 있다.

놀이시설 현장에서의 안전관리에서 가장 중요한 것은 이용자인 어린이를 보호하는 것이다. 이를 위해서는 안전사고에 영향을 미치는 요인을 밝히고 관리할 필요가 있다. 그동안의 국내외 사고분석 결과 놀이시설 안전사고에 영향을 미치는 위해요인으로는 부실한 설계를 포함해 시설적, 관리적, 환경적 및 인적 위해요인 등이 있는 것으로 나타났다.

지금까지 발생한 놀이시설 사고를 분석해보면 놀이시설의 설치, 관리 및 이용 단계에서 놀이시설 사고에 영향을 미치는 요인은 다음과 같이 다섯 가지로 구분해 살펴볼 수 있다.

사고 유발요인	내용	사고 형태
획일적 디자인	지역별 및 나이별 아동 요구 및 도전 기능의 부족 등	• 과용으로 인한 손상 • 주변시설의 부적절한 이용
시설적 요인	시설물의 결함, 부적절한 구조 및 배치, 놀이기구의 파손/열화 등	• 정상적, 비정상적 이용으로 인한 손상
관리적 요인	놀이기구 열화 및 돌기, 거친 면 등의 방치, 바닥재 표면 위험물 방치 등	
환경적 요인	기상악화, 주변 공사장, 오용 가능한 주변 조경 자재 및 시설 등	과용 및 오용으로 인한 손상
인적 요인	놀이기구의 과용 및 오용, 부적절한 복장 및 소지품, 영유아 방치 등	이용 부주의로 인한 손상 등

A. 디자인 요인

- 사용연령 및 사용 인원을 고려한 놀이공간 및 기구 수량 부족
- 현장 사용자 연령대의 발달적 요구도(뛸 수 있는 너른 공간, 정적놀이 공간 등) 반영 안됨
- 선호 놀이기구의 복수배치 및 놀이기능(점핑, 오르기, 균형 잡기, 속도, 공중놀이 등)의 부족
- 시설 또는 기구 중심 설계로 인한 놀이의 다양성(신체, 인지, 사회/정서 발달) 부족
- 인공재료 외 자연체험 환경 또는 형상화 또는 움직일 수 있는 놀잇감 부족
- 세대공유 공간 또는 보호자 공간 부족

B. 시설적 요인 (설치 관련)	C. 관리적 요인 (업무프로세스 관련)
시설물 결함 : – 신체 일부가 얽매이기 쉬운 틈 – 걸릴 수 있는 돌출부위 – 날카로운 마감 상태 – 추락 공간 내 기초 노출 – 검사 이후 하강공간 미확보 – 충격흡수재 파손	– 검사합격 후 하강 공간 내 장애물 방치 – 안전기준에 맞지 않는 기구 보수 및 교체 – 여건을 고려하지 않은 점검주기 – 형식적 안전점검 – 바닥에 큰 돌이나 유리 조각 방치 – 기구별 부자재의 부식, 풀림, 마모 방치 – 외부 유입 위험물 방치 – 충격흡수재의 파손 및 기능상실

D. 환경적 요인 (주변환경 관련)	E. 인적 요인 (놀이행동 관련)
– 놀이로 이용 가능한 조경시설, 운동시설 – 환경에 존재하는 얽매임, 날카로움 – 오용 가능한 주변 시설물 – 주변 공사장 – 놀이로 이용 가능한 방치 물건 등 – 눈, 비 및 기상악화	① 부적절한 이용 : – 놀면서 장난으로 밀치는 행위 – 1인용 기구에 많은 아이가 타는 행위 – 놀이기구의 과용 및 오용 ② 부적절한 복장 : 걸리기 쉬운 끈이 달린 옷이나 목도리, 신발 ③ 부적절한 소지품 : 자전거, 장난감, 줄넘기줄, 우산 등 ④ 보호관찰 없는 영유아 : 영유아(만3세 이하)가 보호자 없이 놀이기구 이용

　최초 놀이시설 계획과 디자인단계에서 부족한 기능과 획일적 디자인은 사고를 유발할 수 있는 동기를 부여하는 1차 원인으로 작용한다. 어린이 스스로 놀이시설에서 부주의해서 사고가 발생하기보다는 부족한 기능과 획일적 디자인으로 인해 놀이기구의 과용과 오용을 불러오게 된다고 필자는 판단하고 있다.

　세계적 안전인증기관인 TUV도 "재미가 없는 너무 안전한 놀이시설에서 어린이는 과용 또는 오용으로 인한 안전사고 발생률이 높아진다. 이렇게 재미없는 놀이터가 일반 사람에게는 안전하게 보일지도 모르지만, 실제로는 안전하지 않다"라고 언급하고 있다. 놀이시설 사고예방을 위해서는 놀이시설 설계와 디자인도 중요함을 알려주는 대목이다.

위해요인(hazard) **예시**

시설적 요인	관리적 요인

D. 환경적 요인(주변환경 관련)

E. 인적 요인(놀이행동 관련)

위해요인(hazard)에는 사람, 즉 이용자(어린이)에게 관련된 것과 사물 즉 놀이기구에 관련된 것이 있다. 이용자(어린이)의 부적절하고 잘못된 이용과 놀이기구의 튀어나온 못과 같은 것은 위해요인(hazard)으로 분류된다. 놀이시설의 안전사고는 물리적 또는 인적 위해요인으로 발생하기도 하며, 혹은 2가지 모두의 위해요인에 기인하기도 한다. 기존에 발생된 놀이시설 안전사고를 분석한 결과 어린이 손상을 유발하는 위해요인으로는 주로 다음과 같은 예제들이 있다.

놀이시설 내 정자나무가 있고, 정자나무에 지면으로부터 1,200mm 높이에 나뭇가지가 뻗어있다. 철수라는 아이가 이 나뭇가지 위로 힘겹게 올라가 뛰어내리거나 멀리 노는 친구들을 바라보려는 도전은 리스크가 된다. 막상 올라왔더니 생각보다 높아서 무서울 수도 있어 뛰지 않을 수도 있다. 철수가 스스로 도전할지를 결정할 수 있다. 겁이 난다면 옆에 있는 부모에게 도움을 요청할 수도 있다. 혼자 뛰어내릴 자신이 없다면 근처 친구에게 같이 뛰자고 제안할 수도 있다. 친구도 머뭇거린다면 용기를 내어 자랑삼아 뛰어내릴 도전을 할 수도 있다. 잘 뛰었다면 언어든 신체를 이용하든 분명 친구를 부추길 것이다. 이와 같은 행동과 그 행동을 도와줄 정자나무는 위험(risk), 즉 건강한 위험이 된다.

반대로 나뭇가지에서 철수가 뛰어내리기가 무서워서 본능적으로 균형을 잡을 수 있는 작은 나뭇가지를 잡을 것이다. 그런데 튼튼할 줄 알았던 이 나뭇가지가 흔들려 어린이가 추락하고 만다. 이렇게 지금의 놀이기구로 보자면, 고정되지 않은 보호난간이나 울타리가 위해요인이다. 철수가 예측할 수 없고 판단할 수 없는 부분들이다.

철수가 용기 내어 뛰어내리기로 마음먹고 뛰어내렸다. 그 순간 땅바닥을 보니 돌덩이가 100mm 정도 돌출되어 있거나, 날카로운 물건이 있다. 또는 날카롭진 않지만 어제 비가 온 후 잔 나뭇가지

들 여럿이 바닥에 널려져 있거나 끈 혹은 줄넘기줄 같은 것이 있어서 직접적 손상은 아니지만 밟아서 미끄러져 2차 손상을 유발하는 것들이 있다. 이것이 바로 위해요인이다.

위해요인은 제거해야 하지만, 위험(risk)의 경험을 통한 어린이 놀이는 위험에 대한 대처능력(위험 회피 및 예지능력)을 몸에 익히는 활동이다. 술래잡기도 그런 눈으로 보면 위험에서 도망치는 훈련이고, 모험 놀이도 위험을 찾아내고 읽는 훈련이기도 하다. 위해요인을 제거하는 것은 우리 어른의 책임이며, 어린이가 자신의 힘으로 위험(risk)을 회피 및 예지할 수 있는 능력을 익히는 경험을 가질 수 있도록 어린이 놀이터에서 보장하는 것이 중요하다. 보장하는 만큼 놀이터에서 어린이들이 누릴 수 있는 놀이가치와 도전 및 재미가 증가하는 것이다.

관리가 필요한 위해요인에 대해서는 '놀이터 안전사고' 절에서 사고 사례와 함께 좀 더 구체적으로 다루도록 하겠다.

③ 놀이터의 위험관리

1) 위험관리의 이해

놀이시설 사고의 위험에 대응해 나가기 위해서는 다양한 놀이터의 안전성을 둘러싼 환경에 대해 자세히 관찰해 현재를 올바르게 파악하는 관점이 필요하다. 위해요인(hazard)에 대한 대응을 잘못하면 위기(Peril)가 발생하고, 그 위기에서 손실(Loss)이 발생된다.

어린이 놀이시설에서 아이들에게 도전 및 즐거움으로 이어지는 위험(risk)에 대해서는 적극적으로 경험할 수 있도록 배려하고, 치명적 손상으로 연결되는 위해요인은 예방적으로 관리될 필요가 있다. 실제로도 우리가 주변에서 흔히 직면하는 다양한 위험 상황 중에는 우리가 어떻게 대응하느냐에 따라 오히려 더 좋은 성과나 결과를 가져올 수 있는 요인이 존재한다. 따라서 위험은 회피하거나 수수방관 결과를 기다려야 할 대상이 아니라 적극적으로 관리해야 할 대상인 것이다. 더불어 우리가 무언가 이익을 추구하는 데에는 반드시 위험이 수반된다. 이러한 상황에서 위험에 적극적으로 대응하지 않으면 우리는 아무런 성과도 기대할 수 없다.

법률에 따른 안전검사에 합격한 놀이기구를 사용하여 놀이를 하다 보면 어린이는 다칠 수도 있다. 놀이기구에 대한 안전검사에 합격했어도 건강한 어린이가 신나게 놀게 되면 어떤 기구들이라도 상처를 발생시키는 가능성을 완전히 제로로 만들 수는 없다. 그러한 의미에서 놀이터에서의 위험은 항상 존재하지만, 어린이가 인지할 수 없고 수용할 수 없는 위해요인(hazard)은 관리가 필요하다.

예를 들면 통상의 경우 안전한 놀이기구도 노후화하여 강도가 떨어지면 사고나 부상으로 이어질 가능성은 커진다. 이러한 위해요인은 관리 주체가 미리 내용 연수나 사용 정도를 평소에 점검함으로써 사고의 원인을 통제할 수 있다. 또 평소 아이의 발이 걸려 넘어질 수 있는 부자재 혹은 넘어졌을 때 손상을 줄 수 있는 위험물이 없는지 점검을 게을리하면 사고의 위험은 당연히 커진다.

놀이터에서 엄격한 놀이기구별 안전기준을 모두 충족했다고 해서 모든 손상사고로부터 어린이를 완전하게 보호하는 것은 절대 가능하지 않다는 점을 유념할 필요가 있다. 세상은 온갖 위험으로 가득 차 있다. 하지만 어린이는 치명적인 손상을 유발하는 위해요인으로부터 보호를 받을 필요가 있다.

그러나 어린이에게서 모든 손상사고를 방지하는 것은 불가능하다. 따라서 우리는 어린이에게 치명적인 손상이 발생할 위해요인에 집중할 필요가 있다.

이처럼 사고의 위험에 대응해 나가기 위해서는 다양한 놀이터의 안전성을 둘러싼 환경에 대해 자세히 관찰해 현재를 올바르게 파악하는 관점이 필요하다. 위해요인(hazard)에 대한 대응을 잘못하면 위기(Peril)가 발생하고, 그 위기에서 손실(Loss)이 발생한다. 바꾸어 말하면 놀이시설 안전사고의 선행 요인은 위해요인(hazard)이고, 그 사고의 결과는 손실이다.

어린이 놀이환경에 존재하는 위험은 분명하게 노출되거나 숨겨져 있을 수 있다. 어린이들이 안전하게 위험(risk)을 감수하고 배우는 환경을 위해서는 위해요인(hazard)의 제거가 필요하다(Lester and Russell, 2008; Tovey, 2007).

그런 의미에서 놀이터 안전관리란, 이러한 인과관계 속에서 위해요인(hazard)을 예방 또는 최소화하고 일단 사고가 발생한 때에 거기서 생기는 손실을 최소한으로 막기 위한 여러 수단을 종합적이고 체계적으로 마련하는 안전관리라고 할 수 있다.

놀이터 안전관리의 안전관리 대상은 시설물과 함께 이용자인 어린이에게 집중해야 한다. 어린이가 사고를 당하지 않고 놀이시설에서 마음껏 뛰어놀면서 온전히 다양한 발달과 즐거움 그리고 성취감을 가지고 갈 수 있도록 해주는 것이다.

따라서 어린이가 주인공인 놀이터에서는 건강한 안전관리를 시행할 필요가 있다. 놀이시설에

서 존재 또는 예견되는 위해요인을 관리하는 것도 필요하지만 건강한 위험을 제공하는 것이 중요하다. 그래서 놀이의 대상으로 또는 놀이가치로서 어떤 종류의 건강한 위험을 제공해 줄 수 있는지에 대한 고민도 필요하다. 예를 들어, 설계 단계에서 사전 예방의 기술적 위험관리 차원에서 놀라움을 줄이고 부상 사고와 관련된 부정적인 결과를 최소화하고, 시간, 비용 및 기술적 측면에서 긍정적인 위험 감수 기회를 촉진할 수 있다(Walmsley, Bagia, Eager, 2010).

덴마크의 대표적인 놀이터 설계자 헬레 네벨롱(Helle Nebelong)의 관점에 따르면, "표준화된 놀이터는 다른 방식으로 위험하다고 확신한다. 등반 그물이나 사다리 사이의 거리가 정확히 같을 때, 아이는 발을 어디에 놓는가에 집중할 필요가 없다. 여기서 얻을 수 있는 교훈은 우리가 살아가면서 직면하는 모든 비논리적이고 비대칭적인 형태로 옮겨질 수 없다."라고 밝히고 있다.

건강한 놀이터는 이같이 놀이기회로써 제공하는 필요한 위험과 관리대상 위험을 구분하여 관리되는 놀이터가 건강한 놀이터라고 할 수 있다.

2) 놀이가치를 고려한 위험관리

지금까지 살펴본 바처럼 세계적으로 어린이 놀이터에서 놀이가치와 안전에 대해 균형을 맞추기 위한 시도로 사고 예방 전문가들은 가능한 한 안전한 것이 아니라 필요한 만큼 아이들을 안전하게 지키려는 접근법으로 나아가고 있다.

놀이터 안전분야 교과서라고 불리는 「Making Risk in Play Provision(2008)」에서는 놀이

에서의 안전과 모험의 중요성에 대한 입장을 제시하고 있으며, 「Risk-Benefit Assessment Form(2014)」를 통해 놀이공간에서 위험을 감수함으로써 얻을 수 있는 유용성을 다면적으로 평가할 수 있는 방법을 제시하기도 한다.

놀이시설 안전검사분야와 사고 예방 분야에서 일하면서 나는 잘못될 수 있는 일들과 그러한 사고가 일어나지 않도록 하는 방법과 안전기준을 잘 알게 되었다. 하지만 우리가 우리의 아이들을 너무 안전하게만 지켜주고 있지 않은지 걱정된다. 우리 아이들이 불확실성을 탐구하는 것을 막는 것은 그들의 건강과 발달에 의도하지 않은 부정적인 결과들을 가져올 수 있음을 우려한다.

> 놀이터 위험관리는 긍정적 위험(risk)을 제공해야 할 필요성과 치명적 위해요인(hazard)으로부터 아동을 안전하게 보호할 필요성 사이의 균형을 관리하는 것을 목표로 해야만 한다.

어린이가 놀이를 통해 어느 정도의 위험(risk)에 도전하는 것은 놀이의 매력과 재미를 높이면서 도전을 통해 심신의 발달을 이루게 된다. 이에 따라 의욕적인 어린이 놀이에 필연적으로 수반되는 "놀이의 즐거움에 따른 위험(risk)"이라는 좋은 측면의 위험도 있다.

이러한 위험(risk)은 유아기에는 부모와 보호자가 지켜보는 가운데 경험 및 도전을 통해, 또 어느 정도 나이가 들면 어린이 스스로 인식하고 제어하는 것이 가능해진다. 따라서 어린이가 놀이터에서 이러한 위험에 관한 확인 및 대처 방법을 배우고, 손상이나 사고를 사전에 방지 능력을 기르게 되는 것이다. 그러므로 이러한 위험(risk)을 어린이 스스로 알고 무리 없이 도전할 수 있는 놀이환경은 중요하다.

아이의 성장 과정에서 어느 정도의 위험(risk)에 대한 경험과 어느 정도의 위험을 회피하는 능력을 기르는 관점은 중요하며, 실제로 놀이활동 속에서 그러한 능력을 키워가며, 본인도 모르게 우리가 성인으로서 사회생활을 하며 그런 능력을 발휘하고 있는 것이다.

이렇게 어린이 놀이터는 어린이가 일상적으로 사용하는 중요한 놀이공간이다. 관리 주체가 시행하는 놀이시설의 정비나 안전관리는 어린이가 놀이를 통해 튼튼한 성장과 심신의 발달을 온전히 이룰 수 있도록 하는 데(놀이터 존립 목적) 있어 매우 중요한 것이다. 따라서 아이들이 마음껏 안심하고 즐겁게 뛰어놀 수 있는 환경을 위해서는 놀이기구의 안전성은 빼놓을 수 없다.

자연적 놀이환경이나 인공적 도심 놀이터이든 간에 어린이 놀이에는 어느 정도 위험이 따르는 것으로, 어린이는 이러한 위험에 대한 도전적 또는 탐색적 경험을 통해 즐거움으로 연결되고 또 위험을 회피하는 능력이나 예지하는 능력이 길러지게 된다는 것이다. 그러나 어린이 성장에 있어 긍정적 역할을 하는 종류의 위험(risk)과 달리 어린이에게 치명적 손상을 가져오는 위해요인(hazard)이 있으며, 관리 주체와 보호자는 이러한 위해요인을 관리해야 한다. 평소에 어린이는 놀이기구의 사용법에 따라서는 위험할 수 있다는 것을 충분히 인식하고 있지 않다. 통상 놀이기구의 이용에 대해서는 어른 눈높이에서 정상적인 사용을 상정하고 있지만, 아이가 가지는 왕성한 호기심과 어린이 특유의 엉뚱한 행동 등으로 인해 종종 우리 부모들이 예측할 수 없는 놀이를 즐기기도 한다. 놀이환경에서 중요한 위험관리 과제는 아이들의 이러한 특징에 비추어 타당한 판단을 내리는 것이다. 더욱이 어린이가 마주하는 위험 수준에는 개인마다 큰 차이가 있으며, 일부는 더 많은 위험한 놀이를 즐길 수 있다.

우리 사회는 통상의 사용 방법에 따른 어린이 놀이를 상정하고 놀이시설을 제공하지만, 어린이들은 실제로 왕성한 호기심과 어린이 특유의 엉뚱한 행동과 도전 욕구로 인해 부모가 예상치 못한 놀이를 즐기기도 한다. 이러한 놀이행태에는 관리가 필요한 위험을 포함하고 있다.

이러한 예상치 못한 어린이 놀이행동과 위험에 대해서도 관리 주체는 어느 정도의 예측과 대응책을 세워 둘 필요가 있다. 즉 「어린이 놀이시설 안전관리법」에 따른 의무사항인 시설적 측면의 놀이시설에 대한 유지관리뿐만 아니라, 사고예방 목적의 이용자 관리 및 지도(인식개선)가 필요하다. 특히 이용자 관리 및 지도는 관리 주체 혼자만의 힘으로는 어려움이 있으므로 부모 또는

주민들의 협조를 구할 필요가 있다. 예를 들면 영유아에 대해서는 보호자가 가까이에서 주의를 환기하거나 보호관찰이 이루어질 수 있도록 도움을 청해야 할 것이다. 어린이 놀이시설 사고예방을 위해서는 잘못된 보호자의 안전의식을 높일 필요가 있다.

어린이 놀이시설 안전사고를 예방하기 위해서는 놀이기구만을 관리하기보다는 외재적 위험(풍수해, 외부인 이용과 파손, 외부유입물질 등)과 내재적 위험(놀이시설 안전기준, 이용자 충돌 등) 모두에 대한 안전관리를 시행해야 한다. 어린이 놀이시설의 안전사고 예방을 위해서는 관리 주체라고 하는 특정한 주체가 위험관리의 책임을 지는 형태가 아니라 사회 전반에 의한 위험관리 거버넌스 접근 방식이 요구된다고 할 수 있다.

놀이터 안전과 관련하여 종종 요구되는 것이 시설물의 관리 외에 어린이에 대한 보호관찰이다. 그러나 놀이터에서 어린이에 대한 지나친 과잉보호 또는 통제로 인해 무관심과 함께 우리 아이의 신체적, 사회적 능력을 몸에 익힐 기회도 줄어들게 만든다. 놀이터에서 도전과 실패를 통해서 아이들이 "본래 가지고 있는 힘"을 회복(resilience)할 기회를 가질 수 있어야 한다.

호주의 안전기준(AS4685)에 따르면 "놀이터의 가장 우선적인 목표는 아이들의 상상을 자극하고, 안전한 환경에서 흥미와 모험을 제공해야 하며, 아이들이 자기 생각대로 놀이를 즐길 수 있도록 허용되어야 한다. 이상적인 놀이터는 운동능력의 발달을 자극해주어야 하며 자신의 한계를 알고 시험하며, 신체적 능력을 발달을 도울 수 있는 (관리되고 있는) 도전을 제공해야 한다."라고 밝히고 있다. 즉, 어린이 놀이터에서는 모든 위험을 배제하는 것이 아니라, 안전하게 관리된 공간 안에서 치명적 손상으로 연결되지 않는 위험(risk)을 자연스레 경험할 기회를 주어야 한다.

놀이는 어린이의 웰빙과 발달에 상당한 역할을 한다. 놀이기회를 설계하고 제공할 때의 목표는 위험(risk)을 제거하는 것이 아니라 건강한 위험성(risk)과 편익(benefit)의 비중을 높이는 것이다. 온실속 화초처럼 자란 아이는 위험을 배우지 못할 것이다.

아동에게 놀이터에서 어느 정도의 위

험(risk)은 필요하다는 것은 부모들은 알고 있다. 또한 어린이는 놀이를 통해 접하는 위험(risk)에 대해 자신의 능력을 더 많이 확인하고, 학습하고 싶어 하며, 놀이 공간 안에서 그것을 파악하는 기법을 발달시키고 싶어 하기 마련이다.

일반적인 안전관리의 똑같은 원칙이 사업장과 놀이터에 동등하게 적용될 수 있지만, 안전과 편익 사이의 균형에 대한 적용은 어린이 놀이터에서는 달라진다. 놀이터에서는 어느 정도 위험(risk)에 노출되는 것은 실제로 아동에게 이익이 되는데, 이것은 기본적인 인간의 욕구를 충족하는 것이며, 아이들이 통제된 환경에서 실질적으로 위험(risk)을 접하면서 배울 기회를 제공하는 것이다.

따라서 접근 가능한 어린이 놀이터에서 모든 위험을 제거하는 것은 바람직하지 않다. 우리가 사는 사회에서 소송이 점점 증가하고 있는 압력과 놀이터에서 어린이들이 어느 정도의 위험(risk)을 받아들이는 것 사이에 균형을 찾아야 한다.

그러므로 놀이에 있어 아이들이 타박상, 찰과상, 삠 등과 같은 최소의, 그리고 쉽게 치료할 수 있는 손상의 위험(risk)에 노출되는 놀이는 용인할 수 있다. 반대로 생명에 위협을 주거나 평생 장애를 일으킬 수 있는 손상에 아동을 노출해서는 안 된다. 그렇지만 심각한 손상 또는 심지어 죽음까지 이를 수 있는 위험 중에 수준이 매우 낮은 위험에 노출하는 것을 허용하게 되는 경우가 있다. 이러한 위험(risk)은 다음과 같은 경우에만 허용되어야 할 것이다.

– 발생가능성이 상당히 낮은 경우
– 위해요인이 이용자에게 분명하게 인지되는 경우
– 분명한 편익이 존재할 경우
– 위험을 제거할수록 편익이 줄어드는 경우
– 위험을 관리할 수 있는 합리적인 실제 적용방법이 없는 경우

예를 들어 수영장에서 보트를 타는 것은 설사 물이 얕아도 익사사고라는 피할 수 없는 위험(risk)을 내포하지만 매우 낮은 위험(risk) 정도를 가지는 것이며, 보통은 허용되는 놀이이다. 여기에서 살펴보면 발생가능성은 보통 상당히 낮으면서, 위해요인은 분명하게 인지되며, 어린이는 이러한 물놀이경험과 즐거움을 통한 이득을 얻으며, 마지막으로 이용자가 가질 수 있는 이러한 편익을 제거하지 않고는 이러한 위험(risk)을 관리 또는 줄이는 것은 비현실적인 것이 되므로 이러한 위험(risk)은 일반적으로 허용되고 있다.

특히 놀이시설 공급자들은 위험과 그 편익 사이의 균형을 유지해야 한다. 이것은 위험평가의 기반 위에서 고려되어야 한다. 결정적으로 이러한 위험평가는 안전(Safety)과 다른 목표 사이에서 위험-편익(risk-benefit)의 균형을 포함해야 하며, 이것은 안전관리 정책에 명시되어야 한다. 이미 언급했듯이 어린이들은 자신의 능력을 개발하고 위험을 감수할 만한 욕구가 있어, 만약 놀이터에 충분히 호기심 또는 도전할 만한 거리가 충분치 않다면 아이들이 도전할 만한 위험한 다른 장소를 찾을 가능성은 고려되어야 할 중요한 또 하나의 요소인 것이다.

또 다른 중요한 요소는 어린이들이 환경적 위해요인을 접하게 되고, 그것을 다루면서 배우게 되는 학습이다. 놀이터는 어린이를 위한 여러 목적에 따라 설계된 환경 안에서 위험(risk)을 배우는 기회를 제공하는 특별한 공간이다. 따라서 어린이가 스스로 좀 더 넓은 세계에 존재하는 비슷한 위험(risk)을 다루면서 그것을 인지하고 배울 수 있도록 도와주어야 하는 곳이 놀이터이다.

그 어떤 인간의 활동이라도 위험요소는 항상 따라다닌다. 다음의 3가지 요소가 위험정도를 받아들일 수 있는 것인지를 결정하는 중요 요소라고 할 수 있겠다.

– 위해(harm)를 일으킬 가능성

– 위해(harm)의 심각성

– 그 활동의 이익, 보상 또는 결과

허용 가능한 위험(risk)에 관한 판단은 보통 위험평가를 통해 판가름된다. 위험평가는 기계론적인 과정이 아니며, 이것은 놀이터에 존재하는 위험과 어린이가 놀이를 통해 가져가는 이익 사이의 균형을 이해하는 기반 위에서 허용 가능한 위험에 관한 판단을 심각하게 고려하는 것이다.

설사 사망 또는 장애를 일으킬 손상 위험(risk)이 있더라도 이러한 위험은 때때로 허용 가능한 위험이라고 할 수 있다. 예를 들어 바닷가에서 보트를 타는 것은 치명적인 손상위험을 내포하지만, 이러한 위험은 사람들 대부분에게는 용인되는 위험(risk)이다. 왜냐하면 대부분 상황에서 위해가 일어날 가능성은 매우 낮고 이것을 즐김으로써 분명한 편익을 얻고 있기 때문이다.

위험평가에 있어서 사회·심리적 요인도 중요한 요소이다. 하나의 지역사회에서 용인되는 위험(risk)이 다른 지역에서는 절대 불허하는 것일 수도 있다. 우리가 생활하는 거의 모든 환경은 위해요소 또는 위험요인을 안고 있다. 많은 사례에서 보듯 위험(risk)의 존재는 당연하듯 존재하는데, 아마도 그 위험(risk)을 제거할 수 없거나 너무 큰 비용이 발생하거나 제거하는 것이 바람직하지 않을 수도 있기 때문이다.

위험(risk)이 존재한다면 그것을 관리하는 조치를 해야 한다. 작업장 또는 놀이터와 같이 관리되는 환경에서는 법에서도 분명하게 밝히고 있듯이 관리의 책임이 존재한다. 그리고 위험한 시설물의 이용자에게 그 위험요인에 대해 알려주는 것이 필요하다.

관리 주체는 놀이시설이 주는 잠재적 이득을 어린이들이 온전히 가져갈 수 있도록 이러한 위험(risk)을 관리하고 점검하는 조치를 해야 한다.

놀이시설의 위험관리에 있어 하나의 효율적인 접근방안 중의 하나는 어린이들에게 그 위험(risk)을 가능한 한 분명하게 인지할 수 있도록 하는 것이다. 이것은 최초 설계를 통해서 놀이기구의 높이와 같은 위험(risk)은 어린이들이 쉽게 인식하도록 하고, 어린이들이 인식하기 어려운 위해요인(hazard)은 제거 또는 어린이들이 회피할 수 있도록 관리해야 한다.

> 놀이시설에서의 위험관리의 핵심은 위험(risk)를 제거하는 것이 아니라 ① 대부분의 심각한 위해요인(hazard)로부터 아이들을 보호하는 것과 ② 놀이를 통한 이익을 가져가는 것 사이의 올바른 균형을 맞추어야 한다.

결론적으로 놀이시설의 위험관리 목적이 모든 위험(risk)을 제거하는 것이 아니라는 점을 이해하고 관리해야 하지만, 중상이나 생명을 위협하는 부상 가능성도 배제할 수 없다는 점을 이해할 필요가 있다. 즉, 어린이 놀이시설에서 아이들에게 도전 및 재밋거리가 되는 위험(risk)은 적극적으로 경험할 수 있도록 배려하여 최대한의 이익을 가져갈 수 있도록 하고, 치명적 손상으로 연결되는 위해요인(hazard)은 예방적으로 관리되어야 한다.

관리해야 하는 위험의 분류에 주목하는 것이 아니라 사고로 인한 손상(Loss) 정도에 주목하는 것이 필요하다.

이는 NPSI(전미 놀이터 안전 협회)놀이터 안전 검열관 양성 강좌에서 사용되는 분류 방법이며, 위험 처리 수단 선택의 수법으로서 일반적인 사고방식이기도 하다. 사망이나 후유증 상해, 중증의 골절 등의 손상 원인으로 작용하는 위해요인(hazard)은 제거하고 골절 이하의 부상에 관해서는 아이의 도전의욕을 채우거나 위험 대처능력 등의 발달을 촉진하는 것으로서 유지한다. 그 유지관리에 있어서 이용자(보호자나 어린이)와의 위험에 대한 이해와 배려를 공유하면서, 놀이기구의 안전과 놀이가치의 양립이라는 철학을 지켜나가는 것이 필요하다.

이와 더불어 어린이 스스로의 안전을 위해서라도 위험(risk)을 감수할 필요가 있고 위험을 관리하는 방법을 배워야 하므로 놀이 공간을 계획 시 위험으로부터 얻는 이점을 함께 고려하면서 놀이터에 존재하는 위험(risk)을 관리해야 한다. 또한 놀이활동과 관련하여 막연한 두려움으로 지나치게 위험을 기피하는 관행도 개선할 필요가 있다. 따라서 우리가 어떻게 아동을 안전하게 보호하는 책임을 수행하는지 알리고, 어린이 놀이에서 위험성이 갖는 이점에 대한 인식과 이해를 증진하기 위해 별도 캠페인 등을 병행할 필요가 있다.

놀이시설 관리 주체는 법적으로 '적절하고 충분한' 안전관리를 수행할 의무를 지니며, 그 결과에 따라 실행해야 한다. 안전관리의 한 분야는 실제 손상(harm)을 일으키는 잠재성을 가진 위해요

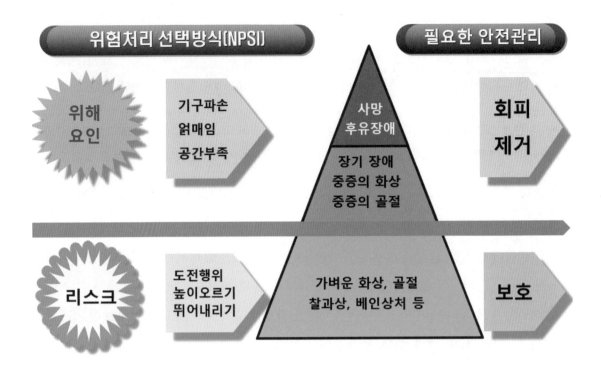

인(hazard)에 집중함과 동시에 다른 한 분야는 놀이시설 활동의 위험과 편익의 실제적인 검토가 필요하다. 이것은 위험 없는(risk-free) 사회를 만들려는 것이 아니라 외상(injury)을 피하고자 필요한 합리적 예방조치에 관한 것이다.

국내 놀이기구의 안전기준과 규정은 무엇이 합리적인지를 판단하는 놀이시설 안전관리를 위한 의사결정에 도움을 준다. 다른 하나는 놀이시설에 대한 위험평가를 통해서 실제 놀이시설 관리에 필요한 다른 여건(아동 나이, 요구 종류, 지역적 요인, 환경요인, 건강문제, 안전기준의 비적용 또는 자연 요소의 사용 등)과 같은 다른 요인을 고려할 수 있게 해준다.

놀이터에서 안전만이 절대적인 것은 아니며 고립되어 정의되어서는 안 된다. 놀이터는 가장 먼저 어린이를 위한 것이어야 하며, 만약 어린이들이 놀이터에 대해 매력을 느끼지 못하고 즐거워하지 않는다면 아무리 안전하다 할지라도 소용없는 일이 될 것이다.

놀이터 안전관리를 통해 줄이고자 하는 것은 사고가 아니라 심각한 손상이다. "가장 소중한 우리 아이의 생명(안전)과 아이들의 최선의 이익(놀이가치)을 지킨다"라는 것을 자각하는 것이 중요하다. 안전에 대해서는 필요한 만큼의 안전을, 놀이기회에 대해서는 가능한 최대의 놀이가치를 실현할 수 있도록 노력해야 한다.

안전관리라는 명목으로 놀이터에 존재하는 모든 위험을 제거하기보다는 놀이터가 존립하는 취지에 맞도록 적절한 곳에 위험의 감각과 난이도를 의도적으로 계획(디자인)하고 관리할 수 있어야 한다. 발달 심리학 문헌에서 놀이를 통한 위험 감수(risk taking)는 대개 부정적인 결과의 일부 확률과 관련된 행동에 참여하는 것으로 정의된다(Boyer, 2006). 이러한 위험에 대한 평가는 실제로 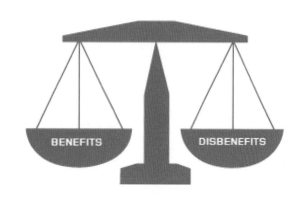 긍정적일 수 있고 부정적일 수 있는 연속체에 있다. 관련 선행 연구에 따르면 위험은 적절하고 수용 가능한 위험수준을 찾으면서 관리되어야 한다(Mitchell, Cavanagh, Eager, 2006)고 밝히고 있다.

다시 정리하면, 놀이터 안전관리는 어린이가 놀이터에서 필요 없는 위험에 노출되지 않도록 하는 동시에 아동에게 최선의 이익을 제공하는 것이 필요하다. 어린이 놀이터에서 안전사고를 줄이는 데 최선을 다할 뿐만 아니라 어린이의 놀이가치를 증진하는 건강한 안전관리가 필요하다.

따라서 놀이터 안전분야의 연구자들이 제시하듯이, 어떻게 하면 "가능한 한 안전하게"가 아닌, 아이들이 성장과 발달을 촉진하기 위해서 "필요만큼 안전하게" 할 수 있을까를 고민할 필요가 있다.

놀이시설 안전을 위한
노력과 변화

1830년대에 유럽에서 유치원이 개설되면서부터 부속시설로 놀이터가 설치된 것이 최초의 야외놀이시설이라고 할 수 있다. 공공시설로서 어린이 놀이시설이 설치되기 시작한 것은 20세기 초부터이며, 2차대전 후 세계 대전에서 많은 도시가 전화에 휩쓸렸던 유럽에서는 전후의 도시 부흥 속에서 놀이터 정비도 본격화되기 시작하면서, 특히 60년대 이후 도시공간 내에서 어린이를 위한 기본적인 시설물로 자리 잡기 시작했다.

국제놀이터협회(International Playground Association)의 부회장인 벵손은 1970년에 출판한 『Environmental planning for children's play』에서 1950~1960년대 세계 각국 공원과 어린이들이 노는 모습을 수많은 사진과 함께 어린이 놀이터가 출현하게 된 배경을 소개하고 있다. 그에 따르면 대부분 국가에서 대규모 뉴타운이 출현하면서 동시에 자가용도 급격히 늘고 있었다. 그런데도 아이들은 여전히 집 주변의 거리를 놀이터처럼 이용하고 있었지만 이미 거리는 놀기에는 점점 위험한 곳이 되어가고 있었다. 즉, 거리를 대체할 어린이 놀이터의 정비가 급선무가 된 것이다.

또 유럽만의 특징으로서 덴마크에서 시작한 모험 놀이터(Adventure Playground)가 제2차 세계대전 후 유럽 국가에서 폭발적으로 번지고 있었다. 모험 놀이터는 폐자재나 폐타이어 등을 자유롭게

사용하여 놀이기구를 만들고 어린이가 자유롭게 노는 것을 권장한 놀이터이다. 그네와 미끄럼틀 등 기성제품을 설치한 놀이터와는 완전히 다른 형태의 이러한 놀이터는 전후 부흥시기의 유럽에는 안성맞춤이었다. 게다가 "좀 더 위험한 놀이를 마음껏 하고 싶어"하는 어린이의 요구에 따른 놀이터이기도 하다. 특히 영국에서 큰 지지를 얻어 1970년대까지 약 250곳의 놀이터가 만들어졌다고 한다.

놀이터 안전운동의 역사는 미국 소비자제품안전위원회(U.S. Consumer Product Safety Commission, CPSC)가 놀이터 안전을 촉진하기 위한 놀이터 안전 핸드북(The Handbook for Public Playground Safety)을 출간한 때인 1975년으로 거슬러 올라간다

안전한 놀이터에 관한 관심을 운동으로 이르기까지 많은 시간이 필요했다. 그러나 이는 놀이터 장비 제조업체와 일반 대중의 강력한 후원으로 마침내 이루어지게 되었다. 1988년 놀이터 장비의 공공이용을 위한 안전기준을 발전시키기 위한 위원회를 설립함으로써 미국재료시험협회(American Society of Testing and Materials, ASTM)가 이 운동에 합류하게 되었고 놀이기구 안전기준(F1487)은 1993년 12월에 처음으로 제정되었다.

그런 사이에 ASTM은 또 다른 위원회를 열어서 CPSC의 놀이터 장비의 표면에 대한 벤치마크를 충족하기 위한 놀이터 표면 시험 기준(F 1292)을 1990년에 제정하였다.

놀이터 안전에 대한 더 많은 관심이 급속도로 확장된 계기는 1990년 The National Recreation and Park Association이 전국 놀이터 안전조사관을 인증하는 프로그램을 설립하면서부터이다.

유럽연합(EU)에서는 CE마크 대상품목으로 지정하는 등의 방법으로 강제적으로 규제하고 있지는 않으나 거의 모든 제조자(놀이기구 공급자)는 영국의 BSI, 독일의 TUV 등 제3자 안전인증기관에서 어린이 놀이시설에 대한 유럽표준(EN1176, EN1177)에 적합하다는 것을 제품 및 설치 단계에서 안전인증을 받고 있다. 유럽연합의 28개 국가는 개별국가 기준을 대체한 유럽 표준 놀이터 안전기준(Europeen Normalisation playground safety standards)를 채택하고 있다. 주로 독일의 DIN 기준과 영국의 BSI기준이 지배적이다.

미국에서도 어린이 놀이시설 제조자는 놀이터에 설치되는 놀이기구를 공급하기 위해서는 국제놀이기구제조자협회의 회원으로 가입하고 동 협회의 안전인증을 획득하여야 가능하다.

일본에서는 어린이 놀이시설의 안전과 관련한 강제규정은 없으나 일본공원시설업협회(JPFA)의 제조업관련 규정(JPFA-S)을 ASTM F1487과 유사하게 적용하고 있다.

① 독일: DIN7926의 탄생

놀이시설이 만들어지면서 1970년대에 들어서자 구미 선진국에서는 놀이기구로 인한 사고가 큰 사회 문제가 되고, 놀이의 안전 요구가 점차 고조됐다. 그 가운데 전 세계에서 가장 빠르게 놀이기구의 안전기준을 만들었던 국가는 독일이다. 독일은 1978년에 어린이 놀이기구 전반을 망라하는 안전기준 'DIN7926'을 탄생시켰다. DIN규격은 독일 규격 협회(Deutsches Institut fur Normung)가 제정하는 독일 연방 공화국의 국가 규격이며, 독일 국내뿐만 아니라 국제적으로 널리 참조되는 권위 있는 규격이 되었다.

하지만 작업 위원회의 멤버였던 아그데 등에 의하면, 애초에는 놀이라는 인간 행동에 관련된 분야에 대한 규격화 또는 "놀이의 가치"의 규격화라는 비판을 받아서 배제하고자 하는 움직임마저 있었다고 한다. 그런 비판 여론에 시달리면서도 규격을 준수함으로써 관련된 이해를 촉구 및 전파해온 결과, 10년이 지난 1990년대에는 놀이기구의 설계, 제조, 설치 시 어린이들이 인지할 수 없는 위험은 사전에 제거할 필요가 있다는 이해가 확산하면서 안전기준 준수가 당연한 것으로 받아들일 수 있게 되었다. 즉 어린이 놀이환경을 최대한 안전하게 조성하고, 놀이가치(play value)를 제한하지 않고, 오히려 놀이가치를 발전시킬 수 있다는 점을 독일의 사례가 보여주고 있다.

② 영국: BS5696이 바꾼 변화

독일과 마찬가지로 유럽에서 놀이의 안전성 향상의 선도적 역할을 담당하고 있던 영국에서도 놀이기구의 안전성에 대한 의문이 1970년대에 들어와서 표면화되었다. 그리고 1974년에 고용주가 근로자의 안전을 확보할 의무를 규정한 법률「직장 보건안전법」이 제정되어 이것이 놀이터에도 적용되었다. 이 법의 원래 목적은 일터에서 종업원의 건강과 안전을 보호하는 것이지만 종업원뿐만 아니라 업무상의 활동에 영향을 받는 사람도 포함하고 있다, 즉 "시민과 그 자녀들, 놀이터의 방문자(이용자)를 포함"이라는 규정에 따라 놀이터 관리 주체들도 이 법의 적용을 받도록 하고 있어서 노동재해를 방지하는 법률이 놀이터에 적용된 것이다.

영국의 놀이터 관리 주체들은 이 법의 의무를 지키기 위해서도 놀이기구 안전기준의 준수에 대한 필요성을 인지하기 시작한 것으로 볼 수 있다. 현재 영국의 경우 "The Health and Safety at Work etc. Act (1974)"와 "The Management of Health and Safety at Work Regulations

(1999)"는 관리 주체가 지켜야 하는 2가지 원칙적 내용을 담고 있다. 1974 Act는 놀이시설 관리 주체에게 분명한 의무를 부과하고 있다. 놀이시설을 이용자의 건강과 안전을 합리적으로 실행 가능한 형태로 책임져야 한다는 의무이다. 1992 Regulation은 놀이터를 이용하는 모든 사람의 건강과 안전을 위해 적절하고 심도 있는 위험평가를 받도록 요구하고 있다.

영국은 1980년대 초부터 놀이기구에 의한 사고가 언론에 대서특필되면서 사회적 관심이 높아진 가운데 1986년에 놀이기구 안전기준인 BS5696이 탄생했다[22]. 영국의 1980년대는 상당히 빠듯한 안전기준을 운용하고 있었다.

그러나 이렇게 제정된 안전기준은 1970년대까지 영국에서 만들어진 모험 놀이터(Adventure Playground, 250곳)의 자유로운 놀이방식을 바꾸어 버리고, 더 안전하게 통제하는 시스템으로 변모하게 된다.

본래 「근로 보건안전법」을 적용해오던 영국에서 근로재해 대책에서 리스크(risk)는 기본적으로는 절감·제거 대상이다. 관리대상인 위험(risk) 속에 가치가 있다는 생각은 없었다. 이러한 제도가 모험을 중심으로 아이들에게 즐거움을 가져다준 기존 모험 놀이터를 변모시킨 가장 큰 요인이라고 판단된다.

모험 놀이터는 단독의 단순한 놀이터 유형이라기보다는 일종의 사회운동 형태로 추진됐다는 점에서 이러한 안전중심의 놀이터 통제에 대한 사회적 거부감이 일어나고 있었다. "그래서 영국의 놀이기구의 안전기준을 논할 때마다 나오는 말이, 언론의 선동으로 인한 시민과 여론을 혼동으로 몰아갔고 그 때문에 놀이터에 대한 접근이 안전 위주로 편중되었다"라는 전문가의 탄식이 있다. 그 당시 영국에서도 놀이 가치(play value)와 안전(Safety)과의 균형에 대한 문제는 가장 큰 주제가 되었다.

그러나 놀이터에 대한 접근에 있어서 안전문제에 대한 편중이 심하던 영국도 1992년에는 그것을 수정하는 DES지침 「Playground Safety Guidelines」가 문부과학성에서 발효되었다. 이 지침의 '서문'에는 이 지침의 출발점으로 "놀이는 모든 어린이의 발달에 있어서 필요 불가결하다", "도전과 모험은 아이의 자연스러운 행위이며, 놀이터의 디자인으로 간과해서는 안 되는 것", "적절한 관리와 함께 이에 따른 디자인은 아이들에게 위해요인(hazard) 없이 모험을 제공할 수 있도록"이라고 명기하고 있는데, 지방 자치 단체 등의 놀이터 관리자에게 놀이기구의 안전을 관리하면서도 놀이 가치를 저해하지 않는 것의 중요성을 나타낸 것이었다.

그 당시 유럽에서는 1967년의 유럽 경제공동체 출범으로 유럽 내 시장 통합이 추진되고 있었다. 1985년에는 유럽국가의 무역 장벽 제거를 목적으로 한 "새로운 접근 결의"가 실행되고, 해당 규정의 요구 사항에 적합한 제품은 유럽 역내에서 자유롭게 유통할 수 있게 되었다. 다시 말하면, 이로 인해 유럽 내에서 제품을 유통하려면, 기술적인 규정에 관해서 만큼은 유럽 통일 규격인 EN규격을 참조할 필요가 생긴 것이다. 놀이기구들도 이러한 사정을 배경으로 EN규격화는 필수가 되었고 CEN(유럽표준화위원회)에 의한 놀이기구 기술 위원회가 1988년에 최초로 소집되었다. 이 위원회를 주도한 국가는 독일이다. DIN7926을 바탕으로 논의 및 조정되어 1998년에 EN1176-1177로 유럽 전반에 적용되는 놀이기구 안전기준으로 정리되었다. 이 때문에 유럽의 19개국에서 "놀이의 가치"를 중시하면서도 적절히 설계 및 관리된 놀이터의 제공이 시작되었다고 볼 수 있다. EN규격화 속에서 관련 정책에 놀이의 가치에 중점을 두고 있는 독일과 북유럽 국가들의 영향 등으로 영국도 2000년경에 놀이의 가치를 재검토하고, 안전에 지나치지 않겠다는 방침으로 전환한다.

❸ 미국: 소송 사회가 가진 딜레마

오늘날 세계적 놀이터 안전기준의 표준은 유럽규격 EN1176과 미국 재료시험규격 ASTM 1487로 알려져 있다. 미국에서도 1970년대에 들어서서 놀이터에서 부상으로 인해 병원을 찾는 어린이가 급증하면서 놀이기구에 의한 사고가 사회 문제화되기 시작했다. 1974년에는 시민들로부터 CPSC(미국 소비자 안전 위원회)에 대해 강제력을 갖는 놀이기구 안전기준의 제정을 요구하는 청원이 나오고 CPSC는 NRPA(미국 레크레이션·공원협회)에 초고 작성을 위탁하고, 안전기준 제정에 향해서 움직이기 시작했다.

이에 따른 CPSC에 의한 놀이기구 사고의 실태를 조사한 1975년과 1979년에 그 결과가 공표되었다. 이들에 의하면, 1974년에 응급실에서 치료를 받은 어린이는 11만 8,000명, 1977년에는 공공 놀이터의 놀이기구에서 부상으로 인해 병원을 찾은 어린이가 9만 3,000명[30]이었다. 조사는 사고 원인과 피해자의 프로필 등이 상세히 분석되고 그들을 바탕으로, 6년에 걸친 안전기준의 내용이 검토되어 1981년에 안전 지침(CSPS지침)이 마련되었다.

이 CSPS지침 마련의 주요 위원이었던 톰슨(Donna Thompson)에 의하면, 이 지침의 목적은 중증 및 사망 원인이 되는 위해요인(hazard)을 명확히 하고, 그 테스트 방법 등을 제시하는 것으로, 놀이기구를 선정하는 지역 관련 사람들에 판단 자료를 제공한다는 것이다. 그래서 법적 구속력을 수반하지 않는 지침을 마련한 것이라고 말하고 있다.

그러나 공공장소에 설치하는 놀이기구에 관한 유일한 안전 지침이다 보니, 이 지침의 책정 위원들의 뜻에 반하여 공적인 기술 표준으로 규정되고, 놀이터 사고 관련 소송의 판단 자료가 되어 버렸다. 소송 중심 사회의 미국에서는 놀이터에서 어린이 안전을 지키기 위해 마련한 지침이 오히려 관련 소송의 근거가 되어 버렸다는 딜레마가 엿보인다.

이러한 소송이 증가하면서 소송결과가 중요할 수밖에 없는 놀이기구 관련 업체들은 더 명확한 수치 기준을 ASTM에 요구하고, 엄밀한 안전기준의 제정을 요청했다. 1988년부터 어린이 놀이기구의 안전기준에 대한 검토가 시작되어 여러 종류의 놀이기구에 관한 성능 규격을 보다 엄밀하게 제시하는 것으로서 1993년에 ASTM F1487(이후 ASTM표준)이 발효되었다.

소송 사회인 미국에서는 어린이 놀이기구 안전기준은 사용자인 어린이를 보호하면서도 제조회사의 면책 근거로서 정비된 측면이 엿보인다. 그사이에도 소송은 증가하고, 그 손해 배상금도 고액화되었는데, 1992년에 놀이기구에서 추락해 혼수상태가 된 소년에 대해서 1,450만 달러의 배상금 지불 판결이 내려진 바 있다.

참고로 미국은 독립된 미국 연방 기관으로 장애인 접근성 향상에 이바지하는 접속 위원회(Access Board)는 건축물과 시설, 교통 기관 등을 위한 ADA접근성 지침(ADAAG)을 작성해 왔다. 놀이터의 규정을 포함한 개정판의 지침(2004 ADAAG)이 사법부에 의해 강제력 있는 새 기준(2010ADA Standards for Accessible Design)으로 채택되자 2012년 3월 15일 이후 신설 또는 개축되는 놀이터가 이 기준을 준수할 의무를 지게 되었다.

장애가 있는 미국인 법안(Americans with Disabilities Act, ADA)은 장애에 근거한 차별을 금지하는 포괄적인 민권법이며, 놀이터의 ADAAG는 놀이터에서의 접근성의 필요 최저 조건을 정한 지침이다. ADA는 신규로 건설 또는 개축되는 연방 주와 지자체의 시설, 공공의 편익 시설 상업 시설이 장애가 있는 사람들에게 쉽게 접근하고 이용할 수 있어야 한다고 정하고 있다. 놀이터를 포함한 레크리에이션 시설도 ADA를 준수하도록 요구하고 있다.

❹ 일본: 도시공원법과 어린이 놀이터

제2차 세계 대전에서 패전으로 인한 일본에서도 1950년대에야 마을이 부흥의 조짐을 보이기 시작하면서 놀이터의 정비가 이루어지게 되었다.

관련 법률을 살펴보면, 1947년에 제정된 「아동복지법」에 근거한 놀이 공원 정비가 이루어져 오다가 1956년에 「도시공원법」이 제정되면서 본격적인 공원 정비가 시작된다. 이와 동시에 보육원이나 유치원, 초등학교 등도 각각의 개별법률 아래 아이들의 삶의 일부로 놀이터가 정비되었다.

일본의 「도시공원법」 제7조에는 "공원 시설로 적어도 아동의 놀이에 맞는 광장, 텃밭, 그네, 미끄럼틀, 모래밭, 벤치와 화장실을 마련"으로 기술되어 있다. 이 규정은, 1993년 「도시공원법」 시행령 일부 개정까지 남아 있으며, 현재도 많은 공원에 그네, 미끄럼틀, 모래밭 등 이 3종이 세트처럼 설치된 것은 이 법률에 따른 것이다.

1972년에는 「도시공원 등 정비에 관한 긴급 조치법」이 생기며 도시의 환경 개선을 위한 도시공원의 정비 촉진이 도모되어 왔다. 어린이 공원에 대해서는 도시 인구 1만 명당 3곳을 목표로 긴급 정비되었는데, 이것은 "공원 수를 늘린다"라는 것이 법률의 목적이며, 어린이 놀이의 다양성을 고려하여 그네, 미끄럼틀, 모래밭이라는 놀이기구의 설치 규정도 폐지되었다. 다만 이 법률에는 설치된 놀이 등에 대한 자세한 설계 및 보수 관리 규정 등은 마련되지 않고 있고, 후생 노동성이 담당하는 놀이 공원이나 문부과학성이 담당하는 각종 교육 시설의 그것도 마찬가지였다. 이렇게 1970년대 놀이터의 확장과 보급이 시급해서인지 놀이기구의 안전에 대해서는 놀이기구 제조사, 설치자, 그리고 학부모들에게도 별로 중요한 사항이 아니었다고 총괄할 수 있다.

국토 교통성이 기구들의 안전 지침 책정을 향하고, 본격적인 검토에 들어간 것은 2000년 3월이다. '도시공원의 놀이시설 안전에 관한 조사 검토 위원회'가 출범하고 국내에서의 현황 파악, 해외의 자료 수집과 정리부터 시작하고 과제의 추출, 방향성의 결정이라는 흐름도에 부응하다, 2001년 3월에는 그 보고서가 나왔다.

결국 2002년에 국토교통성은 「도시공원의 놀이의 안전 확보에 관한 지침」이라는 놀이기구의 안전기준을 제정, 공표하였다.

⑤ 안전에 대한 접근의 변화

놀이터 안전에 대해 역사적으로 살펴보면, 구미 각국에서는 1940년대에 놀이터 정비가 시작되고, 1970년대에 와서야 놀이터 안전에 관한 조사 연구가 시작되었다. 1980년대 초에는 놀이기구들의 안전기준이 정비되기 시작했다. 이 표준들이 생겨난 배경을 보면, 유럽과 미국에서는 놀이터에서 안전사고가 발생할 때 병원에서 관계기관에 사고 보고를 의무화하고 있다. 병원으로부터의 사고 보고 데이터를 검증하여 소비자나 행정기관이 안전 지침을 책정해 기준화(수치화)된 것이 발전하여 현재의 안전기준이 되었다.

영국	1986 놀이기구 제조를 중심으로 안전기준을 영국규격으로 책정(BSI) 1993 영국 문부과학성이 중심으로 되어서 안전설계 「DES」를 정함. 1996 안전지침 「DES」의 개정판 발행	1998: 유럽 19개국 통일 안전기준으로서 「EN 1176 / 1177」에 통합됨. 2008: EN1176~7 개정 2017: EN1176~7 개정
독일	1978 독일 규격 「DIN」이 세계최초로 놀이터의 안전에 관한 기준으로 책정	
미국	1981 구급의료시설에 운반된 어린이의 급증으로 全美소비자안전위원회(CPSC) 지침으로 하는 안전기준 제정 1993 소송 건수의 급증으로 구미 놀이기구 제조사를 중심으로 하는 미국재료시험규격 「ASTM F 1487」에 안전규격을 책정. CPSC와 함께 이중규격이 만들어짐. 1995 미국재료시험규격 「ASTM F 1487」 제1차 개정 1997 全美소비자안전위원회(CSPC) 지침으로 한 안전기준의 개정판 No. 325 발간 내용은 ASTM과 통일의 방향 1998 미국재료시험규격 「ASTM F 1487」 제2차 개정 2011 ASTM F1487-11로 개정	
일본	2002 3월 國交省이 「도시공원에 관한 안전확보에 관한 지침」 발행 2002 10월 (사)일본시설업협회가 국교성 가이드라인에 준한 놀이기구의 안전에 관한 기준 「JPFA-S: 2002」 발행 2008 국교성 가이드 라인과 일본공원시설업협회 기준 개정	

1995년과 1999년에는 미국 주도로 세계 각국의 놀이터 관련 연구자나 실천자가 모인 국제적인 회의가 개최되었다. 1995년 제1회 회의에서 CPSC지침 개발의 중심 인물이었던 워렉도, "소속하고 있는 국가와 문화가 어떻든 아이들의 안전이 가장 중요하다", "즐거운 경험을 통해 기쁨을 느끼는 것은 만국을 공통으로 하는 놀이의 성과이다", "세계 어디에 있어도 어린이 놀이와 그 편익이 같다면, 왜 책정된 국가별 안전기준이 다른가"라고 하면서 전 세계 어린이 놀이터 안전을 위해서 놀이기구 안전기준의 국제 통일화가 필요하다고 강하게 호소하고 있다.

그러나 국제 통일 규격을 목표로 한 회의에도 불구하고, 그 주도권을 다투는 유럽과 미국 양쪽의 괴리는 매우 컸다고 할 수 있다. 이 회의에 참여하여 리히터(독일)와 워렉(미국)과 논쟁을 듣던 오츠보(일본)는 그 도랑의 깊이를 통감했다고 말했다.

1995년에 이어 1999년도 제2회 국제회의가 열리기 전 4년 동안 유럽에서는 놀이기구 안전에 대한 유럽기준 (EN1176 1177)을 탄생시켰고, 미국도 지나친 안전 지향을 수정하고자 했다.

제1회 국제회의에서는 "어린이에게 안전이 제일"이라고 강조했던 워렉도 1999년도에 열린 제2회 회의에 보낸 논문에서는 제1회 회의에서 "가능한 최대한의 놀이 가치는 필요하지만, 한편, 안전은 필요한 만큼만"이라는 율리안 리히터의 논점에 대해서 "리히터는 핵심을 표현했다. 과거사를 포함하여 안전에 대한 진정한 의미를 알고 있는 과제"라고 밝히고 있다.

유럽의 통일규격 책정 위원장인 독일의 리히터는, 마련 중인 유럽 통일 규격의 내용을 언급하면서 거듭 강조하는 것은, 놀이 가치(play value)의 중요성이며, "어린이는 자신을 스스로 지킬 능력을 지닌 존재이다"라는 어린이관이었다. 그는 "어린이에게 있어서 놀이의 중요성을 평가하고, 첫째도 둘째도 놀이 가치를 강조하고 필요한 경우 안전을 생각하면 된다"라고 적고 있다.

2007년 서울에서 열린 놀이터 안전에 대한 국제심포지엄에 국가별 전문가인 도나 톰슨(미국), 율리안 리히터(독일), 데이빗 이얼리(영국)이 참석해 놀이터 안전에 대한 중요성뿐만 아니라 "최대한의 안전과 함께 필요한 만큼의 안전(리히터)"을 강조하였다.

선행 연구물인 오오츠보의 「21세기에서의 안전한 놀이터·공원 만들기란 무엇인가 — 국제 놀이터 안전 대책의 동향과 미래 전망」(1999)에는 다음과 같이 해설되어 있다.

"미국에서는 당초부터 「안전기준」을 중심으로 한 연구가 진행되었고, 'risk'와 'hazard'라는 개념이 도입되어 현재의 CPSC 공공 놀이터의 안전지침서를 통해 관리되고 있다."

"(독일)DIN기준의 특색은 「놀이의 가치」(플레이 가치)에 중점을 둔 것으로 되어 있어, 미국 「해이 제거」를 중시한 것으로 좋은 대조를 이루고 있다."

40~50년 전에 놀이터에서 안전사고가 큰 사회 문제가 됐던 미국에서는 안전 규격이나 안전 지침을 도입하자마자 많은 소송이 일어나, 놀이터의 폐쇄나 놀이기구 대부분을 철거하지 않을 수 없는 상황이 난무하는 쓰라린 체험이 있다. 그동안의 경험을 통해 얻은 교훈으로 구미에서는 비록 부상을 경험하는 놀이일지라도, 놀이는 그 자체로서 가치를 가지며 안전을 배우는 체험과정으로 인식하기 시작하였다.

그러나 그 전제 조건으로 어린이가 스스로 판단하기 어렵고, 중대 사고의 원인이 되는 "위해요인(hazard)"은 놀이터에서 완전히 제거될 필요가 있으며, 구미에서는 안전기준을 통해 놀이기구들의 설계·제조·설치, 관리 단계에 있어 치명적인 "위해요인(hazard)"을 없애는 것을 관계자에게 요구하고 있다.

일본에서도 이와 같은 놀이터 안전관리에 대한 인식을 공유하면서 도시공원을 관할하는 국토

교통성은, 헤세이 14년 3월 「도시공원의 기구들의 안전 확보에 관한 지침」을 책정해 공표했다. 이 지침에서는 "놀이의 가치"로서 "리스크"를 규정하는 한편, 큰 사고의 원인인 "적"을 제거하는 것의 중요성을 기본 이념으로 내세우고 있다.

유럽에서의 변화를 살펴보면, 놀이기구의 안전에 대한 통일규격인 EN1176-1177을 현장에 적용하는 가운데 놀이가치(play value)에 중점을 두는 독일과 북유럽 국가들의 영향으로 영국에서는 놀이가치를 재검토하고 안전에 치중되지 않겠다는 방침 전환을 수행한다.

2000년 영국에서는 놀이터를 제공할 때 위험과 안전에 관한 합의를 도출하는 것을 목적으로 지방 자치 단체, 봉사단, 기구들 업체와 보험업자 등이 모여, PSF(Play Safety Forum:놀이와 안전 포럼)가 결성되어 2002년에는 PSF의 의견 표명이 「아이들 놀이와 리스크에 관한 PSF헌장」으로 발표되었다.

이것은 어린이 놀이에는 리스크(risk)가 필요하며 어린이 자신도 그것을 원한다는 사실을 근거로, 아이가 사망이나 심각한 상해를 수용할 수 없는 리스크에 노출되지 않도록 리스크를 관리하는 것을 목적으로 하고 있다. 놀이터 안전을, 어려운 규격을 지키는 것으로 관리하려는 생각에서, 위험을 적절하게 관리하는 것으로, 본래 목적인 아이의 성장에 이바지하는 놀이터를 만들자는 선언이다.

2002년 영국 Play Safety Forum(PSF)이 발표한 놀이터 위험관리에 따르면 "본질적으로 놀이는 안전하며 편익(benefit)을 주는 활동이다." 어린이는 놀면서 위험을 경험하기를 원하며 필요로 한다. 놀이터는 자신의 능력을 탐험하며 개발할 수 있도록 고무적이고 도전적인 환경을 제공함으로 인해 이러한 어린이들의 소망과 요구에 부응하는 것을 목표로 한다."

2008년 개정된 유럽 놀이기구 표준인 EN1176, 1177의 서문은 다음과 같은 문구로 시작하고 있다. "위험감수는 놀이터와 어린이들이 합법적으로 시간을 보내는 모든 환경의 필수적인 특징이다. 놀이터는 자극적이고 도전적이며 통제된 학습 환경의 일부로 어린이들에게 허용 가능한 위험에 직면할 기회를 제공하는 것을 목표로 한다. 놀이터는 위험(risk) 제공해야 할 필요성과 어린이들을 심각한 위해로부터 보호해야 할 필요성 사이의 균형을 관리하는 것을 목표로 해야 한다. 놀이터에서 어느 정도의 위험에 노출되는 것이 유익할 수 있다. 왜냐하면 그것은 기본적인 인간의 요구를 충족시키고 통제된 환경에서 위험(risk)과 그 결과에 대해 배울 기회를 아이들에게 주기 때문이다. 아동발달과 관련하여 아이들이 놀이터에서 놀면서 얻는 편익의 방식과 어린이 놀이의 특징을 존중한다면, 아이들은 위험(risk)에 대처하는 법을 배워야 할 필요가 있으며, 이것으로 인해 멍이 들고 타박상을 입을 수 있고 때때로 다리가 부러질 수도 있다."

2012년 영국의 국립 보건 및 임상 우수 연구소는 "과도한 위험 혐오"에 대응하고 "나이와 능력에 따라 위험을 평가하고 관리하는 기술을 개발하는" 어린이들의 필요를 촉진하는 정책을 요구하는 부상 예방 지침을 발표했다.[117] 또한 놀이터 위험관리를 위한 실행 가이드를 통해 안전과 위험(risk)-위해요인(hazard)에 대한 사고방식에 대한 정의와 프레임워크를 제공함으로써 어린이들이 위험을 감수하면서 부상을 당할 가능성을 고려하는 균형 잡힌 접근법을 제공한다.[118]

2013년 유엔아동권리위원회는 유엔아동권리협약 제31조(아동의 놀이권을 규정한 조항)의 시행에 대한 총평, 검토를 다음과 같이 발표했다. "한편으로는 어린이 환경에서 용납할 수 없는 위해요인(hazard)을 줄이는 조치를 하는 것, 그리고 다른 한편으로는 어린이들에게 자신의 안전을 강화하는 데 필요한 예방 조치를 하고, 시설을 갖추는 것에 대한 균형이 필요하다."

2017년 실천가들과 옹호자들의 세계적인 네트워크인 국제학술연맹(ISGA)는 16개국과 6대륙 38개 기관을 대표하는 ISGA 리더십 위원회 위원 54명 전원이 지원하는 놀이에서 위험 및 학습에 관한 선언문을 다음과 같이 발표했다. 13개 언어로 온라인으로 제공되는 이 선언은 다음 문장으로 시작한다. "위험(risk)을 감수하는 기회는 잘 운영되는 학교 운동장에서 필수적인 요소다. 어른과 기관은 어린이와 젊은이들에게 위험 감수 활동을 제공하고 허용하는 데 상식을 이용할 책임이 있다."

최근에 국제적으로 통용되고 있는 영국의 지침서 'Managing risk in Play Provision: Implementation Guide'에서 처음으로 놀이터에 적용되는 위험-편익 평가(risk-Benefit Assessment)를 마련하였다. 이것은 '위험-편익 평가'를 '일부 시설이나 특징을 제공, 수정 또는 제거하기 위한 결정에 기여한 위험과 편익의 고려사항을 단일 보고서에 명시하는 접근법'으로 정의한다. 여기서 리스크를 좋은 위험과 나쁜 위험으로 구분하고 그 위험에 대한 관리와 평가가 중요함을 다루면서 심각한 위험으로부터 어린이를 보호하는 것과 놀이를 통한 편익을 가져가는 것 사이의 균형을 유지할 것을 요구하고 있다.[119] 이 지침 문서는 영국 보건안전청(HSE)이 지원하며, 이를 '위험관리에 대한 허용 접근법으로 설명한다(Tim Gill, 2013). 이 지침을 살펴보면 "실제 피해를 일으킬 가능성이 있는 위험"에 초점을 맞추고 지역 상황과 요구에 대한 고려사항을 통합하는 놀이 영역과 활동의 유익성 및 위해성을 결정하기 위해 위험 편익 평가를 수행하는 방법을 설명한다.

이처럼 세계적으로 놀이 안전 분야는 좀 더 균형 잡힌 접근법을 향해 나아가는 조짐을 보인다.[120] 놀이에서 위험을 관리하기 위한 균형 잡힌 접근방식은 위험(risk)과 혜택(Benefit) 모두를 생각하는 하나의 과정으로 결합한다. 최근 몇 년 동안 위험 편익 평가(risk-Benefit Assessment)의 개발이 그러한 과정을 지원하는 가장 좋은 방법이라고 보았다.[121]

⑥ 국제 안전기준의 역할과 변화

국가	년도	내용
독일	1978	독일 규격(DIN) 제정 (1998 EN 1176-77로 통합)
영국	1986	놀이기구 제조사가 영국 규격(BS) 제정(1998 EN 1176-77로 통합)
	1993	정부 중심으로 안전 지침(DES) 제정(1998 EN 1176-77로 통합)
EU	1998	EN1176(놀이기구~점검 · 유지보수 기준)
	1998	EN1177(놀이터 바닥, 안전조건 · 테스트 방법)
	2008	EN 1176/1177: 2008 개정
	2017	EN 1176/1177: 2017 개정
미국	1981	전미 소비자안전위원회(CPSC)에서 안전기준 제정
	1993	놀이기구 제조사 중심으로 미국 재료시험규격「ASTMF 1487」에 의해 안전기준 제정
	1997	전미 소비자안전위원회(CPSC) 지침 개정(ASTM과 통일)
	2011	ASTM F1487-11로 개정
일본	2002	국교성「도시공원에 있어서의 안전확보에 관한 지침」발행
	2002	일본시설업협회가국교성 가이드라인에 준한 "놀이 도구의 안전에 관한 기준"JPFA-S: 2002 발행
한국	2004	안전인증 부속서 12 (품질경영 및 공산품 안전관리법)
	2007	놀이시설 시설기준 및 기술기준 (어린이 놀이시설 안전관리법)

전 세계적으로 놀이기구의 안전기준은 위험을 관리하고 어려운 이슈에 대한 안내를 도와주는 중요한 도구이다. 우리나라도 단계별로 아래 표와 같은 안전기준을 적용하고 있다.

구분	법적 의무	적용기준
제조 단계	안전인증	안전인증기준 부속서 2
설치 단계	설치검사	어린이 놀이시설의 시설기준 및 기술기준
유지관리 단계	정기시설검사	

국내에 적용되는 현행「어린이 놀이시설의 시설기준 및 기술기준」은 유럽연합의 EN 1176-

1~7과 미국의 ASTM F 1487에 기초한 것으로서 현행 기준의 주요 골자 대부분은 유럽의 안전기준을 따르고 있다. 국내는 2004년 12월 9일부터 어린이 놀이기구를 '품질경영 및 공산품 안전관리법'에 의한 안전인증 의무품목으로 지정하고 놀이기구 제품에 대한 안전인증제도를 시행해 오다가 2008년 1월부터 시행된 「어린이 놀이시설 안전관리법」에 따라 놀이시설에 대해 설치 및 정기시설 검사를 시행해 오고 있다. 유럽기준의 EN1176, 7을 기초로 미국의 ASTM F1198의 일부 조건을 부록으로 추가하여 안전검사법을 그대로 번역하여 시행해 오고 있다.

우리나라는 제조 단계와 설치 및 유지관리 단계에서 적용하는 안전기준을 나누어 의무적으로 적용하고 있다. 영국의 경우는 놀이터 안전에 관한 특별한 법률은 없지만 "적절하고 충분한 risk assessment"를 실시하는 법적 의무가 있다. RA를 실시할 때는 EN1176은 반드시 고려되고 있다. 즉 안전기준은 법적 의무사항은 아니지만 반드시 고려되고 있다.

유럽의 놀이터 안전기준서 서문에서도 밝히고 있듯이 안전기준은 놀이터에 위험을 주기 위해 존재한다고 밝히고 있다. 즉 허용할 수 있는 수준의 위험에 대한 부분을 참고하는 데 도움을 주고 있다. 놀이시설 설치자가 놀이기구 제조 또는 설치 시에 의사결정의 어려움이 따를 때 기준 자료를 제공하고 있다. 안전기준은 무엇이 허용할 수 있는 수준의 위험(risk)인지에 대한 어려운 가치판단에 도움을 준다. 치명적인 머리와 손발의 얽매임과 같은 위해요인 제거의 가능한 방법을 제시는 하지만 모든 위험(risk)을 제거하는 것을 의도하지는 않는다. 그 의미는 안전기준은 부분적으로 주관적이며, 어느 정도의 불확실성과 함께 가치기반 판단 자료를 제공하는 것으로 인식되어야 한다. 안전기준은 지역적 상황에 맞추어 해석될 필요가 있다. 수많은 상황에서 안전기준은 결정적인 답을 제공하는 것으로 간주하여서는 안 되며, 무엇이 합리적인지 안내 도구로 보아야 한다고 밝히고 있다.

놀이시설 안전기준은 위험관리(risk management)의 절차로서 하나의 중요한 자료이다. 과거에는 허용할 수 없는 위험한 놀이기구를 제거하는 데에 도움을 주고, 적절한 설치와 더 많은 철저한 안전관리를 이끌어왔다.

안전기준은 위험을 관리하는 중요한 툴이며, 일부 어려운 관리사항에 대한 도움을 준다. 하지만 놀이시설 안전기준의 활용에 대한 잘못된 인식으로 인해 문제가 되기도 한다. 최근의 유럽 안전기준(EN1176: 2017)의 최근 버전은 어떻게 적용해야 하는지에 대한 접근을 더 많은 고려를 하고 있어서 참고할 만하다.

역사적으로 안전기준 해설 문구는 아동의 편익에 대한 언급 없이 손상 예방에 관한 역할을 주로 강조해 왔다. 그 결과로 놀이시설에서 손상과 실제 위험에 대한 도전을 꺼리게 되었고 최소화해야만 했다. 사실 현재 유럽에서 적용되는 모든 안전기준 버전은 위험과 편익의 균형을 담고 있다. 손상에 대한 언급 이외의 놀이가치와 다른 편익은 안전기준의 적용 절차에 있어서 반드시 고려되어야 함을 가장 최근의 2017년 버전의 안전기준(EN1176: 2017)은 명확하게 진술하고 있다.

그러나 최근의 동향은 아이들의 역량과 취약성에 대한 의심스러운 가정과 함께 사회적 민원과 비난에 지나치게 초점을 맞추고 있고, 현재의 놀이터는 아이들의 참여, 즐거움, 학습을 희생하면서 위험의 제거에 너무 집중하게 되었다. 그 중심에는 안전기준이 있다.

물론 어린이의 안전은 부모뿐 아니라 사회 전반을 위해서라도 절대적으로 우선이다. 안전기준은 어린이를 보호하고 사고를 예방하는 데 중요한 역할을 한다.[122] 놀이기구의 안전기준은 설계, 시공 및 유지보수의 품질을 확보하는 데 중요한 역할을 한다. 실제로 어린이 놀이기구와 놀이터 바닥재에 대한 안전기준은 알려진 위험을 제거하기 위해 특별히 작성되었다.

그러나 안전기준은 창의적이고 혁신적이며, 아동 중심적인 놀이 접근법과 함께 진행되는 판단의 복잡성에 대처하지 못한다. 우리는 놀이터 안전분야에 선도적인 국가의 경험과 실수로부터 배울 기회를 얻을 수 있다. 서구사회와는 완전하게 다른 방향으로 엄격한 제도적 체계를 갖추고 어린이 놀이터의 안전분야에 집중한 지 10년이 지난 지금, 우리는 놀이기구 안전기준의 적용에 있어서 서구사회의 선행 사례를 비교하고 현재 우리 사회의 문제점을 고찰하고 미흡하거나 놓치고 있는 부분은 개선할 필요가 있다. 어린이 놀이터의 안전관리에 대한 국제적 지침에 따르면 표준(안전기준)을 위험관리 체계에 있어 하나의 도구로 보고 있다는 점을 분명히 자각하면서, 보다 사려 깊고, 균형 잡힌 포괄적인 접근방식이 필요한 시점이다.

전 세계적으로 놀이기구를 포함하여 많은 산업, 서비스, 부품, 제품에 대한 표준이 있다. 이것의 역할은 부상이나 다른 불리한 결과의 가능성을 줄이는 것을 목표로 하는 기준을 마련하는 것이다. 그러나 표준은 위험을 0으로 줄이는 것을 거의 목표로 하지 않는다. 오히려 그들은 원가나 제품이나 서비스의 요구 사항과 같은 요인을 고려하여, 특정 상황에서 이용자가 수용할 수 있는 위험 수준을 확보하기 위한 기준치를 설정하였다. 달리 말하면, 표준은 안전과 다른 목표 사이의 균형이 어디에 있는지를 보여주는 하나의 관점을 제시한다.[123]

놀이터 안전분야 선행 연구가인 길(Tim Gill, 2018)에 따르면 현행 우리 안전기준의 모태가 되는 어린이 놀이기구의 안전기준(EN1176~7)이 지니는 특성을 다음과 같이 설명하고 있다.

특성	내용
위험 감소 근거	표준은 일반적으로 부상 예방 측면에서 설계된다. 역사적으로 편익에 대한 명시적 고려가 거의 없었으나 2008년 버전부터는 위험체험의 가치에 대한 진술을 포함하고 있다.
엔지니어링 초점	표준은 일반적으로 물리적 및 물질적 특징에 초점을 맞춘다. 표준 대부분은 구조 엔지니어링과 같은 고도의 기술적 주제를 다루고 있다. 그러나 여기에는 하강 공간 및 울타리와 같은 행동적 요인도 다루고 있다.
경직성	표준은 광범위한 설정과 상황에 걸쳐 유사한 방식으로 적용된다. 예를 들어, 학교 놀이터(관리자가 상주하는 곳)와 공원 놀이터(관리자 비상주)가 같은 방식으로 적용된다. 마찬가지로, 규정들은 다른 나이나 능력을 갖춘 아이들의 사용 패턴에서 큰 차이가 있을 수 있는 것에 민감하지 않다.
객관성	표준은 독립적으로 검증할 수 있는 객관적 답을 제공하도록 설계되었다. 허용 가능한 위험 수준에 대한 질문은 다양한 관점이나 토론의 여지가 있을 수 있는 논의보다는 엄격한 준수의 문제로 간주한다.

그의 연구에 따르면, 놀이기구 안전기준의 경직성으로 인해 어린이들의 놀이 선호와 행동의 변화에 대해 대처가 힘들다고 말한다. 예를 들어, 나이가 있는 아이들은 종종 더 어린아이들보다 더 도전적인 놀이기회를 찾는다. 이것은 높이, 속도와 복잡성 또는 오르기 및 내려오기의 어려움과 같은 요인과 관련이 있을 수 있다. 따라서 어린 연령대 아이들이 사용하도록 설계된 장비는 더 높은 연령대 어린이들에게 너무 지루할 수도 있다고 제시하면서 안전기준의 한계를 설명하고 있다.

또한 다음과 같이 놀이기구의 안전기준의 장단점을 피력하고 있다.

강점	약점
여러 상황에서 명확한 벤치마크 설정 및 명확한 답변 제공	– 예를 들어 숲 놀이터와 소품 놀이터와 같은 분명한 답을 줄 수 없는 디자인은 배제함. – 경직적: 이용자와 감독 및 다른 현지 요인의 변화에 민감하지 못함. – 미준수의 사소한 문제에 대한 불균형적 대응 유발 – 강제적 적용은 위험을 모니터 및 평가하고 관리하는 다른 방법을 무시할 수 있음.
관련 과학 지식에 의존	엔지니어링/기술적 관점에 의해 지배됨. 객관적 판단과 가치기반 판단 사이의 경계가 모호함. 사용자 행동에 대해 의심스러운 가정을 할 수 있음.
설계, 시공 및 설치에 대한 보증 제공	디자인적 창의성을 저해할 수 있으며, 따라서 창의적, 매력적, 호감가는 디자인의 범위를 제한할 수 있으므로 이용 수준이 낮아질 수 있음. 새로운 공급과 접근방식에 대한 높은 진입장벽 설정

| 업계 전문 지식 활용 | 상업적 이해관계에 영향을 받을 수 있음. |
| 국제무역 촉진 | 무역 촉진에 기초한 결정은 사용자, 제공자 또는 공익에 반할 수 있음. |

국내 놀이기구 안전기준의 모태가 되는 유럽기준을 자세히 살펴볼 필요가 있다. 유럽의 놀이기구 안전기준(EN 1176-1~7)도 역사적으로 주요 과정만 살펴보면 1998년 유럽 표준으로 통합, 2008년 개정, 2017년 개정을 거쳐왔다. 현재 국내에 적용되는 안전기준은 대부분 유럽의 안전기준을 그대로 번역되어 사용되고 있다. 그러나 어린이 놀이기구 안전기준의 역할과 방향에 대해 언급하는 서문은 빠진 채 기술적 기준만을 인용하여 사용하고 있다.

유럽기준을 살펴보면 사실상 놀이기구의 안전기준 자체는 표면적으로 부상 감소에 초점을 맞추고 놀이의 건강 이점이나 위험에 대해 배울 기회와 같이 명백하게 중요한 다른 문제들을 거의 언급하지 않는다. 다만 안전기준의 역할과 위험의 접근에 관한 내용을 다루고 있는 안전기준 서문(EN 1176-1)에는 다음과 같은 변화가 있었다.

EN 1176-1	서문의 주요 골자
1998년 판	"놀이 가치를 포함하는 것은 본 표준의 목적이 아니다"
2008년 판	위험을 경험하는 것은 놀이 제공과 어린이들이 모든 놀이환경의 필수적인 특징이다. 놀이터는 아이들에게 자극적이고 도전적이며 통제된 학습 환경의 일부로 허용 가능한 위험에 직면할 기회를 제공하는 것을 목표로 해야 한다. 놀이 제공은 위험을 제공할 필요성과 어린이를 심각한 위해로부터 안전하게 보호해야 하는 필요성 사이의 균형을 관리하는 것을 목표로 해야 한다.
2017년 판	놀이 제공에서, 어느 정도의 위험에 노출되는 것은 유익할 수 있다. 그것은 인간의 기본적인 요구를 충족시키고 통제된 환경에서 아이들에게 위험과 결과에 대해 배울 기회를 주기 때문이다

현행 국내 놀이기구 안전기준의 모태가 되는 유럽기준은 상기와 같이 진술함으로써 위험을 인식하고 있다. 즉, 어린이 놀이의 특징과 발달과 관련하여 아이들이 운동장에서 놀면서 얻는 이익을 존중한다면, 아이들은 위험에 대처하는 법을 배울 필요가 있고, 이것은 혹과 타박상을 일으키고 때로는 팔이 부러질 수도 있다고 밝히고 있다. 놀이기구 안전기준의 목적은 첫째, 장애나 치명적인 결과를 동반한 사고를 예방하는 것이며, 둘째, 사회적으로건 지적으로건 육체적으로건 간에 아이들의 역량 확대에 필연적으로 일어날 수 있는 가끔의 불상사에 의한 심각한 결과를 줄

이는 것이다(CEN 유럽표준위원회 2008). 안전기준 그 자체는 내용 면에서 변화하지 않았지만 철학의 뚜렷한 변화가 있었다.

사실 이러한 변화는 영국의 놀이 안전 포럼(PSF)의 연구, 특히 2002년 Position Statement에서 '놀이터에서 안전이 어떻게 다루어지고 있는지에 대한 우려가 증가에 관한 관찰 결과와 부상 위험 최소화가 어린이와 젊은이들이 건강한 놀이기회를 가질 수 없게 되면서 잠재적으로 그들의 발전에 해로운 결과를 가져온다'라는 연구를 반영한 결과로 보인다(Bernard Spiegal, Tim R. Gill, Harry Harbottle, and David J. Ball)

이와 더불어 현행 놀이기구 안전기준은 창의적이고, 혁신적이며, 아동 중심적인 놀이 접근법과 함께 진행되는 판단의 복잡성에 대처하지 못한다는 비판이 증가하고 있다. 「어린이 놀이시설 안전관리법」이 시행된 지 10년 차인 우리나라는 놀이터 안전분야에 선도적인 국가의 경험과 실수로부터 배울 기회가 있다. 놀이기구 안전기준의 적용에 있어서 현재의 문제점을 고찰하고 위험관리 체계에 있어 하나의 도구로 보고, 보다 사려 깊고 균형 잡힌 포괄적인 접근방식이 필요한 시점이다.

어린이 놀이기구 안전기준은 놀이터 안전, 위험 및 책임에 대해 항상 논쟁의 중심에 놓여있다. 국내에서 놀이터의 안전은 오로지 표준을 준수하는 측면만을 조명하는 경향이 짙다. 결과적으로 허용 가능한 위험 수준과 사고에 대한 책임에 대한 질문은 간단하게 종종 준수에 대한 질문으로 재구성된다. 따라서 놀이터 기구 표준의 성격과 역할에 대해 충분히 이해하는 것이 중요하다.[124]

우리나라의 경우 놀이기구의 안전기준을 준수하는 것이 법적 요건이며, 안전기준을 준수하지 않는 놀이터는 위험한 놀이터로 간주하며, 법적 처벌 대상이 된다. 놀이기구의 안전기준을 이분법적으로 적용하고 있지만 대부분 국가에서 이렇게 강제적 준수를 요구하는 법률은 없다. 놀이기구의 안전기준은 다른 많은 산업 표준과 마찬가지로 모범 지침의 지위를 가진다.[125]

놀이터 장비 표준의 많은 내용의 기술적 특성은 과학적 객관성의 인상을 준다. 그러나 표준은 사실 의문시되기 쉬운 어린이와 성인의 행동에 대한 가치판단과 가정에 의해 형성되었다. 그리고 많은 경우에 이러한 가정들은 사실이라기보다는 의견의 문제다.[126] 놀이터 장비 표준에 포함된 규범과 권고 사항 중 실제 상황에서 경험적으로 시험 된 것은 거의 없다. 예를 들어, 유럽 표준(EN 1176)의 한 부분은 사실상 등반 구조의 다른 요소들 사이의 계단 집합이 규칙적이고 수평이어야 한다고 명시한다. 층계가 고르지 않으면 아이들이 더 많은 사고를 당한다는 가정이다. 그러나 그 가정은 어떠한 참조된 관찰이나 연구에 의해서도 뒷받침되지 않으며, 의문시됐다.[127]

국내 어린이 놀이시설 안전관리 제도는 어린이 놀이기구의 안전기준 준수 의무를 중심으로, 사고를 예방하기 위한 관리의무를 부과하는 정책이 집행되고 있다. 국내 놀이시설에 적용되고 있는 현 안전기준은 물리적 안전성 확보를 위한 합부 판정의 잣대로 적용되고 있다. 놀이시설의 안전과 관련해 기본적으로 놀이기구의 안전기준 준수를 요구하는 것은 공식적으로 어린이 놀이 기구가 승인된 품질 및 안전하게 설치 및 관리되는지를 판단하기 위해 간단하고 적용이 쉽다는 장점이 있다. 하지만 놀이터는 아이들을 키우는 부모의 관심이 큰 분야여서 사고 발생 시 부모들은 소송의 근거로, 검사기관은 방어적 근거로 활용되는 측면이 강하게 나타난다. 결국에는 지금 과 같이 안전기준이 과도하게 강조되고, 놀이시설은 완전히 안전해야 한다는 잘못된 믿음으로 인해 사고가 발생하면 누군가의 책임을 묻게 되는 악순환이 발생하고 있다.

또한 놀이터 안전을 평가하는 중심에는 항상 안전기준이 자리 잡고 있지만, 국내에 적용되는 놀이기구의 안전기준과 그 개정 과정을 보면 실제로 객관적 고려사항, 공학적 고려사항, 가치기 반 판단 등을 고려하지 않고 있다. 결국 놀이기구의 안전기준은 놀이터의 평가 및 설계와 관련된 의사결정에 큰 영향을 미친다. 이것은 놀이터 공급 또는 놀이기구 제조자들의 의사결정 능력에 지대한 영향을 미쳐 어린이에게 좋은 것이 무엇인지에 대한 가치기반 판단을 할 수 있는 그들의 자신감과 능력을 약화하는 것으로 보인다.

우리가 사용하는 안전기준의 모태가 되는 유럽표준위원회(CEN, 2012)가 밝힌 안전기준의 역할을 종합해 보면 다음과 같다. "안전기준을 어린이들이 즐거운 놀이기회의 접근을 막는 강제도구로 사용해선 안 된다. 안전기준의 이점은 놀이터에서 나쁜 위험을 밝혀내고 사전에 조언해주며 검토할 수 있게 해주는 것이다. 다만, 안전관리에 있어 참고 포인트를 마련하여 도움을 주고 있지만 정확한 답을 주지는 못한다."[128]

어린이 놀이터의 어떤 특정한 상황에서 무엇이 "허용할 수 있는 수준의 위험(risk)"인지에 대한 판단에 대해서 표준적으로 적용할 수 있는 하나의 확실한 대답은 있을 수 없다. 그 답은 개인, 공동체, 사회적 가치, 이해, 믿음 사이의 상호 작용에서 나올 것이다. 여기에서 다루는 고려사항에는 어린이들의 능력, 잠재적 효용 또는 일부 부상을 경험할 가능성, 즉 위험 감수의 유익성 또는 그 밖의 다른 측면에 대한 견해가 포함된다. 이용자 연령대와 이용자의 관심, 그리고 성인 보호나 감독의 정도, 스타일, 강도와 같은 좀 더 비현실적인 지역적 요소도 관련이 있을 수 있다.

국내 안전기준의 모태가 되는 유럽의 놀이터 안전기준서에서 밝히고 있는 안전기준의 목적은 놀이터와 놀이기구에서의 적정 수준의 안전을 보장하는 데 있으며, 이와 동시에 아동에게 편익이 되는 활동을 증진하기 위해서이다. 그 이유는 놀이터를 벗어난 상황과 환경에 적절하게 대응할 수 있는 가치 있는 경험을 제공한다는 점을 유의할 필요가 있다.

지금까지 안전기준의 탄생과 적용사례를 살펴본 결과 놀이기구의 안전기준은 어린이를 놀이기구에 내재하는 위해요인(hazard)으로부터 보호하는 것을 목적하는 것이지, 예측하는 것은 아니라는 것을 알 수 있다. 즉, 해외 선행 연구물에서도 밝히고 있듯이 놀이기구의 안전기준은 합리적인 이용을 전제로 하고 있다.

놀이기구의 안전기준은 놀이시설 안전에 관한 의사결정자(공급자, 관리 주체, 관리감독기관, 안전검사자 등)에게 도움을 주는 도구로 사용되어야 한다는 점이 중요하다. 그리고 위험한 활동을 동반하는 어린이의 활동적 놀이기회를 제한하는 도구로 이용되어서는 안 될 것이다.

⑦ 국제적 변화에 따른 시사점

선도적 사례를 보여주는 서구의 정책과 비교하면, 「어린이 놀이시설 안전관리법」을 시행한 지난 10년간 우리나라는 놀이터 안전에 관한 한 국가적 책임을 강조하면서 관료주의적 관리중심의 정책 확대와 공공 안전정책의 위험성을 그대로 보여주었다고 할 수 있다. 그 중심에는 위험 감소를 통한 사고예방이라는 목표가 있었다.

국내 안전 관련 정책과 기준의 탄생과정을 살펴보면, 2004년 12월 9일 어린이 놀이시설에서 어린이 안전사고를 줄이기 위해 "어린이 놀이기기"를 「품질경영 및 공산품 안전관리법」에 의한 안전검사 의무품목으로 지정하여 어린이 놀이시설 안전관리 규정이 적용되기 시작되었으며, 도입과정을 거쳐 2007년 1월 26일 어린이 놀이기구의 제조·수입, 어린이 놀이시설의 설치·유지에 관한 안전관리를 체계적으로 정한 「어린이 놀이시설 안전관리법」이 시행되었다. 이러한 안전관리체계는 교육청과 지방자치단체가 법에 따른 의무이행을 관리, 감독하고, 안전기준의 준수에 대해서는 법에 따라 인가 및 지정받은 제3자 기관을 통해 관리하는 체계를 갖고 있다. 그러면서 법에 따른 의무이행과 안전기준의 준수에 대해 관리하는 조직적 관리문화가 지속해 왔다.

그러나 현행 어린이 놀이시설 관리체계는 위험성을 내재하고 있는 것으로 보인다. 동법의 목적을 보면, 어린이 놀이시설의 효율적인 안전관리 체계를 구축함으로써 어린이 놀이시설 이용에 따른 어린이의 안전사고를 사전에 방지함을 목적으로 하고 있다. 어린이 놀이시설 안전을 책임져야 할 의무를 국가가 진다는 점에서 의의가 있다.

그러나 현행법과 제도는 안전사고를 방지하기 위한 행정적 관리에 초점을 맞추는 경향이 크다고 할 수 있다. 즉, 사고로 연결될 수 있는 현장 사례나 현장의 위해요인 제거라는 1차적 위험에 대한 관리보다는 법에 따른 의무 예를 들어 안전검사 및 안전점검 이행, 안전교육 이수, 사고 보고 등의 의무를 준수했는지에 대한 2차적 위험관리에 집중하고 있기 때문이다. 원인은 그에 따른 책임 문제가 가장 클 것이다.

이는 2차적 위험관리의 증가와 부담으로 이어질 수 있으며, 동법에 따른 안전관리 체계의 중심 축인 관리감독기관은 1차적 사고유발 요인과 현장의 위험 제거를 위한 효과적인 조치보다는 법에 따른 절차와 의무를 준수했음을 보여주는 데 더 관심을 두는 구조가 되고 있다. 이러한 2차적 위험 관리는 동법의 목적인 안전사고 예방이라는 안전 확보 노력을 왜곡하고 약화할 수 있다고 본다. 이는 법에 따른 2차적 위험관리를 통해 1차적 사고위험이 감소할 것이라는 잘못된 믿음 때문이다.

이렇게 법률 준수 및 그에 따른 책임에 초점을 맞춘다는 것은 놀이시설 안전확보를 위한 자원과 관심이 1차적인 관리 대상인 현장의 사고 원인인 위험으로부터 멀어지게 된다는 것을 의미하며, 이것은 동법의 목적을 달성하는 효율적인 안전관리 체계가 되지 못한다는 것을 방증한다.

법에 따른 안전관리 의무와 절차가 엄격하게 적용되다 보니, 관련 업계에서는 어린이 놀이터가 가지는 본래의 목적보다는 안전기준 준수가 가장 중요한 절차와 과제가 되었고 그 결과로 이른바 '천편일률적인 놀이터 만연'이라는 비판이 제기되는 실태가 되었다. 즉 어린이의 즐거움과 혜택이 우선이 되어야 할 놀이터 목표는 2차적 고려사항이 되고 대신 국가적 우선 목표인 안전을 우선시하는 사회적 문화로 자리를 잡고 있다. 어른들은 재미는 없어도 안전한 놀이터를 원한다. 하지만 아이들은 '재미가 없으면 놀이가 아니다!'라고 말한다.

사회적으로 민감한 분야인 놀이터의 안전에 대해서 강제적 안전기준 준수를 통한 부작용이나 비용 및 편익을 고려하지 않고 위험 감소에만 초점을 맞추는 경향이 있다. 그러면서 어린이 놀이터의 부상자 수를 줄이기 위한 운동은 아이들에게 삶의 경험(재미, 슬픔)과 도전(Herrington & Nicholls, 2007)을 빼앗겼다는 점에서 전반적으로 해로웠는지도 모른다. 또한 자신의 실수로부터 배우는 진화 과정을 전복시켰으며(Christensen & Mikkeelsen, 2008), 시민권과 공동체를 육성할 기회를 상실했을 수 있다(Peterson, 2011).

서구에서는 최근 몇 년 동안 위험 감소 방식의 접근이 안전에 미치는 영향에 대해서는 전 세계의 많은 연구자에 의해 강조됐지만, 지금까지 이 관점을 뒷받침할 경험적 증거는 거의 없었다. 위험한 놀이기회 부족이 어린이들에게 최적의 건강과 발전에 영향을 미치는 다른 장기적 위험에 이바지할 수 있다는 트랜터(Tranter, 2005)와 리틀과 위버(Little and Wyver, 2008)의 연구결과도 제시되고 있다. 아래는 리틀과 위버가 제시하는 위험 최소화를 통한 잠재적 결과를 다음 도식으로 설명하고 있다.

Potential outcomes of risk minimisation

- 아동관리자의 높은 간섭비율
- 각종 규제 행동 제한
- 위험감수의 이득에 대한 부적절한 이해
- 빈약한 야외 놀이환경
- 사고, 소송에 대한 두려움

→ 위험감수 놀이의 최소화

- 아동이 선택한 위험체험 기회 감소
  - 위험관리 기술의 습득기회 감소 → 위험한 상황에 대한 평가능력 저하
  - 안전하지 않은 위험놀이 증가 → 부상 증가
- 신체놀이의 감소
  - 신체 놀이의 질 변화 → 신체적 놀이를 통한 편익 감소
  - 신체 활동의 감소 → 운동능력 개발저하
  - 낮은 활동 수준과 관련된 만성 질환의 위험

(Little & Wyver, 2008)

이는 현재의 관행적인 안전 우선주의 정책이 지속한다면 자라나는 아이들의 미래 세대를 위험

에 빠뜨릴 수 있다. 어린이들은 삶이 그들에게 제시하는 도전에 직면하는 데 필요한 기술과 자신감이 부족해질 수 있다.

어린이 환경으로부터 모든 위험을 제거하고자 하는 안전 및 위험관리에 대한 제한적 접근방식은 부차난(Buchanan)이 제시한 '잉여안전'(Surplus safety)이라는 용어를 만드는 결과를 낳았다.[129] 잉여 안전의 결과로 규제 환경이 어린이가 직면하는 실제 위험을 고려하기보다는 제도적 위험을 통제하는 데 더 중점을 두는 경향이 점점 강해지고 있다고 밝히고 있다(Fenech, Sumsion, & Goodfellow, 2008).

이렇게 유럽에서는 법과 규정에서 위험 최소화에 대한 지나친 강조로 인한 '잉여 안전'으로 인해 아이들이 스스로 위험을 평가할 수 있는 능력에 대한 우려를 불러일으켰다. 놀이터에서 미리 설계 및 고안된 위험에 노출된 어린이들에게는 물리적 환경과 어린이 자신의 행동 둘 다와 관련된 위험을 인식하고 평가하는 아이들의 발달한 능력을 배양하는 데 도움이 된다는 것은 이전 장에서 언급했듯이 여러 선행 연구에서 제시되었다.

어린이 놀이시설 안전관리 정책에 대한 접근방식은 이를 염두에 두어야 하며, 아동발달의 이러한 측면을 지원하는 현장에서의 노력이 제한적인 안전정책에 의해 방해받지 않도록 주의할 필요가 있다. 어린이들의 위험 평가를 조사하는 연구에서 나온 연구 결과는 어린아이들이 다칠 위험요인들을 식별할 수 있다는 것을 시사한다(Copens, 1985; Hillier & Morrongieello, 1998). 따라서 다양하고 창의적인 놀이터 환경은 어린이들이 환경에서 직면하는 위험을 정확하게 평가할 수 있는 능력을 향상할 기회를 제공하는 데 중요한 역할을 한다.

현행 정책에서 채택한 지나치게 통제적이고 기계적인 위험관리 조치보다는, 어린이와 놀이터의 긍정적인 발전 결과를 보장하려면 그 정책에 대한 접근방식은 치명적 위험과 긍정적 '건강한' 위험(Bundy, Tranter, Naugton, Wyver, & Lucett, 2009; Little, 2006; Little & Wyver, 2008)을 구별할 필요가 있다. 영국의 왕립사고예방기구(RoSPA, 2012)와 영국 안전보건부의 자문기구인 놀이 안전 포럼[PSF, 2008]에서 밝힌 바처럼 가능한 한 안전한 것이 아닌, 필요한 만큼 안전하게 보호해야 한다는 면에서 접근할 필요가 있다(Champion, 2008).

위해요인(hazard)을 제거하는 것이 중요하지만, 어린이들이 실제 부상 위험에 놓이지 않고 위험의 인식을 경험할 수 있도록 도전의 기회가 유지될 필요가 있다(Mitchell, Cavanagh, & Eager, 2006).

사회적으로 도전성이 없는 놀이로 인해 아이들 놀이의 질과 아이들의 발전, 자신감, 문제해결 기술과 자존심에 미치는 영향에 대해 큰 우려가 제기되고 있다. 이러한 발견은 위험한 놀이기회 부족이 어린이들에게 최적의 건강과 발전에 영향을 미치는 다른 장기적 위험에 이바지할 수 있다(Tranter, 2005, Little and Wyver, 2008).

또한 우리가 어린이들의 회복력을 키우기 위해서는 제한적이고 과잉보호적인 공공정책을 통해 아이들의 경험을 지속해서 규제하고 통제할 수 없다는 길(Gill, 2007), 매지와 바커(Madge & Barker, 2007), 그리고 볼(Ball, 2002)의 연구 결론과 권고를 심각하게 받아들일 필요가 있다.

연구 문헌에서 밝히고 있는 위험한 놀이의 여러 장점에도 불구하고, 사회문화적으로 특히 교육계 쪽에서는 법률화된 지침(즉, 규정)을 준수하기 위해, 긍정적인 건강한 위험 감수를 지원하는 대신 안전을 보장하는 쪽으로 확고히 기울어져 있다고 할 수 있다. 어린이들은 삶이 그들에게 제시하는 도전에 직면하는 데 필요한 기술과 자신감이 부족하다. 그렇게 계속함으로써 우리는 어른이 되기 위해 자라나는 아이들의 미래 세대를 위험에 빠뜨릴 수 있다.

위험관리는 하나의 규격으로 모든 것에 접근해서는 안 된다. 유럽 쪽 놀이터 안전분야 연구자들이 인정했듯이 위험은 맥락적이고 주관적이다. 따라서 규제 환경은 특정 위험 상황에 대한 적절한 대응을 검토 및 결정할 때 개별 아동에 대한 자신의 지식을 제한하거나 방해해서는 안 된다.

안전에 대한 우려로 인해 신체적 위험을 감수할 기회가 부족하면 다른 맥락에서도 위험을 감수할 수 있는 어린이들의 자신감이 훼손될 수 있다. 위험을 감수하는 기질의 발달은 아이들이 도전을 받아들이고 역경에 직면하여 인내하도록 격려함으로써 회복력을 키운다. 길(Gill, 2007)은 우리가 사회로서 "복구력, 즉 아이들이 회복하고 부정적인 결과로부터 배우는 능력의 가치를 확인"해야 한다고 주장한다. 이와 관련된 연구 문헌 중에서 헬렌 리틀(Helen Little, 2009)의 연구[130]는 제한적이고 과도한 보호 위험관리 관행의 결과로서 어린이 놀이의 질에 미치는 해로운 영향에 대해 잘 설명하고 있다. 따라서 관련 정책은 보호와 '잉여 안전'만을 강조하는 접근법에서 안전과 어린이 노출 사이의 균형을 찾는 방향으로 나아가야 하며, 이는 개인에 대한 위험관리 의무를 구축할 수 있게 해준다. 이러한 위험관리에 대한 새로운 접근은 긍정적이고 건강한 위험에 대한 기회가 촉진되며, 안전 전략은 치명적 위험 제거에 초점을 맞출 가능성을 증가시킬 수 있다(Bundy, Tranter, et al., 2009; Gill, 2007)는 권고를 채택할 필요가 있다.

우리는 위험이라면 무조건 부정하는 인식과 사고에서 벗어나서 어린이가 경험하게 되는 다양한 위험에 대해 좀 더 대담해져야 한다. 또 다른 연구(Christensen and Mikkelsen's, 2008)는 사실 그들이 어른들에게는 자주 보이지 않는 활동인 그들만의 정교한 위험관리 형태를 실천하고 있다는 것을 보여준다. 어린이들이 놀이터에서 경험하는 실패와 사고는 아이들이 많은 것을 배우는 중요한 사건이다. 따라서 어른들은 위험 제거의 오류를 추구하지 말고, 대신 세상의 본질을 이해하고 탄력성을 높일 방법으로 아이들 스스로 위험평가를 할 수 있도록 참여시키고 위험에 대한 관리기술을 확장할 수 있는 환경을 조성하는 것이 바람직하다(Gill, 2007, 2010)고 할 수 있다.

놀이터 안전에 있어 선도적인 역사를 밟고 있는 서구 국가의 놀이터 안전관리 정책의 변천사에서도 확인할 수 있다. 초기 안전중심의 정책과 관리에 따른 비판과 우려가 확산하였고, 그 결과 놀이터에 존재하는 위험의 건강하고 유익한 점을 반영하여 위험-편익 평가 체제로 발전되어왔다.

결과적으로 우리가 어린이들의 회복력을 키우기 위해서는 제한적이고 과잉보호적인 공공정책을 통해 아이들의 경험을 지속해서 규제하고 통제할 수 없다는 길(Timm Gill, 2007), 메지와 바커(Madge, Barker, 2007), 그리고 볼(Ball, 2002)의 결론과 권고에 귀를 기울일 필요가 있다.

놀이터에서의 안전은 절대적이지 않으며, 홀로 자리매김할 수 없다. 놀이터의 위험을 없애려는 어떤 시도에도 불구하고 놀이터의 사고는 계속해서 일어날 것이다. 따라서 현행 정책처럼 놀이터에서 발생하는 모든 위험을 획일적으로 제거하고자 하는 정책에서 벗어나 위험을 관리하는 정책으로의 전환이 필요하다. 놀이터에서 발생하는 모든 사고와 부상을 국가가 예방할 수도, 책임질 수도 없다. 결론적으로 놀이터 정책은 가능한 한 많은 재미와 도전을 제공하고 필요한 만큼 안전을 제공하는 것이 가장 중요하다고 할 수 있다. 지금까지 드러난 여러 문제와 우려에 대해 더는 확대되지 않도록 시급히 재검토가 필요하다. 우리는 종종 항상 판단의 문제인 놀이 가치, 표준 준수, 나이에 적절한 위험, 설계, 유지보수 및 비용 제공과 같은 목표에 도달하는 데 타협점을 찾아야 한다. 이러한 판단의 근거는 모든 이해관계자가 이해하기 위해서는 놀이터와 관련된 정책에서 명확히 선언하고 밝힐 필요가 있다.

아이들이 도전적인 상황에 긍정적으로 대처하고 불확실성에 대처하는 방법을 배우려면 다양한 위험에 노출될 필요가 있다. 우리는 놀이터 안전에 대한 균형 있고 사려 깊은 접근을 통해 위험과 놀이의 이점을 균형 있게 조정함으로써 이것을 제공할 수 있다(Gill, 2012)는 길의 연구 결과처럼 놀이터와 관련된 정책을 재조정할 필요가 있다.

Chapter

V

놀이시설 안전사고
현황과 분석

　세계보건기구는 심각하고 치명적인 부상은 예측 가능하고 예방 가능하다고 말한다. 이에 따라 어린이 놀이시설 안전의 국제적인 초점은 모든 부상과 사고를 예방할 필요성에서 벗어나 이용자의 사망과 중상해를 예방하는 쪽으로 바뀌고 있다. 이와 동시에, 현 시점에서 필요한 것은 어린이 놀이시설 사고에서 치명적이면서 심각한 부상에 대한 정의와 연구를 지속적으로 개선하고, 예방 대상을 지정하고 관리해야 한다는 점이다.

　이전 장에서 밝힌 바처럼 어린이는 본질적으로 놀이를 통해 위험을 찾고 즐긴다는 것을 확인했다. 어린이 놀이시설의 안전관리는 어린이 놀이를 통해 즐거움과 함께 온전히 아동발달을 가져가는데 방해가 되는 불필요한 부상을 줄이는 것이라고 말할 수 있다. 닷슨(Ronald Gene Dotson, 2013)에 따르면 불필요한 부상은 "놀이터 장비를 합리적인 방법으로 사용하여 위험을 경험하는 어린이의 외부에서 발생하는 부상이다"라고 밝히고 있다.[131] 놀이시설에서 어린이가 일반적으로 경험하는 상처에는 가장 많이 입는 손상인 골절에서부터 치아손상, 열상, 타박상, 뇌진탕 등으로 나타나고 있다.

　몇몇 해외 국가의 놀이터 사고 통계에 따르면, 놀이를 더 안전하게 하려고 놀이터 장비를 통제하는 최근의 안전법령에도 불구하고, 놀이터 사고는 줄어들지 않았다(Ball, 2002; Briss, Sacks, Adiss, Kresnow, & O'Neil, 1995; Chalmers, 1999, 2003; Phelan, Khoury, Kalkwarf, & Lamphear, 2001). 그래도 사망이나 심각한 무효로 이어지는 가장 심각한 운동장 부상은 드물다. 영국에서는 3, 4년마다 한 번씩 치명적인 부상을 입는다(Ball, 2002). 대부분의 놀이터 부상은 타박상, 뇌진탕 또는 놀이기구에서 추락하거나 충돌로 인한 골절이다(Ball, 2002; Bienefeld, et al., 1996; Illingworth, Brennan, Jay, Al Ravi & Collick, 1975; Mack, Hudson, & Thompson, 1997; Phelan, et al., 2001; Sawyers, 1994; Swartz, 1992).

　우리나라는 2007년 놀이시설의 효율적인 안전관리를 위해 「어린이 놀이시설 안전관리법」을 제정하여 제도적인 관리를 도모함과 동시에 민간에서는 놀이터 안전실태조사 관련 보고서를 발간하거나, 안심놀이터 가꾸기 캠페인 및 놀이터환경 개선 캠페인 등 각계에서 노력 덕분에 어린이 놀이시설의 물리적 안전성은 일정수준 확보되어 시설결함으로 인한 치명적 손상사고는 개선되어 왔으나, 행정안전부의 중대사고 분석결과에 따르면 〈그림1〉과 같이 어린이 놀이시설 사고는 큰 증감 없이 지속하고 있다.

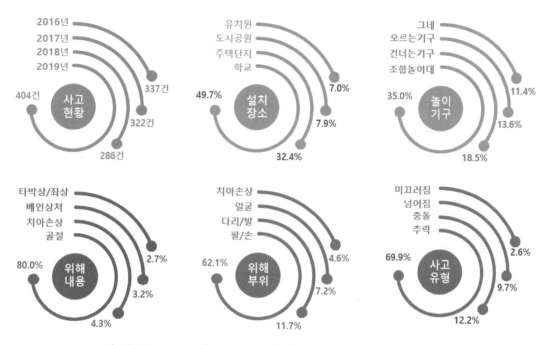

〈그림 1〉 최근 4년간(2016~2019년) 어린이 놀이시설의 중대사고 현황

국내·외적으로 추락은 놀이터 손상의 주요 원인으로 확인되고 있으며, 시설적 요인이 아닌 관리적 요인과 이용자에 의한 사고가 대부분을 차지하고 있는 것으로 파악되고 있으며, 그동안 다수 놀이시설에 대한 사고를 조사하고 모니터링한 결과 놀이시설 사고가 지속하고 있는 원인은 리스크와 위해요인에 대한 관리 부재가 가장 큰 원인으로 파악되고 있다.

놀이시설 사고는 주로 추락으로 기인함으로 인해 안전기준과 그에 대한 법적 검사는 설치된 놀이기구의 시설적 안전성의 확인과 함께 이용자의 추락에 대한 충격흡수 기능을 확인해오고 있다. 그러나 대부분 안전기준을 준수(안전검사 합격)한 놀이시설에서 사고는 지속하고 있어 안전기준의 실효성에 대한 논란이 제기되고 있다.

국내외적으로 어린이 놀이기구의 안전기준은 어디까지나 놀이기구를 안전하게 이용할 수 있도록 최소한의 기술적 측면의 안전기준을 제시하여 제작 및 설치단계에서 정한 목표의 설정이며, 그 기준은 놀이기구 이용에 있어 특정한 위해요인(hazard)을 지정한 것에 불과하다. 하지만 놀이시설 사고는 다양한 요인에 의해 발생하고 있고 나머지 위해요인에 대한 관리 부재로 인해서 놀이시설 사고는 계속해서 반복되고 있다.

1) 획일적인 관리체계에 대한 재검토

놀이시설 사고 예방을 위한 기본적인 제도적, 관리적 체계는 2005년, 2006년 연속적으로 어린이 놀이시설에서 발생한 사망사고를 배경으로 2007년에 마련되어서 제조 및 설치 과정에서의 강제적인 물리적인 안전기준과 유지관리 단계의 관리의무를 마련해놓고 있으며, 이용자 측면에서는 안전수칙을 정해놓고 그것을 준수하도록 하는 관리체계를 만들어 놓았다.

국내에서는 「어린이 놀이시설 안전관리법」, 어린이 놀이시설 안전인증기준부속서 2, 어린이 놀이시설 시설기준 및 기술기준을 마련하여 제조, 설치 및 유지관리단계에서 의무적으로 준수하도록 하고 있어 미준수 시 과태료 및 벌칙을 정하여 엄격하게 관리되고 있다.

국제적으로는 한국을 제외하고 모든 국가에서는 놀이터 안전에 대해 명시적으로 초점을 맞춘 주요 법률이 없다. 일본을 포함한 대부분의 구미 국가에서 놀이기구 기준은 모범 사례 지침의 지위를 가진다. 선행 연구 검토 결과, 안전기준 준수를 통해서 사고 예방이 달성될 수 없음을 이미 알고 있었던 것으로 판단된다.

우리나라의 경우 2006~7년에 놀이터에서 사망사고가 발생하면서 놀이기구의 시설결함이 가장 큰 문제로 대두되었으며, 충분한 연구와 검토가 부족함에도 사회적 요구와 맞물려 안전문제를 해결하기 가장 쉬운 방법으로 시급하게 안전기준의 강제 준수의무를 부과한 것으로 보인다.

그러나 안전기준 준수를 요구하는 것은 공식적으로 어린이 놀이기구가 승인된 품질 및 안전하게 설치, 관리되는 여부를 판단하기 위해 간단하고 적용이 쉽기 때문이라고 판단된다.

국내에서 법 시행 10년이 넘어가고 있는 현재 안전기준이 과도하게 강조되고, 놀이시설은 완전히 안전해야 한다는 잘못된 믿음으로 인해 사고가 발생하면 누군가의 책임을 묻게 되는 악순환이 발생하고 있다. 사고가 발생하면 물리적 안전만을 우선시하는 언론 및 인터넷 여론 등에 의해 안전기준 준수 여부, 법적 의무인 관리책임 이행에 초점이 맞추어져, 동종 사고 예방을 위한 검토 및 분석을 위한 체계나 필요성 제기가 없었던 것이 현실이다.

국내 놀이시설 안전관리에 대한 관련 체계는 구미 선진국과 비교해도 엄격하면서도 체계적으로 적용되고 있어서 놀이시설 및 놀이기구의 결함이 원인이 되는 손상사고는 줄었다고 말할 수 있지만, 오히려 전체적인 사고 숫자는 지속해서 증가하고 있다.

어린이 놀이시설 사고 예방을 목적으로 하는 국내 놀이시설 안전관리 체계는 주로 시설에 대한 관리에 치중되어 있다. 그러나 놀이시설 사고는 물리적 기준인 놀이기구 안전기준과 유지관리단계의 관리적 부실 때문에만 발생하는 것이 아니다. 그동안 사고 상담 및 현장 방문을 통해 살펴본 결과, 사고 대부분은 시설결함 및 관리부실로 인한 사고보다는 환경적 요인과 인적 요인(부적절한 이용, 보호관찰 없는 영유아 방치, 부적절한 소지품과 복장)으로 인해 발생한 사고였다.

가장 최근에 밝혀진 국민안전처의 놀이시설 중대사고 분석결과도 그것을 증명하고 있다. 2015년 놀이시설 중대사고 원인의 97.5%가 이용 부주의로 나타났고, 해당 연구를 주관한 필자가 확인한 이용 부주의는 결국 환경적 요인과 인적요인에서 비롯된 것이다.

현행 놀이시설 안전관리 체계에서 가장 중요한 관리 포인트가 안전검사 의무를 중심으로 한 자체 점검 및 교육의 의무이다. 이 3가지 법적 의무가 다 시설적 측면에 집중되고 있다. 즉, 시설관리만 잘하면 놀이시설 사고가 예방된다는 논리에 편중되어 있다.

2) 사고 조사 및 분석 조치 취약

중대한 사고가 발생하면 사고보고를 이행하도록 의무화하고 있지만, 보고된 사고는 제대로 조사 및 분석이 이루어지지 않고 있다. 대부분의 관리 주체는 민원이 발생하지 않는다면 사고보고를 꺼리고 있다. 보고된 사고내용도 접수만 될 뿐이지, 사고 원인에 대한 분석이 전혀 이루어지지 않고 있다.

놀이시설 사고가 분석되고 사고 원인과 대처방안 등이 밝혀지지 않고 다른 지역, 관리 주체 간에 공유가 되지 못하다 보니 매년 비슷한 사고가 반복하고 있다.

우리나라는 「어린이 놀이시설 안전관리법」이 시행(2008)된 지 10년이 지나고 있음에도 어린이 놀이시설에서의 안전사고는 꾸준히 증가하고 있다. 그동안의 어린이 놀이시설에 대한 안전사고에 대한 원인파악을 위한 다각적 노력에도 불구하고 단순 사고실태만 파악되고 있어 동종 사고 재발 방지를 위한 원인 규명이 필요하다.

놀이시설 관계 전문가들은 놀이시설 안전사고 원인으로 몇 가지 가능성을 제기하고 있으나 충분한 근거가 되지 못하고 있어 안전사고의 물리적 · 인적 · 관리적 요인 등 현장실사를 통한 조사 · 분석이 필요하다.

구체적인 예를 들면, 서류상 보고된 사고보고서에 대한 분석만으로 불충분하다. 최근 4년간의 놀이시설 사고의 분석결과를 살펴보면 약 70% 이상이 추락인데, 현장 조사 시에 추락지점과 그 사유, 추락높이, 추락지점 바닥재의 HIC 값 확인 등에 대한 검토가 있어야 사고 재발방지를 위한 구체적이고도 실행 가능한 개선 대책이 나올 수 있다고 판단된다.

2012년 용역보고서 "놀이터 관련 손상의 응급실 기반 임상 자료 분석과 손상예방정책 수립을 위한 기초 연구"(서울대학교병원, 곽영호 교수)에 따르면, 어린이 놀이시설 관련 손상예방 정책수립을 위해서는 사고 원인 규명이 가장 우선 필요한 사업임을 밝히고 있다.

따라서 사고 원인과 손상내용에 대한 지속적인 역학적 조사 및 분석을 할 필요가 있으며, 연간 사고분석 보고서 발간으로 기초적인 놀이시설 사고 예방 자료의 산출을 통해 인식개선 자료 및 정책수립의 기초자료로 삼아 동법의 목적인 사고 예방에 이바지할 필요가 있다.

현행의 놀이시설 사고 자료는 놀이시설 관리 주체의 주관적 판단으로 작성되는 사고보고서를 기반으로 수집된 자료이므로, 사고분석을 위해 필요한 전문적인 정보 기록을 기대할 수 없으며, 수집된 자료는 현황 조사 및 통계의 비교 분석자료인 실태 파악에 머물러 있다. 이에 놀이시설 사고 관련 이해 당사자가 아닌 제3자 전문가에 의한 사고 현황 확인 및 정보 기록과 분석을 통한 사고의 원인 규명이 필요하다. 실질적인 놀이시설 안전개선을 위한 정책수립을 위해서도 피해자의 상해 원인을 파악하여 동종사고를 예방하고 사회적 비용감소에 이바지할 수 있는 사고분석 자료는 필요하며, 지속하여야 한다.

3) 사고 예방을 위한 보호 필요

「어린이 놀이시설 안전관리법」에 따라 최초 실시하는 '설치검사'와 2년마다 이행되는 '정기시설검사'를 합격한 것은 "놀이시설 및 기구에 의해 발생하는 안전사고를 미리 방지하기 위해 충족되어야 할 기술적 측면의 최저 기준에 합격한 것으로, 놀이시설에서의 사용자 안전은 기구의 목적에 부합되는 적합한 놀이행동을 했을 때 보장될 수 있다. 따라서 사용자의 오용이나 과실로 인한 사고가 일어날 수 있으며 안전사고가 전혀 일어나지 않는다는 것을 보장하는 것은 아니다." 라고 어린이 놀이시설의 시설기준 및 기술기준에도 밝히고 있다.

놀이터 안전분야의 저명한 연구가인 길(Tim Gill, Playing it Safe?, 2018)에 따르면 '놀이기구의 표준은 설계, 시공 및 유지보수의 품질을 확보하는 데 중요한 역할을 한다. 그러나 그들은 창의적이고, 혁신적이며, 최근의 아동발달 중심적인 놀이 접근법과 함께 진행되는 안전과 관련된 판단의 복잡성에는 대처하지 못한다.'라고 밝히고 있다.

따라서 순수하게 공학적 및 기계적 대응으로 안전을 확보하려는 시도는 실패할 가능성이 있으며, 이 때문에 이러한 모든 안전 개입이 이루어졌음에도 불구하고 놀이터 부상 숫자가 상대적으로 일정하게 유지되고 있는 것일 수 있다.

그래서 아이들의 신체적, 행동적 특성에도 주의하고 대응해야 한다. 일반적으로 아이들이 흥

분과 모험을 좋아한다는 점에서 어린이들의 놀이 관련 행동은 위험하다고 볼 수 있으며, 사고예방 관점에서 더 안전하고 건강한 놀이터를 계획할 때 이러한 점을 고려할 필요가 있다.

한 가지 분명한 문제는 나이가 많은 아이들이 종종 어린아이들보다 더 도전적인 놀이기회를 찾는다는 것이다. 그러나 현장에 설치되는 거의 모든 놀이기구는 유아의 안전성에 초점을 맞추어 설치되지만, 안전검사기준은 모든 이용 연령대에 똑같이 적용되고 있어 사고와 연관성을 갖는 것으로 보인다(행안부 2018년 놀이시설 사고통계, 사고자연령 7세 이상 비율 80.6%).

놀이기능이 빈약한, 너무 안전한 놀이시설에서 흥미를 잃은 어린이는 놀이기구의 과용 또는 오용으로 인해 오히려 안전사고 발생률이 높아진다. 이렇게 재미없는 놀이터가 일반 사람에게는 안전하게 보일지도 모르지만, 실제로는 안전하지 않다(유럽 안전인증기관 TUV, 2008).

하지만 현장에서는 최초 '설치검사', '정기시설검사'에 합격하면 기본적인 법적 의무를 이행한 것이니 '안전한 놀이터'라고 과신하는 관리 주체 혹은 부모들이 의외로 많다는 것이 문제다.

그래서 관리 주체는 법에서 정한 엄격한 의무를 철저히 이행했으므로 놀이시설에서 사고가 나면 어린이의 이용 부주의로 치부하는 경향 및 사회적 분위기가 만연되고 있다. 법적 의무는 놀이시설 사고 예방을 위한 최소한의 의무이지, 전부가 아니라는 것에 유의할 필요가 있다.

관리 주체는 2년마다 받는 안전교육을 통해서 놀이시설 및 놀이기구에 관한 내용을 중심으로 교육을 받고 있지만, 지속하는 사고방지를 위해서는 이용자의 행동 특성과 사례에 집중할 필요가 있다. 즉 놀이시설에서의 사고는 법적 관리의무인 시설결함 및 관리부실로 인한 사고보다는 환경적 인적요인으로 인해 더 많은 사고가 발생한다는 점이다. 놀이시설 안전관리 포인트는 법적 의무관리가 아닌 사고 예방을 위한 관리에 초점이 맞춰져야 한다.

안전검사(놀이기구의 안전요건 준수 여부 검사)에 합격했다고 해서 안전한 환경이 구축되거나 놀이시설 관리의무를 완수했다고 판단해서는 안 된다. 그보다 놀이기구의 안전기준을 어떻게 활용해 놀이기구에 내재하는 리스크를 관리하고 사고나 손실을 방지할 것인가 하는 관점이 더 중요하다.

② 사고에 대한 두려움과 역효과

사실 놀이의 본질과 놀이의 목적 달성을 위한 도전으로 인해 놀이터에서 크고 작은 사고는 흔하게 일어난다. 국내의 경우 2015년부터 법에 따른 중대사고 발생 추이를 살펴본바, 약 320건 정도로 뚜렷한 증감추세는 확인할 수 없었다.[132] 놀이터 안전에 있어 선도국가인 영국에서도 놀이터 사고율이 1988년과 2002년 사이의 14년 동안 거의 차이가 없는 것으로 트렌드 자료에 나타났다.[133] 그러나 부모들 관심의 중심에 놓인 국내 놀이터 안전과 관련하여 위험에 대한 노출을 줄일 필요성을 더욱 강조하는 경향이 있다. 국제적으로도 사회의 각 분야에서 어린이의 보호와 교육에 있어 안전에 대한 우려가 증가하고 있다. 야외 환경에서 아이와 함께 일할 때 유아교육기관 선생님들은 상당한 위험과 사고에 대한 두려움, 비난과 소송 등에 대한 우려를 나타내고 있다고 한다(Tovey, 2007).

어린이 놀이터와 관련된 우리나라의 역사는 매우 짧으며, 놀이터에서 발생한 시설결함으로 인해 어린이가 사망하고 중대한 신체상해를 당한 사고가 발생하면서 안전기준을 중심으로 한 어린이 놀이시설 안전관리제도가 2008년 1월부터 시행되어 오고 있다.

특히 어린이에 대한 부모의 의지와 목소리가 큰 우리나라의 경우 어린이 놀이터 사고는 유달리 관심이 높은 분야이다. 여기에는 많은 이유가 있겠지만 그중에 하나는 놀이터가 완전히 안전할 수 있고, 혹 사고가 발생하면 누군가의 과실이라는 잘못된 믿음이 있다. 이런 사회적 제도적 맥락 속에는 안전기준이 중요한 역할을 한다. 이유는 안전기준을 통해 국가가 인정한 품질 수준을 가늠할 수 있으며, '안전'을 결정할 수 있는, 가장 간단하게 적용되는 잣대를 제공해주기 때문일 것이다. 또한 사고가 발생하는 원인을 현시적이고 물리적 수준만을 확인하는 안전기준을 지키지 않았기 때문이라고 치부하고 있다. 이러한 부모와 사회적 불만에 대해 현행 안전관리제도는 법적 의무이행과 안전기준 준수에 더욱 매달리는 악순환이 반복되고 있다.

이는 근본적으로 어린이 놀이터 사고의 원인을 시설결함 또는 관리부실이라는 단편적인 시각을 가지고 성급하게 결론짓게 된다. 그러나 어린이 놀이 자체가 근본적으로 복잡하다고 선행연구에서 밝히고 있다. 실제로 어린이 놀이시설 사고와 관련된 원인은 국외 연구사례를 인용하면 시설결함을 포함한 다양한 발생 요인들이 있다. 국내 놀이터의 경우 사고 원인은, 놀이기구의 시설결함보다는 아이들의 놀이 행동에서 많이 발생하는 것으로 나타났다.[134] 그러나 선행 연구에 따르면 놀이기구로 인한 부상 위험은 다른 많은 스포츠 및 레저 활동에 비해 낮고, 자동차 사고와 같은 다른 원인에 비해 낮다.[135]

놀이시설 안전에 관한 저명한 연구가 볼(Ball, 2007)에 따르면 모든 유형의 놀이터는 보통 어린이들에게 위험성이 낮은 환경이다. 부상의 측면에서 놀이터의 위험은 어린이들이 참여하도록 권장되는 대부분의 전통적인 스포츠에 비해 훨씬 낮으며, 가정에서 일상적으로 직면하는 위험과 거의 같다.

어린이 놀이터의 안전성과 관련하여 많은 자료와 선행 연구는 놀이터가 상대적으로 안전한 곳이고 삶을 바꾸는 부상은 드물다는 것을 암시하고 있다.[136] 놀이터에서의 위험은 사망률 측면에서 매우 작으며, 적은 부상자 수 측면에서 어린이들이 참여하도록 권장하는 대부분의 전통적인 스포츠보다 훨씬 낮으며, 가정에서 직면하는 위험성과 거의 같다(Ball, 2007). 아이들은 아이일 것이고, 사고는 일어날 것이라는 상식적인 관행이 여전히 존재하는 듯하다.[137]

그러나 스테픈슨(Stephenson, 2003)에 따르면, 어린이들에게 불충분한 도전이 제시되면 부적절하고 위험한 방법으로 장비를 사용할 가능성이 증가한다고 밝히고 있다. 연구에 따르면 어린이들이 공공장소에서 도전적이고 흥미로운 위험한 놀이기회를 얻지 못하고 있다고 인식한다면, 그들은 다른 곳에서 이러한 기회를 찾을 것이라고 한다. 영국의 빈곤 지역에서 11세에서 14세 사이 어린이 1,973명을 대상으로 한 조사에 따르면, 40% 이상이 정기적으로 황무지, 건물부지, 지하도, 강, 버려진 건물, 채석장을 방문하고 놀았다고 한다.[138]

특히 그동안의 서구사회의 리스크 최소화 정책이 더 엄격해짐에 따라 소송의 두려움으로 최소한의 손상가능성을 피하려 위험과 도전을 줄이거나 제거함에 따라 놀이 공간은 지루해지고 척박

해지고 있다는 우려가 제기되었다.[139] 놀이터에서 위험을 감수하는 행위에 대한 두려움과 기피 경향의 증가는 오늘날 국내 사회에서 지배적이지만, 이로 인해 놀이터에서 불충분한 도전 환경은 쉽게 지루함을 유도할 수 있으며, 이는 아이들이 흥분과 도전적 놀이욕구로 인해 부적절한 위험감수 행동을 조장한다(Jambor, 1995)고 밝히고 있다. 또한 그린필드(Greenfield, 2004)는 놀이터에서 위험을 제거하면 놀이를 더욱 흥미롭게 하기 위한 시도로 두려움 없이 파괴적인 방식으로 부적절한 위험을 감수하게 된다고 말한다.

야외에서 위험한 놀이를 할 기회가 없다면 어린이들이 신체 활동을 중단하게 될 것이라는 우려를 뒷받침하는 증거가 있다. 한 연구에서 미국의 보육교사들은 지나치게 엄격한 기준이 어린이들에게 도전적이지 않고 흥미롭지 않게 만들어 그들의 신체 활동을 방해했다는 우려를 표명했다.[140] 게다가 일부 어린이들이 도전을 유지하기 위해 안전하지 않은 방법으로 놀이기구를 사용했다는 점에 주목했다.

특히 놀이터 안전과 관련하여 심리-사회적 관점에서 살핀 연구가 급격히 증가하고 있다. 이것은 놀이터 사고의 인과관계에서 어린이 행동요소에 집중하고 있다. 놀이터 안전분야의 저명한 연구가인 볼(Ball, 2002년)에 따르면, 이것은 대부분의 놀이터 사고는 행동과 관련이 있어 환경(엔지니어링) 전략만으로는 해결하기가 어려워 더욱 중요하다고 밝히고 있다.

안전한 놀이기구를 이용하면 부상 위험에 대한 잘못된 인식을 줄 수 있으며, 이는 원하지 않는 영향을 초래할 수 있다. 특히 개인은 안전한 설비가 모든 부상으로부터 완전히 보호된다고 가정할 수 있으며, 따라서 더는 주의할 필요가 없으므로 더 큰 위험을 감수하거나 위험 감수 정도를 증가시키게 된다(Morrongieello, Walpole, & Lassenby, 2007).

놀이터가 안전해지면 안전불감증을 유발할 수 있다는 것이다. 연구에 따르면, 놀이터의 안전성 확보 기능이 아이들이 다칠 가능성이 적다는 믿음으로 더 많은 위험을 감수하도록 이끌 수 있고 어른들을 그들의 보호관찰에 주의를 덜 기울이게 할 수 있어 더욱 복잡하다(Ball, 2011; Gill, 2007). 이것은 위험보상 행동의 예가 된다(Adams, 1995; Morrongiello, 2007). 팀(Tim Gill, 2018)은 이러한 행동패턴을 위험보상(risk compensation)이라고 언급하면서, 놀이행동의 요소라고 예를 들어 설명하고 있다. 놀이터에서 안전한 충격흡수표면재 위에서 노는 일부 아이들은 넘어지면 안전할 것으로 생각하기 때문에 바닥재에 대한 주의가 덜할 수 있고, 부모들과 그들을 감독하는 다른 어른들은 덜 집중할 수 있다고 주장한다.[141]

일반적으로 "위험보상"(risk compensation)이라고 불리는 이 현상은 일반적으로 공공 안전 내에서 수십 년 동안 논쟁의 중심에 있었다. 놀이행동과 관련된 한 연구(Morrongieello, Walpole, Rasenby, 2007)는 어린이들이 더 안전하게 보이는 상황에서 위험을 감수하는 경향을 증가시킨다는 분명한 증거를 제공했다. 게다가 이러한 행동은 아이들이 분명한 보호적인 환경에서 심각한 부상을 입지 않으리라고 보기 때문이며, 부모들 자신도 어린 시절 경험했던 위험경험에 대해 좀 더 느긋해졌기 때문에 발생한다(Morrongieello & Major, 2002)고 밝히고 있다.

결과적으로 위험이 없는 세상을 설계하려고 시도하는 것은 어린이들을 불확실성이 발생해서는 안 되는 상황에 빠지게 한다. 이것은 속임수일 뿐 아니라, 그 어떤 조치도 완벽하게 보호적이지 않기 때문에, 그리닝(Greening) 외 다른 연구원의 말처럼 어린이들의 경험이 부족해지고 잠재적인 건강상 위험에 대해 둔감하게 된다(Greening, Stopelbein, Chandler, & Elkin, 2005)고 밝히고 있다.

의도하지 않은 결과나 부작용(side-effects)에 눈을 돌리면 몇 가지 사고 발생 시나리오가 가능하다. 아이들은 놀이터를 넘어 더 넓은 환경에서 더 크게 다칠 위험이 있다. 왜냐하면 그들은 자신을 안전하게 지키는 방법을 배울 기회를 박탈당했기 때문이다.[142] 놀이터에서 부상 예방은 어린이의 안전을 유지하는 데 중요한 역할을 하지만 새로운 연구 결과에 따르면 어린이의 야외 놀이에 너무 많은 제한을 가하면 발달이 저해되는 것으로 나타났다. 이와 더불어 놀이터 부상 예방에 관한 선행 연구자들이 주도한 2015년 체계적인 문헌 검토 결과, 전반적으로 위험한 놀이를 통한 건강과 발달상의 편익이 증가하는 사고위험보다 더 큰 것으로 나타났다.[143]

아이들이 놀 때 종종 가벼운 사고를 당하는 일은 놀라운 일이 아니다. 게다가 놀이 환경에서 가볍고 쉽게 치유되는 부상이 반드시 문제가 되는 것은 아니다. 이상 선행 연구를 종합하면 관리되는 환경에서 도전적인 놀이기회(위험 체험)를 제공하는 것은 세상에 존재하는 위험을 대비하는 과정의 일환이며, 사고를 줄이는 데 도움이 될 수 있다. 이러한 부상 예방 정책과 노력은 어린이들의 안전을 증진하는 데 핵심적인 역할을 하는데, 이것은 어린이들을 부상 발생이나 위험으로부터 자유롭게 하는 것을 포함한다.

③ 안전사고 현황

한국소비자원의 어린이 안전사고 분석결과에 따르면, 우리나라의 경우 어린이 안전사고의 발생률이 어른의 3배이며, 그중 놀이시설물 안전사고가 빈번한 것으로 확인되고 있으며, 남자 어린이가 여자 어린이보다 1.5배 정도 사고비율이 높으며, 미취학인 6세 이하 어린이의 안전사고가 전체사고의 70.2%로 높은 비중으로 나타나고 있다.

기존 선행 연구물에 따르면, 어린이 놀이시설 안전사고의 원인은 어린이의 나이, 신체크기, 능력을 제대로 고려하지 않은 부적절한 시설 및 설비와 시설 유지를 위한 안전점검의 미비, 성인의 지도와 감독 부족 등으로 파악되고 있다.

놀이터에서 발생하는 손상 유형과 관련해 2007년에 발표된 일부 연구에서는 놀이터에 충격흡수표면재가 도입되어 설치되고 있는 기간(1988~2002)에 발생한 놀이터사고에서 눈에 띄는 주요 부상 추세는 사실 부상의 감소가 아니라 팔의 부상 증가라는 사실을 밝혀냈다.[144]

어린이 놀이시설 안전관리시스템(www.cpf.go.kr)에 의하면 2020년 8월 현재 우리나라에 보급된 어린이 놀이시설은 76,194개로 나타나고 있으며, 어린이 놀이시설 중, 공동주택단지가 39,114개소로 가장 많은 비중을 차지하고 있었고, 도시공원(10,595개소)과 어린이집(8,544개소)이 그 뒤를 이었다.

〈표 1〉 전국 어린이 놀이시설 현황

목욕장업소 (101)	도로휴게시설 (36)	도시공원 (10,595)	식품접객업소 (1,528)	아동복지시설 (333)
어린이집(8,544)	유치원(7,492)	대규모점포(142)	의료기관(33)	주택단지(39,114)
학교 (6,405)	학원 (94)	놀이제공영업소 (1,060)	주상복합 (204)	박물관 (37)
종교시설(267)	자연휴양림(64)	하천(45)	야영장(70)	공공도서관(30)

우리나라는 「어린이 놀이시설 안전관리법」 제22조에 따라 어린이 놀이시설에서 중대한 사고가 발생되면 소관 관리감독기관에 보고하게 되어 있다.

행정안전부가 관리하는 어린이 놀이시설 안전관리시스템(www.cpf.go.kr)을 통해 보고된 위해 사례 중 2015년 하반기부터 2019년까지 분석한 자료를 살펴보면 성별, 연령별, 설치장소별, 놀이기구별, 사고 원인별, 손상부위별, 손상내용별, 사고형태별 위해 내용과 통계가 거의 변화가 없음을 확인할 수 있다. 분석한 자료에 따르면 통계는 〈그림2〉, 〈그림3〉과 같다.

어린이놀이시설 안전사고 현황

2018년도 전국 놀이시설 중대사고 결과 요약본

놀이기구별

| **101건**
조합놀이대 | **61건**
건너는기구 | **41건**
오르는기구 | **25건**
그네 |

손상유형별

| **237명**
골절 | **15명**
치아손상 | **8명**
베인상처/열상 | **6명**
신경/근육/힘줄 |

설치장소별

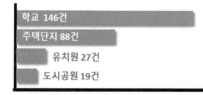

학교 146건
주택단지 88건
유치원 27건
도시공원 19건

사고유형별

| **212건**
추락 | **32건**
충돌 | **26건**
넘어짐 | **6건**
접질림 |

연령별

✓ 7~13세
✓ 1~6세

50명 234명

시간대별

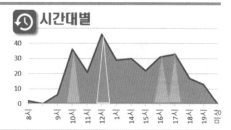

발생시기별

최근 3년간('16~'18) 안전사고 현황

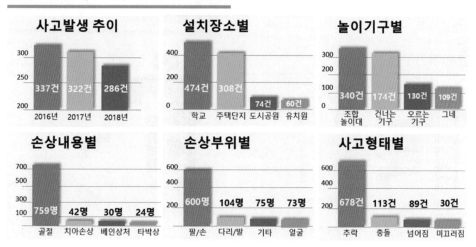

사고발생 추이
337건 2016년 / 322건 2017년 / 286건 2018년

설치장소별
474건 학교 / 308건 주택단지 / 74건 도시공원 / 60건 유치원

놀이기구별
340건 조합놀이대 / 174건 건너는기구 / 130건 오르는기구 / 109건 그네

손상내용별
759명 골절 / 42명 치아손상 / 30명 베인상처 / 24명 타박상

손상부위별
600명 팔/손 / 104명 다리/발 / 75명 기타 / 73명 얼굴

사고형태별
678건 추락 / 113건 충돌 / 89건 넘어짐 / 30건 미끄러짐

〈그림 2〉 2018년도 전국 놀이시설 안전사고 현황

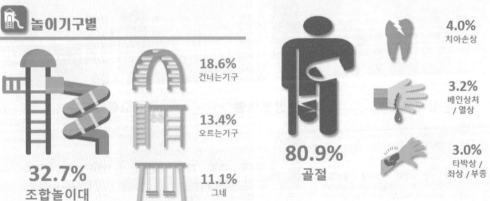

어린이놀이시설 안전사고 현황
2019년도 전국 놀이시설 중대사고 결과 요약본

성별. 연령별

남아 **57.2%** 여아 **42.8%**

7세 이상 **79.5%** 7세 미만 **20.5%**

설치장소별

48.8% 초등학교

31.9% 주택단지

8.7% 유치원

7.9% 도시공원

시간대별

20%
19.8% (12~13시)

33%
32.7% (13~16시)

21%
20.5% (16~19시)

놀이기구별

32.7% 조합놀이대

18.6% 건너는기구

13.4% 오르는기구

11.1% 그네

사고원인별

98.0% 이용자부주의

1.5% 시설결함

0.5% 기타

사고유형별

66.8% 추락

13.1% 충돌

10.6% 넘어짐

4.7% 접질림

손상유형별

80.9% 골절

4.0% 치아손상

3.2% 베인상처 / 열상

3.0% 타박상 / 좌상 / 부종

〈그림 3〉 2019년도 전국 놀이시설 안전사고 현황

④ 안전사고 현황 분석

1) 놀이시설 안전사고 경향

「어린이 놀이시설 안전관리법」 제22조의 2에 따라 어린이 놀이시설 안전관리시스템(www.cpf.go.kr)을 통해 최근(2016~2019) 보고된 중대사고 현황을 분석해 보면 놀이시설 안전사고 경향을 〈표2〉와 같이 정리할 수 있다.

〈표 2〉 최근 4년간(2016~2019) 어린이 놀이시설 중대사고 요약 현황표

구분	비율 순위
놀이기구	조합놀이대(35.0%) 〉 건너는기구(18.5%) 〉 오르는기구(11..4%)
사고 형태	추락(69.9%) 〉 충돌(12.2%) 〉 넘어짐(9.7%) 〉 미끄러짐(2.5%)
손상 유형	골절(80.0%) 〉 치아손상(4.3%) 〉 베인상처(3.2%) 〉 타박상(2.7%)
손상 부위	팔/손(62.1%) 〉 다리/발(11.7%) 〉 얼굴(7.2%) 〉 치아손상(4.6%)
사고 장소	학교(49.7%) 〉 주택단지(32.4%) 〉 도시공원(7.9%) 〉 유치원(7.0%)

2) 안전사고 원인 분석

① 사고 형태

추락: 국내외 놀이시설에서 발생한 사고에서 가장 많은 비중을 차지하는 것은 "추락"이다. 혼자서 놀고 있을 때 실수로 손이 미끄러지는 등의 이유로 떨어지는 때도 있지만 대부분 다른 친구와 다투거나 술래잡기를 할 때 일어나기 쉽다.

또한 놀이에 집중하면서 자신의 능력을 넘어서는 무리한 행동을 시도하는 일도 많아지고 있다. 이전 장에서도 밝힌 바처럼 어린이의 연령별 발달에 따른 신체적, 도전적 욕구를 채울 수 있는 놀이기능이 불충분하다면 위험한 높이까지 오르는 과용을 즐기리라는 것은 쉽게 예상할 수 있다.

따라서 사고 원인을 단순히 이용자 부주의로 치부할 것이 아니라, 어린이가 그렇게 시도하게 된 근본적 원인을 살필 필요가 있다. 예를 들면, 최초 놀이터 설계 시, 특히 초등학생이 주로 이용하는 장소라면 적절하고도 충분하고도 다양한 도전적 기능이 제공되지 않는다면 추락 사고 위험이 크다고 할 수 있다.

충돌: 어린이 놀이시설에서 추락 다음으로 많이 발생된 사고 유형은 다른 아동과 또는 놀이기

구 등에 직접 부딪히는 '충돌' 사고이다. 초등학생들은 신체적 성장과 함께 운동능력도 발달되어 행동범위도 넓어진다. 이에 비해 전체를 둘러볼 수 있는 주의력은 떨어져, 자신들이 놀고 있는 범위만큼만 주위가 보이지 않는다. 따라서 놀이 중인 아이들이 많으면 많을수록 충돌의 위험성이 증가한다.

국외 사고를 살펴보면 국내와 달리 주로 오르는 기구에서 사고가 자주 발생하는 것으로 파악된다. 놀이시설에 설치된 선호 놀이기구의 품목 종류와 수로 인한 차이로 보인다. 국내는 놀이시설 내에 설치된 놀이기구 중에서 오르는 기구보다는 더 많이 설치된 조합놀이대와 구름사다리에서 다치는 경향이 짙다.

국내의 경우 사고가 주로 발생한 놀이기구를 살펴보면 조합놀이대 다음으로 건너는기구(대부분 구름사다리)와 오르는기구가 대부분을 차지했다. 최근 국내의 경우는 대부분 조합놀이대를 기본 품목으로 설치하고 있어 사고 발생 기구로 조합놀이대로 표기하고 있지만 주로 조합놀이대에 부착된 미끄럼틀(26.7%)과 구름다리(25.9%)에서 대부분 발생하고 있는 것으로 파악된다. 자주 발생하는 사고 사례와 형태는 〈그림 4〉, 〈그림 5〉와 같다.

〈그림 4〉 최근 4년간(2016~2019)의 놀이시설 사고 형태

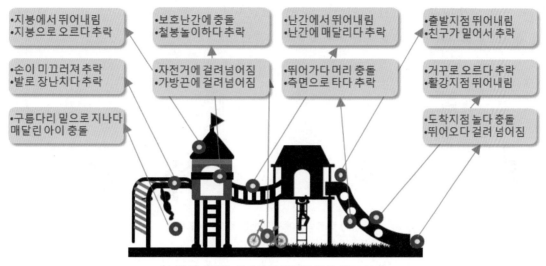

•지붕에서 뛰어내림
•지붕으로 오르다 추락

•보호난간에 충돌
•철봉놀이하다 추락

•난간에서 뛰어내림
•난간에 매달리다 추락

•출발지점 뛰어내림
•친구가 밀어서 추락

•손이 미끄러져 추락
•발로 장난치다 추락

•자전거에 걸려 넘어짐
•가방끈에 걸려 넘어짐

•뛰어가다 머리 충돌
•측면으로 타다 추락

•거꾸로 오르다 추락
•활강지점 뛰어내림

•구름다리 밑으로 지나다
매달린 아이 충돌

•도착지점 놀다 충돌
•뛰어오다 걸려 넘어짐

〈그림 5〉 조합놀이대에서 발생된 주요 사고 사례

〈그림 6〉 조합놀이에서 발생된 주요 사고 형태

이는 실외 놀이터 안전사고의 88%가 오르는기구, 미끄럼, 그네에서 일어난다는 1972년 미국의 건강·교육·복지부의 조사 결과 및 놀이터 안전사고의 대부분이 오르는기구(40%), 미끄럼(22%), 그네(21%)에서 일어난다는 연구 결과와도 거의 일치하는 것이다. 또한 안전사고의 71%가 4월부터 9월 사이에 발생한다고 보고됐다.

조합놀이대에 부착된 기능별 놀이기구를 재분류하여 살펴보았더니, 가장 많은 사고를 당한 놀이기구는 2019년 사고 기준으로 건너는기구(구름사다리28%), 오르는기구(18%), 미끄럼틀(15%) 순으로 나타났다. 특히 학령기 아동이 주로 이용하는 구름사다리와 오르는기구(철봉, 정글짐, 늑목 등)에서의 사고가 점차 증가하고 있는 것으로 나타났다.

미끄럼틀과 그네는 사용자가 한번 출발 또는 움직이면 "강제적 움직임"이 발생하는 특성을 가지는 놀이기구이다. 따라서 어린이가 신체적 대응할 수 있는 여건이나 기회가 줄어들게 되어 더 많은 사고빈도와 심각한 손상 비율을 보이는 것으로 나타났다. 또한 건너는기구와 오르는기구는 주로 손과 발이 미끄러지거나 놀이중에 친구와 장난치다 사고를 당하는 것으로 확인되었다. 주요 사고다발 놀이기구별 사고 유형을 살펴보면 다음과 같다.

〈그림 7〉 미끄럼틀에서 발생된 주요 사고 형태

- 미끄럼틀은 ▲ 거꾸로 오르다 ▲ 서서 타고 내려오다 ▲ 도착지점에 앉아 놀다 다치는 경우가 많았다.

〈그림 8〉 그네에서 발생된 주요 사고 형태

- 그네의 경우는 ▲ 2명이 함께 타다 ▲ 그네 안전가로대에서 놀다 ▲ 그네 쪽으로 뛰어오다 ▲ 그네를 과용하다 다치는 경우가 많았다.

〈그림 9〉 건너는 놀이기구에서 발생된 주요 사고 형태

- 건너는기구는 ▲ 손과 발이 미끄러짐 ▲ 친구와 장난치다가 ▲ 아래쪽 어린이와 충돌로 다치는 사례가 주를 이루었다.

〈그림 10〉 시소에서 발생된 주요 사고 형태

- 흔들놀이기구의 경우 대부분 제1형 시소에서 사고가 발생되며, 사고 형태는 ▲ 맞은편 아동이 급하게 내리면서 반대편 아동이 추락 ▲ 시소 중간에서 놀다가 손과 발이 끼이거나 장난치다 추락 ▲ 상대방 아동이 힘주어 앉으면서 반대편 아동이 튕기어 추락하거나 얼굴부위 충돌로 다치는 사례가 주를 이루었다.

〈그림 11〉 기타 등으로 발생된 주요 사고 형태

- 사고방지 유의상으로 주의해야 할 기타 사고의 경우는 ▲ 놀이기구 주변 바닥재에 걸려 넘어짐 ▲ 놀이시설내에 설치된 장애물과 충돌 ▲ 놀이기구가 아닌 시설에 오르다 추락 ▲ 체육시설에 매달려 놀다가 장난치다 추락 등이 있었다.

② 주요 손상 유형

최근 4년간(2016~2019) 발생된 국내 놀이시설 중대사고 분석결과 손상 유형으로는 국내외 모두 골절이 가장 많았고, 다음으로 치아손상, 베인상처, 타박상 순으로 나타났는데, 이러한 손상과 연관된 사고 형태를 살펴보면 다음과 같다.

- 국내의 경우 최근 4년간 골절로 인한 부상자의 사고 형태를 살펴보면 구름다리에서 추락이 가장 많았고, 다음으로 오르는기구와 미끄럼틀에서의 추락으로 다친 것으로 나타났다.
- 치아손상으로 인한 부상자의 사고 형태를 살펴보면 시소 손잡이에 충돌이 가장 많았고, 다음

으로 미끄럼틀 난간과 정글짐 손잡이에 충돌로 인한 사고 건수가 많았다.

〈그림 12〉 손상 유형별 사고형태

최근 4년간 중대사고 현황 결과를 살펴보니 놀이시설에서 발생하는 중대사고의 원인은 대부분 시설물의 결함보다는 이용 부주의 또는 환경적 요인 간에 개별적 또는 종합적으로 기인하여 발생하고 파악되었다. 놀이시설물의 결함으로 사고가 발생하던 초창기(2005~6년)와는 달리 최근에는 이용자 및 환경적 요인에 의한 사고가 잦아지고 있는 것으로 파악된다.

놀이기구 내부에서 놀다가 다치는 어린이가 대부분이지만 놀이기구 바깥에서 놀다가 놀이기구에 충돌하거나 걸려 넘어지는 부상자가 점차 증가하고 있다. 이와 더불어 놀이시설 내에서 놀다가 바닥에 걸려 넘어지는 부상자도 증가하고 있다는 점에 유의할 필요가 있다.

이상에서 제시된 사고 사례를 종합해 보면 국내·외를 막론하고 오르는 기구, 미끄럼틀, 그네에서 사고 발생률이 높게 나타나고 있으며, 추락 및 충돌이 빈번하게 발생하는 사고 유형이고, 이로 인해 머리·팔·다리 등을 많이 다치는 것으로 나타났다.

⑤ 안전사고 분석 결과에 따른 사례 유의점

최근 4년간(2016~2019) 발생한 국내 놀이시설 중대사고 분석결과를 토대로 도출된 사고방지와 관련된 유의 사항은 다음과 같다.

① 연령별 : 학령기 아동의 사고가 증가 추세로 보아 학령기 아동에 대한 각별한 관심과 주의가 필요하다.

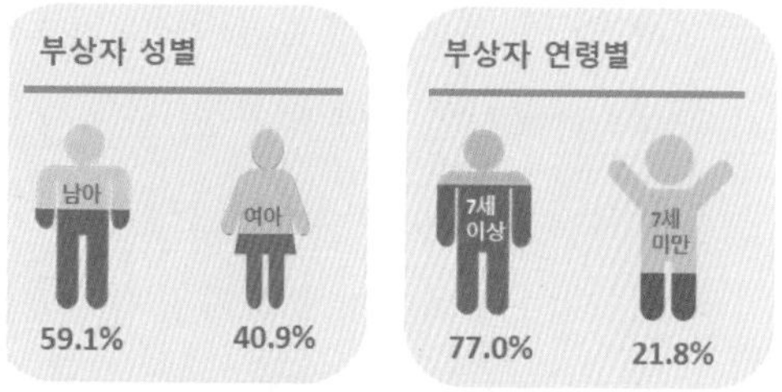

〈그림 13〉성별, 연령별 사고 현황

② 월별 : 3월부터 사고 발생이 본격적으로 증가하며 6월까지 지속한 것으로 나타났으며, 9~10월에도 다시 증가세로 나타나, 봄철, 가을철에 사고 예방 노력이 집중될 필요가 있다.

③ 시간대별 : 놀이시설별 맞춤형 현장점검 및 사고 예방 노력이 필요하다.
 - 학교 : 정오~오후 1시대에 사고 대부분이 발생함.
 - 주택단지, 공원 : 하교 후 4~7시대에 사고 대부분이 발생함.

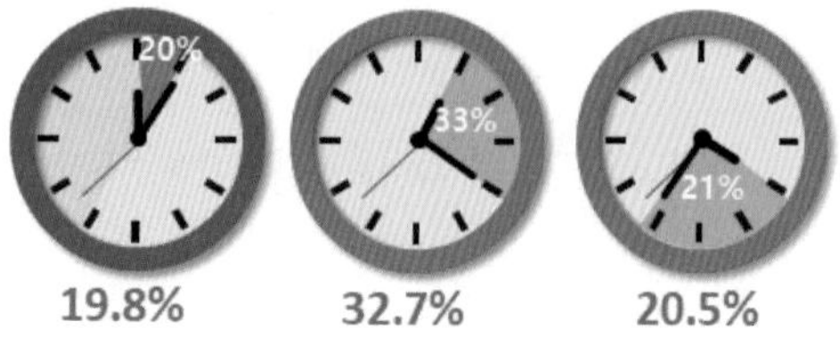

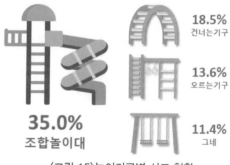

〈그림 14〉시간대별 사고 현황

④ 놀이기구별 : 조합놀이대의 사고가 많으나, 학령기 아동이 주로 이용하는 구름사다리와 오르는기구(철봉, 정글짐, 늑목)에서의 사고가 점차 증가하고 있어 이용자에 대한 지도 및 보호관찰 노력이 필요하다.

〈그림 15〉놀이기구별 사고 현황

⑤ 손상 유형별 : 4년간의 사고 분석결과 가장 많은 손상 유형은 골절이 80.0%를 차지하였고, 치아손상(74.3%), 베인상처(3.2%), 타박상(2.7%) 순으로 나타났다.

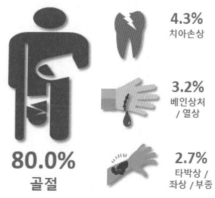

⑥ 설치장소별 : 왕성한 성장을 보이는 학령기 아동이 활동하는 학교와 주택단지에서 대부분 사고가 발생하여 안전점검과 안전

〈그림 16〉손상 유형 사고 현황

관리에 더 큰 노력이 필요하다.

- 학교 : 학교시설 중에서 가장 많은 사고 발생 기구는 구름사다리(37.6%), 오르는기구(26.7%), 미끄럼틀(12.1%) 순으로 나타났으며, 12시~2시(54.0%)에 가장 많은 사고가 발생하였음.

- 주택단지 : 주택단지에서 가장 많은 사고 발생 기구는 조합놀이대(64.9%), 그네(18.4%)이며, 시간대는 5시~7시(40.0%)대에 가장 많은 사고가 발생하였음.

- 도시공원 : 가장 많은 사고 발생 기구는 조합놀이대(47.6%), 그네(14.3%), 물이용놀이기구(9.5%) 순이며, 사고 발생 시간대는 3~5시(38%)에 가장 많이 발생하였음.

⑦ 놀이기구별 주요 사고 사례

최근 4년간 놀이기구에서 발생된 주요 사고 사례는 다음과 같으며, 안전수칙 및 이용자 지도시 고려해야 할 사고 사례는 다음과 같다.

〈표 3〉 놀이기구 등 주요 사고 형태 및 손상 내용

놀이기구	주요 사고 형태 및 손상 내용
조합 놀이대	• 조합놀이대 기구 하단으로 지나가다 하단에 머리 충돌로 과다 출혈 • 조합놀이대 지붕으로 오르다가 추락하여 골절상 및 뛰어내리다 골절상 • 조합놀이대 울타리에서 뛰어내리다 발을 헛디뎌 골절상 • 조합놀이대 구름사다리에 매달리다 떨어져서 골절상(주요 사고 형태) • 조합놀이대에서 장난치다가 보호난간에 부딪혀 골절상 • 조합놀이대 내에서 뛰어다니다 넘어져 안경파손으로 인한 안경 파편으로 손상 • 술래잡기 놀이 중 기구에 손가락 충돌로 손가락 골절상
미끄럼틀	• 미끄럼틀 원통 위로 오르다 실수로 추락하여 다리 골절상 • 미끄럼틀을 거꾸로 오르다 내려오던 아이와 충돌 및 추락하여 골절상 • 미끄럼틀 측면에 걸터앉아 타다 미끄럼틀 틀에 부딪혀 치아손상 • 미끄럼틀 출발지점에서 다른 아이가 밀어서 추락하여 골절상 • 앉지 않고 서서 내려오다 바깥쪽으로 떨어지면서 팔에 골절상 • 도착지점 근처 노는 아이와 충돌 후 뒤로 넘어져 다리 인대 파열 • 미끄럼틀 타던 중 중간지점에서 뛰어내리다 팔 골절상
그 네	• 1인용 그네를 2명이 마주 보며 타다가 무릎으로 상대방 아동 얼굴 타격 • 그네 주변 안전바에서 회전놀이를 하다가 추락해 머리 골절상 • 그네 A자형 기둥으로 오르다가, 또는 미끄러져서 추락하여 골절 • 그네를 꼬아 타다가 회전하며 얼굴이 그네 기둥과 충돌하여 골절상 • 10세 여아가 그네 옆을 지나가다 그네 타던 아이와 충돌해 골절상

구름 사다리	• 구름사다리를 건너는 아이 다리를 장난으로 잡아당기다 다리 골절상 • 구름사다리 밑으로 지나가다 위로 건너가는 아이와 충돌 • 구름사다리 쪽으로 뛰어가다 충돌하여 치아손상 • 구름사다리 위에서 2명이 장난치다 손잡이를 놓쳐 추락하여 골절 손상 • 구름사다리 위에서 놀다 발을 헛디뎌 손잡이 난간에 배를 부딪힘.
철 봉 정글짐	• 철봉에 매달린 친구를 뒤에서 밀어 추락하여 팔에 골절상 • 철봉에서 심하게 돌기놀이를 하다 손이 미끄러져 팔 골절 • 놀이터에서 술래잡기 놀이 중 철봉 쪽으로 지나다 충돌하여 치아손상 • 정글짐을 급하게 내려오다 정글짐 난간에 발이 걸려 추락하여 팔 골절상 • 정글짐 이용 중 앞선 아이가 갑자기 선회하여 충돌하여 추락함.
시소	• 시소 이용중 균형을 잃고 추락 • 시소 중간에서 장난치다 추락(치아손상) • 상대방이 급하게 내리면서 다른 아동이 추락 • 상대방이 힘주어 앉아 맞은편 아이가 튕기어 추락 • 반대쪽 시소를 눌러 맞은편 아이가 시소에 충돌 • 오르내리는 힘에 손잡이를 놓쳐 추락
물이용 놀이 기구	• 물이용 놀이기구 내에서 물묻은 눈을 닦다가 다른 아동과 충돌 • 놀이시설 내에서 술래잡기 등 급하게 이동하다가 다른 아동과 충돌 • 기구 내에서 급하게 이동하다 미끄러져 충돌
바 닥	• 놀이터에서 뛰어오다 힘이 풀리거나, 발을 헛디뎌서 바닥에 넘어지며 부상
실내	• 트램펄린 이용 중 앞쪽 아동의 머리와 사고자 안면이 서로 부딪힘.
기타	• 야간에 어두운 곳에서 놀이기구 이용중 추락 • 빗물에 젖은 기구 이용중 추락 • 놀이터 내에 비치된 자전거 등에 충돌 • 벤치 지붕에 올라 놀다가 추락함 • 여름철 뜨거운 기구 이용중 화상 • 놀이기구 위에서 뛰어내리다 아래쪽 다른 아이와 부딪힘 • 접근수단 출입구에 서있다가 급하게 달려오는 친구와 충돌 • 친구가 밀어서, 밀쳐서, 당기어 추락 • 오르는 친구를 막아서다 추락 • 술래잡기 놀이중 기둥에 머리 충돌(머리 찢어짐) • 보호자의 일시 부재시 영유아 추락 • 그네 이용중 한손으로 모자를 잡다가 추락

⑧ 주요 안전점검 및 지도 사항

어린이 놀이시설의 안전한 이용을 위해 놀이기구와 관련하여 다발성, 중대성의 관점에서 우선해서 주의해야 할 사고 사례는 다음과 같다.

놀이시설 사고사례를 반영한
주요 안전점검, 지도 포인트

시설적 요인

미끄럼틀 도착지점

뛰어오다 미끄럼틀 도착지점에 걸려 넘어져 치아손상
미끄럼틀 타고 내려오다 도착지점에서 넘어져 골절
미끄럼틀 하단 모서리에 충돌하여 머리부위 열상
미끄럼틀 타고 내려오다 도착지점 모서리에 부딪힘

놀이시설 바닥재

뛰어오다 넘어져 벤치에 얼굴 충돌로 치아손상
술래잡기하다 놀이시설 바닥에 넘어져 골절
배수구에 발꿈치가 끼여 힘줄 손상
뛰어오다 파손된 바닥에 이마를 부딪혀 열상

연결장치 결합상태

그네줄과 상단부 이음쇠의 연결고리가 느슨해져 추락
그네를 2명이 이용하다 체인이 끊어지면서 추락

주요부재 고정상태

조합놀이대 바닥목재 파손으로 발이 빠지면서 골절
회전놀이기구의 부자재 이격으로 인한 이용자 추락

인적 요인

영유아 보호관찰

보호자 동반하였으나 영유아 혼자 오름대에 오르다 추락(3세)
어린이집 놀이시간에 혼자 밧줄을 잡고 내려오다 추락(3세)
보호자 동반 남아가 떼를 써서 혼자 미끄럼틀 이용하다 추락(2세)
유치원 아동이 학교 구름사다리 이용하다 추락(6세)

외부 소지품

조합놀이대 주변에서 자전거를 타다가 넘어져 손가락 골절
구름사다리 이용중 휴대폰 손가방 끈에 걸려 추락, 내장손상
놀이터에서 킥보드 이용중 넘어져 킥보드에 얼굴 부딪힘
한손에 장난감을 들고 조합놀이대 네트를 오르다 추락

장난 과용

미끄럼틀 출발지점에서 친구를 밀어 추락하여 팔 골절
그네줄을 꼬면서 회전놀이를 하다 그네 기둥에 얼굴 부딪힘
조합놀이대 지붕으로 오르다 추락하여 다리 골절
놀이시설 주변 벽체 위에서 놀다가 추락하여 팔 골절

〈그림 17〉주요 안전점검 및 지도 사항

⑥ 안전사고에 따른 손상의 심각성

2007년에 발표된 일부 연구에서는 놀이터에 충격흡수표면재가 도입되어 설치되고 있는 기간(1988~2002)에 발생한 놀이터사고에서 눈에 띄는 주요 부상 추세는 사실 부상의 감소가 아니라 팔의 부상 증가라는 사실을 밝혀냈다.[145]

미국소비자제품위원회가 의뢰한 놀이터안전 관한 COMSIS의 보고서(Ratte, 1990)에 따르면 손상의 문제와 관련해 다양한 손상에 대한 메커니즘 및 손상 임계값은 특히 아동의 머리가 고려되었으며, 표면적 부상(ex:타박상과 열상)과 심각한 손상(예:머리 및 사지 골절, 뇌진탕 및 내부 머리 부상)을 구분하는 것이 중요하다고 기술하고 있다.[146]

이 보고서에서, 심각한 부상은 일반적으로 골절이라고 정의된다. 심각한 머리 부상은 두개골 골절, 뇌진탕, 그리고 내부 머리 부상이 포함된다. 피상적 부상은 일반적으로 타박상과 열상이라고 정의된다. 이러한 부상 심각도의 분류는 이 분야 전문 연구가인 킹과 볼(King and Ball, 1989)이 제시한 분석과 일치한다.[147]

이러한 부상 대부분은 놀이터에서 추락하여 발생하며, 가장 심각한 부상은 머리 부상인 것으로 나타나 충격흡수 특성을 강화하는 것은 그러한 부상의 심각성을 줄이는 데 매우 중요한 사항이었다.

이러한 손상을 방지하기 위해 ASTM F1487, ASTM F1292, CSA-Z614 및 EN1176/1177과 같은 국제 놀이기구 안전기준은 놀이터에서 충격구역을 관리하여 생명을 위협하는 심각한 두부 손상을 방지하는 목적이 있다. 그러나 이렇게 설정된 놀이기구의 안전기준은 결코 장골 골절과 같은 부상을 방지하기 위한 것은 아니었다.[148]

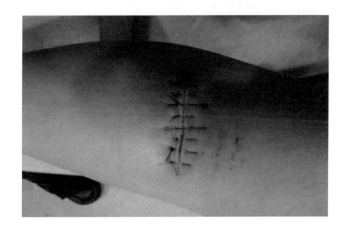

유럽의 충격흡수용표면재의 안전기준서(EN 1177:2018) 서문에 따르면 놀이터에서 심각한 부상의 대부분은 추락에 기인하며, 가장 심각

한 손상은 팔과 다리 부상이 아니라 머리 부상일 가능성이 크다고 판단하고 있다.

머리 손상은 4가지(두피 손상, 두개골 골절, 외상성 뇌 혼합 및 뇌 손상)로 분류되며, 임상적으로 뇌 손상은 (특정 위치의) 국소적 손상과(좀 더 광범위한 영역에 걸쳐) 확산적 손상으로 분류될 수 있다.

선행연구에 따르면 심각한 머리 손상(두개골 골절, 뇌진탕 및 내부 머리 부상 포함)은 주로 미끄럼틀에서 발생하였으며, 다음으로 그네, 미끄럼틀, 오르는기구에서 심각한 머리 손상이 발생한 것 또한 어린아이들이 나이가 많은 아이들보다 움직이는 충격에 더 취약하고, 추락시 머리를 보호하기 위해 팔에 충분한 운동 조정을 할 수 없어 추락의 결과로 머리 부상을 받기 쉬운 것(King and Ball 1989 : Rutherford, 1979)으로 보고되었다.

이와 관련한 미국 COMSIS 보고서(Ratte, 1990)에 따르면, "어린아이들이 넘어지면 손과 팔로 넘어지지 않는다는 경향이 있다는 증거가 있으며, 그들은 학령기 아동보다 머리 영향을 경험할 가능성이 더 크다."라고 밝힌다(Ratte, 1990).

미국 의학 협회 저널에 따르면, 25세 미만의 사람들은 뇌세포의 골수화(보호 코팅)가 부족하기 때문에 외상성 뇌손상(TBI)에 취약하며, 특히 18세 이하의 아이들이 더 취약하다고 밝히고 있으며, 미국 소비자제품안전위원회(CPSC)의 국가전자상해감시시스템(NEISS)의 특별 연구에 따르면, 두부 손상은 성인이 되기 전 12세 이하의 어린이가 더 많이 발생하며 그 심각성은 더 큰 것으로 나타나며, 특이 기능적 뇌 손상의 위험은 더 커지게 된다(NEISS Special Study, 1979).

또한 뇌진탕은 모든 선형 두개골 골절의 80%와 관련이 있고, 두개골 골절은 심각한 뇌 손상으로 연결되나, 두드러진 두개골 손상이나 골절 없이도 심각하거나 치명적인 뇌 손상이 발생할 수 있는 것으로 보고되고 있다(Goldsmith and Ommaya, 1984; King and Ball, 1989).

놀이터에서의 부상과 관련한 광범위한 연구물인 미국 COMSIS 보고서(Ratte, 1990)에 따르면 추락 높이와 상관없이 0~14세 아이들은 서 있는 자세에서 추락하고 회전하면서 머리와 상체로 먼저 떨어지는 경향이 있으며, 어른들은 발이나 옆으로 먼저 떨어지는 경향이 있음을 확인했다. 따라서 놀이터에서 충격흡수 값의 개선으로 가장 큰 이익을 얻을 것이라는 결론을 얻었다(COMSIS report, 1990 / NEISS Special Study, 1979).

이에 따른 머리 부상 심각도를 측정하는 세 가지 모델 WTSC (Wayne State Tolerance Curve), SI (Severity Index) 및 HIC (Head Injury Criteria)이 있는데, ASTM F1487, ASTM F1292, CSA-Z614 및 EN1176/1177과 같은 국제 놀이기구 안전기준은 HIC 의 측정 임계값을 1,000 이하로 규정하고 있다. 우리나라도 이와 같은 국제기준을 그대로 놀이시설에 적용하고 있다.

HIC(머리상해기준치)는 충격 가속의 크기와 지속 시간 및 머리 외상 위험 사이의 관계를 기술한 실험적 연구에 기초한 충격의 심각성에 대한 경험적 척도(McHenry, 2004)이며, 국제적으로 충격흡수 표면재에 대한 기준으로 사용되는 ASTM F1292와 En1177에서 언급한 머리 손상에 대한 심각성을 다음과 같이 언급하고 있다.

〈표 4〉 국제기준에서 제시한 머리 손상에 대한 심각성

EN1177:2018	ASTM F1292의 부록 X1
서문 : HIC 값 1000은 성인 남성에게 치명적(critical) 머리 손상 3%(MAIS 5), 심각한(severe) 손상 18%(MAIS 4). 중대한(serious) 손상 55%(MAIS 3), 보통 손상 89%(MAIS 2), 경미한 손상 99.5%에 해당하는 위험 심각도 곡선의 데이터 포인트에 불과하다. 2008년 개정에서는 HIC에 대해 계산된 지속 시간이 3ms 이상이어야 한다는 추가사항이 있었다.	부록 X1 : AIS(축약 상해 척도)를 사용하여 측정한 상해 위험과 심각도를 나타낸다. 이 부록은 예상할 수 있는 부상의 유형과 HIC의 다양한 값에서 부상의 위험을 간략히 설명한다. 냉정한 사실은 1000 HIC의 값이 AIS 〉4의 16%의 위험을 동반한다는 것이다. 이는 "추간 압착, 12시간 이상 의식 상실, 두 개 내 출혈 및 기타 신경학적 징후로 회복이 불확실하다."

우리나라도 놀이시설의 안전검사 시 모든 놀이시설의 바닥재에 대하여 HIC값 검사를 하게 된다. 손상의 심각성을 살펴보면, HIC 1000은 경미한 머리 부상을 당할 확률은 99.5%, 중상 위험은 89%, 치명적 머리 손상 가능성은 3%을 나타내며, HIC 750에서 치명적 머리 손상이 시작된다(Prasad 및 Mertz, 1986)을 의미한다.

이후 미국 자동차의학진흥협회가 Prasad-Mertz(HIC) 곡선을 확장해 개발한 최대 축약상해척도인 MAIS(Maximum Abbreviated Injury Scale, MAIS)는 발생한 단 하나의 가장 심각한 부상을 기반으로 한다.[149]

MAIS는 자동차 산업뿐만 아니라 의료전문가들 사이에서 머리 관련 부상의 심각성을 나타내는 지표로 광범위하게 사용되는 외상 척도로서 경미한 머리 부상(MAIS 1)부터 치료 불가(MAIS 6)에 이르는 6단계로 구성되며, 유럽위원회(European Commission, 2013)는 MAIS ≥3 이상으로 분류되는 부상은 가장 심각한 부상이며, 중대한 또는 장기적인 손상, 결과 및 비용, 그리고 노력이 집중되어야 하는 구간이라고 밝히고 있다.[150]

이러한 머리 부상의 심각도를 측정하기 위해 프라사드와 메르츠(Prasad와 Mertz)가 개발한 약식

손상척도(AIS: Abbreviated Injury Scale))를 국제적으로 사용하고 있다. 주어진 HIC 값에 대한 서로 다른 심각도의 머리 부상 확률 곡선〈그림3〉을 살펴보면, HIC 1,000에서는 치명적 손상(AIS 5)의 위험이 3% 이상이고 심각한 손상(AIS 4)의 위험이 18%이며, 그에 따른 손상 가능성은 〈표5〉, 손상 정도는 〈표6〉과 같이 나타난다.

〈표5〉 주요 HIC 값별 특정 머리 부상 수준의 확률

구분	AIS 5	AIS 4	AIS 3	AIS 2	AIS 1
HIC 1000	3%	18%	55%	89%	99.5%
HIC 750	1%	7.5%	30%	71%	96%
HIC 600	–	5%	21%	53%	89%
HIC 500	–	3%	12%	38%	79%

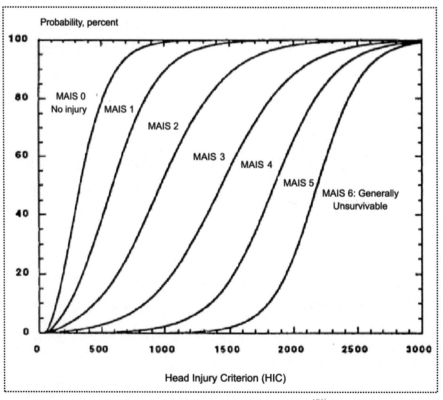

〈그림18〉 주어진 HIC 값에 대한 특정 머리 부상 수준의 확률[151](Prasad와 Mertz)

〈표6〉 중증도 및 관련 인체 부상을 포함한 머리 상해 정도

구분	머리 손상		자동차 사고에 따른 부상 종류
	Gennarelli and Wodzin, 2006	Canadian Playground Advisory (Yang and Dai,2010)	
Minor (AIS1)	가벼운 뇌진탕, 두통, 어지럼증, 의식 상실 없음.	의식 상실 없이 두개골 외상, 피상적인 얼굴 부상, 코나 치아의 골절 등	− 온몸이 쑤신다. − 가벼운 열상, 타박상 및 마모 − 1도 또는 작은 2도 및 3도 정도 화상 − 두통이나 어지럼증을 동반하지만 의식을 잃지 않는 뇌 손상 − 해부학적 또는 방사선학적 증거가 없는 불만 사항 발생 − 안구 조직의 찰과상 및 타박상(리드, 결막, 각막, 요골 손상) − 눈의 유리체 또는 망막 출혈 − 치아의 골절 또는 탈구 − 흉부 근육통 또는 흉벽의 뻣뻣함. − 복부 근육통 − 손가락 탈구
Moderate (AIS2)	의식 상실 〈 1 시간	탈구된 두개골 골절을 포함하는 두개골 외상, 잠깐의 의식 상실, 탈구 없는 얼굴뼈의 골절, 깊은 상처 등	− 광범위한 압착 또는 마모 − 큰 열상 − 폭 7.62cm 미만으로 찢김. − 10∼20%의 신체 표면적을 포함하는 2차 또는 3차 화상 − 두개골 골절이 있거나 없는 뇌 손상, 무의식 15분 미만, 외상 후 기억상실증 없음. − 미장착 두개골 또는 얼굴뼈 골절 또는 코의 복합골절 − 눈의 열상 및 망막 분리 − 열상 손상 − 해부학적 및 방사선학적 증거와 함께 심각한 불만 사항 발생 − 단순 늑골 또는 흉골 골절 − 흉벽에 혈흉, 기흉 또는 호흡 장애가 없는 주요 압착 − 복벽의 주요 압착 − 손발과 골반에 대한 경미한 삠 및 골절 − 손가락 복합골절 − 미배치 장골 또는 골반 골절 − 주요 연결부의 삠.

| Serious (AIS 3) | 1~6시간 정도 의식 상실 | 의식상실, 두개골 골절, 신경 손상, 뇌출혈 | - 두 개 이상의 손발을 포함한 큰 열상
- 폭 7.62cm 이상의 큰 찢김.
- 신체 표면적의 20~30%를 포함하는 2차 또는 3차 화상
- 두개골 골절 유무, 의식불명 15분 이상, 심한 신경 증상 없이 잠깐 외상 후 기억상실(3시간 미만)
- 의식불명 또는 기타 두개골 내 부상의 징후 없이 폐쇄된 두개골 골절 교체
- 실명 및 시신경의 항전
- 안면 골절 또는 항골 또는 궤도 관여가 있는 골절
- 심장 손상 없는 경추 골절
- 호흡 장애 없는 여러 갈비뼈 골절
- 혈흉(폐와 흉벽 사이의 흉강 내 혈액)
- 기흉(흉강 내 공기 또는 기체의 유무)
- 횡격막 파열(흉부와 복부를 분리하는 근육벽)
- 폐 유착(허파 타박상)
- 복부 장기(간, 비장, 췌장 또는 신장)의 압착
- 복막 외 방광 파열
- 복막 출혈
- 요도의 박리 또는 열상
- 신경학적 관여가 없는 흉부 또는 요추 골절
- 단순 장기 골절 탈구
- 손과 발 다발 골절
- 변위가 있는 골반 골절
- 주요 관절 탈구
- 손가락 다중 절단
- 주요 신경 또는 사지 혈관의 열상 |
| Severe (AIS 4) | 의식 상실 6-24시간 | 의식 상실, 두개골 골절, 신경 손상 등 | - 위험한 출혈로 심한 열상 및/또는 항전
- 신체 표면적의 30~50%를 포함하는 2차 또는 3차 화상
- 두개골 골절이 있거나 없는 뇌 손상, 의식불명 15분 이상, 확실한 이상 신경학적 징후, 외상 후 기억상실증 3-12시간
- 복합 두개골 골절
- 흉곽동요 및 기종격
- 순환계의 당혹감이 없는 심근경색(심근경색)
- 심막 손상(심장을 감싸고 있는 심장 주머니의 손상)
- 흉내 내용물의 경미한 열상(비장 파열, 신장 및 췌장 꼬리 부상 포함)
- 복막 내 방광 파열
- 생식기 항전
- 하반신이 마비된 흉부 및/또는 요추 골절
- 다중 폐쇄형 장골 골절
- 팔다리의 절단
- 다중 개방사지 골절 |

| Critical (AIS 5) | 의식 상실 〉 24시간 | 뇌내 출혈로 12시간 이상 의식을 잃었을 때 심각한 머리 손상이 발생하며, 회복이 불확실하고, 뇌가 압착되며, 그 밖의 신경학적 징후가 나타남. | – 신체 표면적의 50% 〉를 포함하는 2도 또는 3도 화상
– 두개골 골절이 있거나 없는 뇌 손상 24시간 이상 의식불명, 외상 후 기억상실증 12시간 이상
– 뇌내 출혈
– 혈압 상승의 징후(의식 상태 저하, 60세 미만 브래디카드증, 혈압의 점진적 상승 또는 동공 불평등)
– 사지 마비 척추손상
– 대동맥 열상
– 신장, 비장 또는 요인을 제외한 흉내 혈관 또는 장기의 파열, 항전 또는 심한 열상
– 주요 기도폐쇄 |
| fatal (AIS 6) | 치명적임. | | |

이상에서 확인한 바처럼 우리는 놀이시설의 안전검사 시에 단순히 합격 유무만을 통보받고 있는데, 관리 주체는 안전검사를 합격했으니 바닥재 때문에 다치지 않을 것으로 판단하는 경향이 있다. 그러나 관리 주체는 위에서 확인된 바처럼 HIC값 750에서도 치명적 머리 손상(AIS 5)의 위험이 1% 이상을 포함한 머리 손상 위험이 다수 존재한다는 것을 주지해야 한다.

우리나라 놀이기구 기준이 인용하고 있는 미국 F2223 가이드(놀이터 충격흡수표면 시스템에 관한 표준) 7절에서는 "놀이터 충격흡수표면 시스템이 규격 F1292의 요건을 충족하더라도 심각한 부상(예를 들어 긴 뼈 부상 등)이 발생할 수 있음을 인식해야 한다"라고 명시하고 있다.[152] 또한 충격흡수표면재에 대한 안전기준은 팔과 다리 등의 부상 위험을 줄이기 위해 설계되지 않았다.[153]

또한 서커와 스미스(Sherker and Smith, 2004)는 팔 골절 중 86% 이상이 놀이시설 바닥재의 충격기준을 준수하는 놀이터에서 발생한다는 사실을 밝혔는데, 평균 HIC 값은 615였다.[154]

지금까지 확인한 국제기준과 지침은 놀이 중인 어린이들에 의해 지속되는 많은 부상이 있을 것이라는 사실을 인정하고 받아들이고 있다. 그리고 이미 알려진 위해요인에 대한 관리와 안전기준의 준수로 인한 부상을 줄일 수도 있지만, 우리는 여전히 심각한 부상을 입거나 심지어 최근 사고(2017)로 인해 사망한 아이의 소식을 접하고 있는 것이 현실이다.

기존의 연구 결과를 확인한 결과 어린이 놀이터에서 가장 중요한 부상 예방은 머리 부상의 예방이며, 이것은 머리 손상이 심각하면서도 장기적인 피해 결과를 초래할 수 있기 때문이다. 그러나 놀이시설의 충격흡수표면재에 대한 국제기준 및 우리나라 기준에서 사용하고 있는 기준치인 HIC 값은 여러 가지로 불확실성이 높은 것으로 나타났다.

필자가 확인한 선행 연구의 고찰 결과 ① 측정모델이 성인 중년남성을 대상으로 실험한 값이며, ② 머리의 압축성 조직(예:두피)을 시뮬레이션하지 않았으며, ③ 추락으로 인한 부상의 심각성을 측정하기 위해 하강 높이를 제외한 다양한 물리적 매개변수(하강 모양 및 강성, 그리고 몸의 방향 및 몸무게)를 고려하지 않았고 ④ 자유하강높이와 관련해 "합리적으로 예측 가능한 오용"을 상정하지 않음으로 인해 현재 채택되고 있는 HIC값의 불확실성이 높은 이유라고 판단된다.

최근 4년간(2016~2019) 발생한 국내 놀이시설 중대사고 분석 결과, 가장 많이 다치 손상 부위는 팔(62.1%)로 나타났고, 대부분의 손상 유형은 골절로 나타났으며, 부상자 모두 안전기준을 준수한 놀이터에 다쳤으며, 위에선 언급한 연구에 따르면 평균 HIC 값은 615였다.

「어린이 놀이시설 안전관리법」에 따라 실시한 안전검사 및 그에 따른 조치 후에 남은 잔여 위험이나 위해를 수용하거나 관리할 필요성은 관리 주체에 의해 수행되어야 하지만, 현재는 기준 준수 여부에 대한 판정으로 인한 단순한 합격/불합격 통지로 인해 관리 주체가 안전불감증을 가지게 되어 형식적인 관리를 하는 경향이 많은 것이 사실이다.

따라서 이상에서 살펴본 바처럼 서류상의 안전검사의 합부 판정결과 통지가 아닌 해당 놀이시설의 손상 위험에 대한 정보를 제공하여, 각각의 놀이터 현장에서 의도된 사용 및 합리적인 예측 가능한 오용에 근거하여 합리적인 위험 감소 또는 보호 조치를 취할 수 있도록 구체적인 정보를 제공하여 어린이 놀이시설 안전관리법의 목적인 놀이시설의 사고예방을 도모하는 것이 타당하다고 판단된다.

⑦ 안전사고에 영향을 미치는 요인 분석

지금까지 국내에서 발생한 사고 사례 등을 검토했을 때, 놀이시설 사고에 영향을 미치는 요인을 살펴보면 설치단계, 유지관리단계, 이용단계로 나누어 살펴볼 수 있으며, 모든 단계에서 영향을 미치는 요인으로는 환경적 위해요인이 존재하는 것으로 확인된다.

〈표 7〉 놀이시설 사고에 영향을 미치는 요인의 구분

구 분	사고에 영향을 미치는 요인	
설치 단계	획일적 놀이터 디자인과 기능	환경적 요인 (기상조건) (주변 환경)
	시설적 요인	
유지관리 단계	시설적 요인	
	관리적 요인	
이용 단계	인적 요인	

실제로 필자가 2013년에 경기도에서 발생한 중대한 사고에 대해 현장 조사한 결과, 대부분 사고 원인은 시설적 요인(시설물 결함)이라기보다는 관리적, 환경적, 그리고 이용자 부주의 요인으로 발생하였다. 예를 들어, 2013년 1월 구리 모 키즈카페 실내놀이터에서 발생한 안전사고를 분석해 보면 법적 설치검사에 합격하였음에도 만3세 남아가 경계벽(높이 600mm의 쿠션 처리된 벽)을 넘어가다가 고무매트 바닥에 떨어져 왼쪽 팔 골절상을 당하는 사고가 있었다.

2012년 10월 평택 아파트 실외놀이터에서는 설치검사를 끝낸 지 4개월 만에 만10세 여아가 오름대에 오르다가 왼쪽 다리 골절상을 당하였다. 사고 원인을 살펴보면 습기가 많이 끼이는 지역적 특성이 있어 아침저녁으로 미끄러질 수 있는 환경적 요인들이 존재하였고, 시야 확보가 어려운 저녁 시간에 이용하여 사고를 당한 것으로 분석되었다.

최근 2018년 8월 행정안전부 담당과 함께 사고 조사 현장을 방문해 분석한 결과도 다르지 않았다. 필자는 어린이 놀이시설 안전사고가 일어나는 것은 놀이기구로 인한 시설적 결함뿐만 아니라 안전하지 못한 놀이 환경이나 부적절한 이용 상황으로부터 발생하고 있는 것으로 판단하고 있다. 하나하나의 개별적 요인이 사고의 원인으로 작용하기보다는 각각의 요인들이 복합적으로 연계되면서 사고로 이어진 것으로 판단한다.

그렇다면 어린이 놀이시설에서의 안전사고가 증가하는 이유는 무엇인지 정확히 알아야 하겠다. 놀이시설 현장의 안전관리에서 가장 중요한 것은 이용자인 어린이를 보호하는 것이다. 이를 위해서는 안전사고에 영향을 미치는 요인을 밝히고 관리할 필요가 있다.

그동안의 사고분석 결과 놀이시설 안전사고에 영향을 미치는 위해요인으로는 시설적, 관리적, 환경적·인적 요인 등이 있는 것으로 나타났으며, 주로 발생한 사고 유형에 따른 위해요인은 다음 〈표 8〉과 같다.

〈표 8〉 놀이시설 사고유형에 따른 위해요인의 분류

사고 유형	손상 내용	시설적 위해요인	인적 위해요인
추락	골절 타박상 등	하강공간 확보 하강공간 내 장애물 바닥재의 충격흡수 기능	기구 위 오르기 부적절한 연령대 이용 상호장난
		환경적 위해요인 : 오를 수 있는 주변 조형물, 나무 등	
긁힘	열상 등	파손된 곳 날카로운 모서리 돌출된 볼트/나사	기구 내 상호장난 부적절한 이용
충돌	타박상 치아 손상 출혈	놀이공간 내 장애물 좁은 이용자 동선 특히 흔들놀이기구	상호장난 다수 이용자의 무리한 이용 좁은 기구 내에서 술래잡기놀이 부적절한 소지품이나 연령
넘어짐	골절 타박상	바닥 파손(패임, 돌출) 미끄럼틀 도착지점	이용 부주의
미끄러짐	열상 화상	바닥에 존재하는 장애물(모래, 끈, 학용품 등)	이용 부주의, 소지품
		환경적 위해요인: 날씨 영향, 주변 분수대 등	
얽매임	질식 골절 등	부적절한 틈새, V자형 개구부 돌출부위	이용자 복장, 소지품 이용 부주의

지금까지 발생한 놀이시설 사고를 분석해보면 놀이시설 사고에 영향을 미치는 요인은 다음 〈표 9〉와 같이 5가지로 구분해 살펴볼 수 있으며, 손상 유형과 관련되어 놀이시설의 사고예방과 관련된 도식은 〈그림 18〉과 같다.

〈표 9〉 사고에 영향을 미치는 요인 분류

구분	내용
획일적 디자인	지역별 및 연령별 아동 요구 및 도전 기능의 부족 등
시설적 요인	시설물의 결함, 부적절한 구조 및 배치, 놀이기구의 파손/열화 등
관리적 요인	놀이기구 열화 및 돌기, 거친면 등의 방치, 바닥재 표면 위험물 방치 등
환경적 요인	기상악화, 주변 공사장, 오용 가능한 주변 조경 자재와 시설 등
인적 요인	놀이기구의 과용 및 오용, 부적절한 복장 및 소지품, 영유아 방치 등

〈그림 19〉 놀이시설 안전사고에 영향을 미치는 요인

1) 획일적 디자인과 기능

설계/설치 단계에서 놀이시설 사고에 영향을 미치는 요인은 획일적 놀이시설 디자인과 기능이다. 어린이 놀이공간에는 한참 성장하는 어린이의 심신의 욕구를 채워줄 수 있으며, 자신의 능력을 시험할 수 있는 기능과 안전한 도움 기구가 있어야 한다.

하지만 불행하게도 도심지 어디를 가도 볼 수 있는 조합놀이대 중심의 획일적 놀이기구로는 아이들의 호기심과 욕구를 채워주기에는 부족하다. 그래서 어린이는 비슷비슷한 놀이기구를 본래 설치된 용도와는 다르게 자기만의 방법으로 오용 및 과용을 하게 되면서, 놀이기구를 부적절하게 이용하다 사고로 이어지고 있다.

놀이시설이 충분히 도전적이지 않고, 그 환경 안에서 어린이의 도전 욕구를 담아내지 않는다면 어린이는 다른 위험한 곳을 찾을 가능성이 있다. 따라서 이용대상 어린이의 나이와 능력을 적절히 고려한 놀이시설 계획과 디자인이 필요하다. 영국의 왕립사고 예방기구의 대표 검사관 헬셀틴(1995)에 따르면, "우리는 놀이터를 너무 재미없게 만들어서 자존심 있는 아이는 더 재미있고 대개는 더 위험한, 다른 곳으로 놀러 갈 것이다"라는 의미 있는 말을 남기기도 했다.

요즘 어린이 놀이터는 모든 것이 세팅되어 있다. 안전인증을 획득한 너무나 일반화된 놀이기구를 서너 개 넣어주면 부모들이 원하는 놀이터가 뚝딱 만들어진다. 어린이는 안전수칙대로 이용만 하면 된다. 다르게 놀면 눈치를 준다. 도전과 모험을 좋아하는 아이들이 원하는 것을 먼저 생각하지 않고 성인의 눈높이에서 바라보기 좋은 놀이터만 만들어지고 있는 셈이다. 새로운 안전기준을 준수하기 위해 기존 장비를 업그레이드하는 데 드는 비용은 말할 것도 없고 점점 강화되는 안전 검사로 인해 놀이 장비가 매우 비싸지고 있다. 그러나 제조된 놀이터 장비는 단조로운 놀이 장비라는 비판을 자주 받고 있으며, 이것으로 인해 놀이터 활용빈도가 낮아지며 놀이에 대한 불만족의 일차적인 원인으로 파악되고 있다. 그동안의 국내 놀이터 사고 조사 및 분석과정에서 살펴본바, 모든 연령층에서 놀이 장비의 빈번한 오용 현상이 관찰되어, 이러한 놀이터에서 도전적이고 창의적인 놀이 장비와 기능의 부족이 원인으로 판단된다. 그러한 장비 오용으로는 미끄럼틀 오르기, 구조물 꼭대기까지 오르기, 힘차게 달리고 쫓기, 그네를 비틀기, 움직이는 그네

놀이시설 안전사고에 영향을 미치는 요인

획일적 디자인

부족한 도전기능과 획일적 디자인
- 아동 요구보다는 어른의 요구 반영(잉여안전)
- 사고 유발 동기를 부여하는 1차 원인
- 놀이기구의 과용과 오용 유발

TÜV : "재미가 없는 너무 안전한 놀이시설에서 어린이는 과용 또는 오용으로 인한 안전사고 발생률이 높아진다. 이렇게 재미없는 놀이터가 일반 사람에게는 안전하게 보일지도 모르지만, 실제로는 안전하지 않다."

〈그림 20〉 놀이시설 안전사고 유발요인: 획일적 디자인

에서 뛰어내리기 등이 있다.

그래서 지금의 놀이터는 어른의 눈높이에서 아이들이 필요한 것을 찾아내는 수고의 결과가 지금의 놀이터가 되어버렸다. 부모의 눈에는 어린이가 안전하게 이용할 수 있도록 이미 모든 것이 세팅된 놀이터이지만 어린이 눈높이에서는 항상 뭔가 부족하다.

어제 공원에서 놀았던 미끄럼틀을 우리 아파트에서도 똑같은 놀이를 하는 것이 재미없어진다. 오늘은 거꾸로 오르고 싶고, 미끄럼틀을 이용해 친구랑 색다른 놀이를 즐기고 싶어진다. 어른들 눈높이에서는 놀이기구를 부적절하게 이용하는 모습으로 비친다. 그래서 어른들 간섭이 없는 시간에 자기들만의 도전과 모험을 즐긴다. 금세 놀이터가 지루해지면 좀 더 색다른 장소를 탐색하게 된다. 그리고 안전한 놀이시설과 공간을 벗어나 놀이가 가능한 위험한 장소와 대상을 탐색할 수도 있다.

불충분한 도전은 지루함을 쉽게 유도할 수 있으며, 이는 아이들이 그 경험에 흥분과 도전을 주입하려고 할 때 부적절한 위험 감수성을 조장하며 의도하지 않은 부상과 종종 연관된다(Jambor, 1995). 게다가 나이 든 아이들은 종종 어린아이들보다 더 도전적인 놀이기회를 찾는다. 이는 높이, 속도, 복잡성 또는 오르기, 탈출의 어려움과 같은 요인과 관련될 수 있다. 따라서 어린아이들 용도의 기구는 다른 연령대 아이들에게는 지루해질 수 있다.

따라서 최초 놀이시설 계획과 디자인단계에서 부족한 기능과 획일적 디자인은 사고를 유발할 수 있는 동기를 부여하는 1차 원인으로 작용한다. 어린이 스스로 부주의해서 사고가 발생한다기보다는 부족한 기능과 획일적 디자인이 놀이기구의 과용과 오용을 불러오게 된다고 필자는 판단한다.

그래서 놀이터의 부분 또는 전부에 대한 개선은 관리 주체 또는 부모에게 놀이터 디자인에 대한 많은 고민이 필요하다. 가장 우선으로 책정된 예산에 맞추어야 하겠지만 일정한 예산안에서 놀이활동을 위한 모든 기회를 접할 수 있도록 계획되어야 한다. 즉, 놀이터 설계 시 먼저 고려해야 할 것이 "어린이 놀이시설의 안전성"과 "적절한 아동의 놀이기회의 제공"이다. 그러므로 최초 놀이터의 디자인에는 "놀이기회"와 "안전"의 적절한 균형을 유지하는 것이 필요하다.

2) 시설적 요인

「어린이 놀이시설 안전관리법」 제정 이전과 법 시행 초기에는 시설물의 결함과 설치 이후 관리의 부실이 놀이시설 사고 원인의 대부분을 차지하였다.

놀이시설 안전사고에 영향을 미치는 요인

시설적 위해요인

〈그림 21〉 놀이시설의 시설적 위해요인

KPST 한국놀이시설안전기술원

〈표10〉 법 시행 초기 사고 사례

사고 일시	사고 사례
2005년 11월	초등학교 4학년 여아, 아파트 놀이터에서 그네 지지대와 구조물에 깔려 사망
2005년 6월	만 6세 남아, 집에서 2미터 높이의 철봉에 매달아 놓은 줄에 매달려 놀다가 떨어져 골절
2005년 4월	만 10세 남아, 정글짐에서 떨어지면서 머리를 부딪쳐 응급실에 내원함.
2010년 11월	6세 여아, 철봉에서 안전매트가 없는 시멘트 바닥으로 떨어져 팔 골절상을 입음.

그동안 현장에서 실시한 안전검사 등을 통해 확인한 결과 놀이기구별로 발견된 시설적 위해요인은 다음 〈표11〉과 같이 확인되어 현장 관리에 반영할 필요가 있다.

〈표11〉 놀이기구별 특징 및 주요 위해요인의 사례

구분	기구별 특징	주요 위해요인
조합 놀이대	– 가장 흔하게 접하는 놀이기구이며, 관리적 및 인적 위해요인으로 인한 사고가 많음. – 기구 내에서 아이들은 계단을 오르거나 이동할 때에 직선이나 빠른 동선을 찾아 서둘러 가려는 특성으로 충돌 및 넘어져 추락 등의 사고가 빈번함.	– 하강공간 내 장애물 및 충격구역 부족 – 놀이기구 내 모서리 및 돌출부위의 마감 상태 – 기구의 변형 및 보수로 인한 개구부의 얽매임. – 놀이기구 부재의 변형과 느슨함 또는 부식 – 연결 부위의 마모 및 결합상태
그네	– 1인용 금속재 그네가 대부분이지만, 최근에는 수입제품으로 다인용 목재 그네도 많이 설치되고 있음. – 멈춰 있을 때와 움직이고 있을 때의 상황이 크게 변하는 놀이기구 – 강제적 움직임이 발생하는 기구임.	– 마모 상태 : 체인 및 그네줄의 철심 노출 등 – 그네 좌석부/연결 부위의 파손, 균열, 마모 – 가동부 기능 상태 – 손가락 끼임 및 옷의 얽매임(S자 후크) – 그네 안전바의 기초토대 노출 – 바닥의 패임으로 인한 충격흡수 기능 저하
흔들놀이 기구	사고 발생이 비교적 적은 놀이기구이며, 주로 영유아의 이용율이 높음.	– 마감캡 등의 소모품 손실 – 기구의 끝처리 상태 – 기구 주변에 외부 유입 장애물 (자전거 등)
미끄럼틀	– 사고 발생 빈도가 높은 놀이기구 – 미끄럼틀의 특징은 체중×높이×g(가속도)의 운동 에너지가 발생하며 강제적 움직임이 발생하는 기구임.	– 옷, 끈의 얽매임 – 하강공간 내 충동 및 장애물 – 가로대(손잡이)의 파손 – 미끄럼틀 활강면의 마모, 균열, 균일상태 – 도착지점의 마감 상태 및 하강공간의 바닥 상태
모래 놀이장	– 주로 영유아들이 즐기는 시설임. – 모래놀이장 내 사고보다 오히려 경계 부분에서 넘어지는 사고가 빈번함.	– 모래놀이장 경계턱의 돌출 및 마감 상태 – 위생 부분 (반려동물 분뇨, 외부유입 이물질)
철봉	– 철봉을 잘 잡지 못하고 낙하하거나 회전, 뛰어내릴 때 다른 아이와 충돌하는 등의 사고가 많음. – 시설적 요인보다는 주로 인적 요인으로 인한 사고가 많음.	– 철봉의 기초물 노출 및 고정 상태 – 하강공간 확보 및 바닥의 충격흡수 기능 여부 – 철봉 및 연결부의 부식 및 마모, 파손 상태

| 구름
사다리 | 특히 초등학생에게 선호되는 놀이기구이며, 매달려서 이동하는 것과 동시에 기구 위로 오르는 것도 가능해서 높은 곳에서 떨어질 위험이 큼. | – 가로봉 및 손잡이 부위의 마모, 변형, 부식 상태
– 충격구역 부족

참조 : 가장 많은 사고가 발생하는 놀이기구임.
* 시설적 요인보다는 인적 요인에 따른 사고가 빈번함.
* 착지 실패나 구름사다리 위를 걷다가 추락
* 구름사다리를 잡고 이동하는 아이와 지나는 아이의 충돌
 |
| 정글짐
늑목 | 특히 초등학생에게 선호되는 놀이기구 중의 하나임.
급하게 이동하거나 빠르게 이동하려다 착지 및 디딤 실패 또는 봉을 놓치는 사고형태가 빈번함. | – 하강공간 확보 및 바닥의 충격흡수 기능
– 연결부의 균열 및 마모, 파손 상태
 |

2015년부터 2019년까지 행정안전부로 보고된 「어린이 놀이시설 안전관리법」 제22조에 따른 중대사고를 분석한 결과 나타난 시설결함은 다음과 같다.

시설결함으로 인한 사고 사례

2015년
- 그네 고리 마모로 추락함
- 조합놀이대-마감상태 불량으로 베인상처
- 조합놀이대 상판 목재 파손으로 다침

2016년
- 그네 초등학생 여자 아이와 동생이 같이 타다가 그네쇠줄(체인)이 끊어져 떨어짐
- 나무계단 파손으로 아래로 발이 빠지면서 손을 짚어 완손 손등 뼈에 금이 가는 사고 발생
- 그네의 안전웨스 윗부분 플라스틱 깨진 부분을 잡아 손가락을 다침
- 자전거를 타고 놀던 중 파손된 고무칩(바닥)에 걸려 자전거가 전복되어 팔을 다침.
- 조합놀이대의 연결데크를 뛰어가다 돌출된 발판 데크에 걸려 넘어져 미끄럼틀 입구에 이마를 부딪쳐서 사고 발생

2017년
- 시소 중앙 기둥의 볼트나사 소실로 인한 구멍에 손가락을 넣어 시소가 움직이는 과정에서 다침
- 시소를 타다가 시소에서 떨어지며 시소에 긁혀서 아래 다리에 베인상처를 입음
- 그네 이용 중 구조물 상단과 이음부의 결속이 헐거워져서 바닥으로 떨어짐
- 회전놀이기구에서 회전 중 시설물이격으로 인한 떨어져 골절됨

2018년
- 건너는기구에 연결된 로프의 결박이 풀리며 미끄러져 추락
- 조합놀이대에 부착된 구름다리 위에서 놀다가 손잡이(목재)가 떨어져 아래로 추락
- 오르는기구에서 내려오다가 돌출물(볼트)에 의하여 엉덩이 부분이 찢어진 사고

2019년
- 파손된 바닥에 걸려 넘어지면서 늑골의 골절 발생 / 흔들놀이기구 발받침대 측면 나사에 정강이 부분이 찢어짐
- 흔들놀이기구 이용중 윗부분 고정 쇠고리가 떨어지면서 놀이기구와 함께 바닥으로 떨어짐
- 흔들놀이기구 보수를 요해서 위험 시설물에 끈으로만 묶어 두고 접근금지 조치를 하지 않아 할머니가 기구를 타다 추락
- 흔들놀이기구의 중심축 철판용접이 떨어진 사이로 우측 발가락 1,2번이 끼어서 골절상해
- 그네줄이 고리에서 빠지면서 어린이가 바닥으로 추락
- 계단이 고정되지 않아 헐거워져서 손가락 3개가 틈에 끼여 미세골절 및 출혈

〈그림 22〉 놀이시설의 시설적 위해요인으로 인한 사고 사례

3) 관리적 요인

그동안 놀이시설 현장의 지도점검 및 안전검사 등을 실시한 현장조사 결과 놀이시설 사고에 영향을 미치는 시설물 결함과 관리 부실로 판별된 위해요인은 다음과 같다.

〈표 12〉 놀이시설의 관리적 위해요인의 구체적 사례

관리적 요인	– 검사합격 후 하강공간 내 장애물 방치 – 안전기준에 맞지 않는 기구 보수 및 교체 – 여건을 고려하지 않은 점검주기 – 형식적 안전점검 – 바닥에 큰 돌이나 유리조각 방치 – 미끄러짐 유발 물질 방치 – 기구별 부자재의 부식, 풀림, 마모 방치 – 외부 유입 위험물 방치 – 안전검사 합격표시 부재 – 충격흡수재의 파손 및 기능상실

관리적 위해요인

부실한 안전점검

KPST 한국놀이시설안전기술원

〈그림 23〉 놀이시설의 관리적 위해요인

시설 및 관리적 요인은 대부분의 관리 주체가 법적 관리의무에 따라 현장에서는 어느 정도 실제적 관리가 이루어지고 있으나, 나머지 환경적 및 인적 요인에 대해서는 법적 책임이 없어 방치되어 대부분의 놀이시설 사고는 주로 환경적 요인과 인적요인으로 인해 발생하고 있다. 그동안 발생한 중대사고의 내용을 살펴보면 주로 이 같은 이유로 사고를 당한 것으로 보인다.

법에 따른 안전검사에 합격한 놀이시설이지만 관리가 안 되는 사항들로 인해 사고는 계속해서 반복되고 있으며, 결국에는 치명적 손상으로 이어질 것으로 필자는 파악하고 있다. 그동안의 사고 사례를 반영한 관리 포인트는 다음과 같다.

① 놀이시설 안전사고 중 가장 많은 추락사고

관리 포인트	시설 관리	– 하강공간 확보 – 하강공간 내 바닥의 충격흡수 기능 – 하강공간 내 장애물 또는 위험물 – 추락사고가 가장 많은 기구는 구름사다리
	이용 지도	– 놀이기구 위 또는 바깥으로 비정상적으로 도전하는 행위 – 좁은 공간 내에서 장난치는 이용자 – 외부 유입 소지품을 갖고 기구를 오르는 이용자

② 조합놀이대와 건너는기구, 오르는기구는 사고다발 놀이기구

관리 포인트	시설 관리	– 충격구역 및 하강공간 내 장애물 – 기구의 끝처리 상태 및 얽매임 여부 – 도착지점의 마감 상태 및 주변 충격흡수기능
	이용 지도	– 이용자 복장 – 끈 또는 줄이나 가방 등의 소지품
	환경	– 여름철 비에 젖은 놀이기구 이용

③ 강제적 움직임이 발생하는 놀이기구는 치명적 손상이 발생할 가능성이 크다

관리 포인트	시설 관리	– 강제적 움직임이 있는 기구는 그네, 미끄럼틀, 회전놀이기구, 공중놀이기구임. – 해당 기구는 점검 빈도와 항목을 강화한다. – 충격구역 확보 및 하강공간 내 장애물 – 기구의 끝처리 – 특히 착지 지점 주변 충격흡수기능
	이용 지도	– 이용자 복장 – 끈 또는 줄이나 가방 등의 소지품 – 3세 이하는 보호자 동반 의무 강조

4) 환경적 위해요인

놀이시설 사고에서 환경적 요인은 직접적인 관리대상에서 종종 제외됐지만 놀이를 즐기는 어린이는 어른들이 정해놓은 공간을 스스로 확장하며 놀이를 즐긴다. 특히 놀이시설이 충분히 도전적이고 흥미롭지 못하다면 어린이는 외부적 요인을 놀이 대상으로 끌어들이게 된다. 그동안 놀이시설 사고 조사 및 분석을 통해 파악된 환경적 위해요인은 다음과 같다.

- 기상조건 : 눈, 비 및 악천후, 겨울철 영하 이하 날씨, 여름철 뜨거운 한낮 등
- 놀이기구로 오용될 수 있는 주변 시설 : 나무, 운동기구, 벤치, 분수대 등
- 주변 위험시설 : 공사장, 출입구 턱, 출입문 경첩, 파손된 울타리 구멍 등

어린이 놀이시설 안전관리시스템(www.cpf.go.kr)에 보고된 사고 자료에 의하면 환경적 요인으로 발생한 사고 사례는 다음과 같다.

- 2015년 10월 아파트에서 7세 남아가 놀이시설 내 벤치 위로 올라 장난치다 골절상
- 2015년 11월 학교에서 12세 남아가 안내표지판을 잡고 오르다 왼손이 끼여 힘줄손상
- 2016년 4월 유치원에서 6세 여아가 울타리 출입문에 손가락이 끼여 골절상
- 2017년 5월 아파트에서 9세 여아가 놀이터 외곽 담벼락에서 놀다가 추락하여 왼쪽 손목골절상
- 2017년 11월 11세 남아가 공원 내 놀이터 배수구에 발뒤꿈치가 끼여 힘줄손상

〈그림 24〉 놀이시설의 환경적 위해요인

5) 인적 위해요인

이전 절에서도 밝힌 바처럼 놀이시설의 사고 원인은 물리적인 요인보다는 이용자의 부주의로 인한 사고가 대부분인 것을 파악할 수 있다. 예를 들면 선행연구에 따르면 아동발달적으로 초등학교 4학년 때부터는 놀이행동이 다르다는 것을 알 수가 있다(Frost, 1992). 연령에 따라 필요한 놀이기능과 요구도가 다른 것을 확인할 수 있다. 따라서 놀이시설의 안전관리는 놀이기구의 안전기준과 지침을 충족하는 것뿐만 아니라 이용자인 어린이의 행동관리를 포함해야 한다. 사고 관련 연구(Bird, et al., 2003)에 따르면, 사고 인과관계의 근본 원인 모델은 기준을 준수하지 않는 환경 조건과 안전하지 않은 행동을 사고 원인의 두 가지 요소로 식별한다고 밝히면서 안전하지 못한 행위가 놀이시설의 안전관리에 큰 역할을 한다[155]고 제언하고 있다.

영국 어린이 놀이 및 레크리에이션 협회의 헤셀틴(Peter Heseltine)은 놀이터 안전의 4대 요인을 놀이기구의 서례와 배치, 유지보수와 함께 이용자의 행동이라고 언급한다(Peter Heseltine, 1993). 또한 놀이시설의 부상 연구가 닷슨(Ronald Gene Dotson, 2013)에 따르면 불필요한 부상은 놀이터 장비

〈그림 25〉 놀이시설의 인적 위해요인의 사례

를 합리적인 방법으로 사용하여 위험을 경험하는 어린이의 외부에서 발생하는 부상이다. 행동기반 안전관리에 대한 연구[156]에 따르면, 일반적으로 어린이의 부상 유발 요인으로 확인된 특별한 행동 패턴은 부주의, 부적절한 위치, 서두르고 부적절한 행동이었다.

국내 어린이 놀이시설 사고로 이어진 인적 위해요인은 다음과 같이 확인되었다.
- 부적절한 이용 : 터널/지붕 위로 올라 뛰어내리기, 그네를 회전놀이로 이용 등
- 부적절한 소지품 : 우산, 줄넘기줄, 자전거, 날카로운 장난감, 비눗방울 놀잇감 등
- 부적절한 복장 : 풀어진 신발 끈, 치마 레이스, 긴 목도리, 끈 달린 옷 등
- 보호관찰 없는 영유아 : 보호자 없는 영유아의 놀이기구 이용 등

그동안 국내 놀이시설 현장에 발생한 놀이시설 사고 중 인적 위해요인으로 인해 발생한 사고 중에서 놀이시설 안전관리에 있어 다발성, 중대성의 관점에서 우선 고려해야 할 사고 사례는 다음 〈표13〉과 같다.

〈표 13〉 놀이시설의 인적 위해요인의 구체적 사례

구분	사고 형태 및 사례
부적절한 소지품	• 한 손에 장난감을 들고 조합놀이대 네트를 오르다 추락 • 놀이시설 내에 철사를 가지고 와서 놀다가 발바닥 찰과상 상해 • 놀이시설 내 야구놀이 중 야구방망이가 날아와 코가 부러짐. • 실내놀이시설에서 공을 가지고 놀다 바닥으로 넘어져 치아손상 • 가지고 놀던 비눗물 일부가 바닥에 쏟아져 사고자가 뒤로 넘어져 계단 모서리에 부딪혀 머리 손상 • 겨울에 눈썰매를 가지고 미끄럼틀을 타고 내려오다 도착지점 화단 경계석에 부딪혀 열상 상해 • 조합놀이대 부착 미끄럼틀에서 초등생 여아 2명이 줄넘기줄을 가지고 놀다가 줄에 휘걸려 질식으로 인한 사망 • 비가 멈춘 후 우산을 가지고 조합놀이대에서 장난치다 친구 눈을 찌름. • 인라인스케이트 신발을 신고 조합놀이대 위에서 놀던 중 미끄러져 옆 친구를 신발로 가격해 다리 골절 사고 • 초등생이 미끄럼틀 출발지점에서 아래에 있는 친구에게 던지다가 지나가던 아이가 넘어져 미끄럼틀 도착지점에 이마를 충돌하여 열상
부적절한 복장	• 봄철 바람막이 점퍼를 채우지 않은 채 그네를 타다 줄에 걸려 열상을 당함. • 슬리퍼를 신고 로프용 네트를 건너다 발이 빠지면서 베임 손상을 당함. • 겨울철 털장갑을 끼고 이용하다 철제기구에 장갑이 붙어버리고 손만 빠지면서 찰과상을 당함. • 비에 젖은 상태로 미끄럼틀을 타다가 2도 화상 • 끈이 긴 후드점퍼를 걸친 채 조합놀이대 통로에서 끈이 걸려 넘어져 타박상 • 치마를 입고 그네를 타다 체인 연결 고리에 치마가 걸려 넘어져 치아손상
부적절한 이용	• 터널미끄럼틀 위로 오르다 보호난간을 넘어가다 추락해 다리 골절상 • 조합놀이대 내 접근금지 야자수 조형물을 이용하다 조형물이 떨어져 얼굴에 열상을 당함. • 안내표지판에 매달리다 연결판이 떨어지면서 그사이에 손이 끼여 열상 발생 • 실내놀이시설에서 친구가 잡아당겨 근처 시설에 머리 충돌로 열상 발생 • 6세 이하용 그네를 9세 아이가 이용하다 그네 체인 상단 연결부에 손이 끼여 열상 발생 • 초등생용 건너는 놀이기구를 미취학 아동이 도전하다가 추락해 다리 골절상 • 조합놀이대 지붕 위로 올라갔지만 내려오지 못해 119 도움으로 내려옴.
보호관찰 없는 영유아	• 만 3세 여아가 5세 이상용 놀이기구(네트)를 혼자 오르다 뒤로 넘어져 열상 • 어린이집에서 밧줄 달린 오르는기구를 오르다 친구와 부딪치며 추락해 골절 • 계단을 내려오다 다음 디딤판이 바로 지면인 줄 착각해 발을 크게 내딛다가 넘어져 찰과상 • 어린이집 놀이시간에 남아(3세) 혼자 밧줄을 잡고 내려오다 추락 • 보호자 동반 남아(2세)가 떼를 써서 혼자 미끄럼틀 이용하다 추락

① 어린이 놀이방식과 사고의 연관성

어린이는 평소 놀이기구의 사용 방법에 따라서는 위험하다는 것을 충분히 인식하지 못하고 놀이에 집중하는 경향이 강하다. 통상의 사용 방법에 따른 놀이시설 이용을 우리 어른들은 상정하고 있지만, 어린이들은 왕성한 호기심과 놀이를 즐기는 아이들 특유의 엉뚱한 행동 등으로 인해 놀이기구 본래의 용도와는 다른, 예상치 못한 놀이행동을 하기도 한다. 이러한 놀이행태에서 사고가 자주 발생하고 있다.

어린이는 발육발달 단계에 따라 신체의 크기나 체력뿐만이 아니라 위험에 관한 예지 능력이나 사고의 회피 능력 등 안전관리 능력이 크게 달라진다. 이 때문에 발육발달 단계에 따른 보호관찰을 실시할 필요가 있다.

어린이들이 놀 때, 그들이 하는 일은 종종 예측하기 어렵다. 그네나 미끄럼틀과 같이 겉보기에는 간단한 장비도 나이, 능력, 성향에 따라 다른 방식으로 사용될 수 있다. 실제로 아이들은 친숙하고 지루해서 종종 더 큰 흥분과 도전에 대한 욕구로 동기 부여된 특징들을 가지고 놀거나 가지고 놀 수 있는 새로운 방법을 적극적으로 찾는다. 이 모든 것은 놀이터 안전관리를 복잡한 과정으로 만들게 된다.

② 어린이 놀이행동 특성

놀이시설에 설치된 개별 놀이기구는 모험과 도전, 사회적 놀이기회를 제공하면서 아이의 놀이를 촉진한다. 설치된 놀이기구 대부분은 「어린이 제품 안전 특별법」 제2조 제9호에 따른 안전인증을 획득한 제품으로 기본적인 안전성을 확보하여, 어린이에게 즐거움을 제공하면서도 성장에 도움을 준다.

어린이가 놀이를 통한 모험이나 도전은 어린이 놀이에 있어 자연스러운 행동 패턴이며, 어린이는 재미 또는 호기심 등의 다양한 이유로 종종 종래의 노는 방법과는 색다른 놀이 활동을 원하는 습성을 가진다. 하나의 놀이 활동에서 재미가 부족하면 흥미를 잃게 되어 보다 재미있는 놀이 방법을 찾아내어 어른의 상상을 뛰어넘는 다른 놀이방법을 응용해서 찾아내는 일도 있다. 놀이터 안에서 어린이는 언제나 더 재미있는 놀이방법을 탐색하고 연구하는 특징을 가지고 있다. 즉, 어린이가 놀이를 통해 모험과 도전을 하는 것은 자연스러운 행위이며, 어린이는 예기치 않은 놀이를 하는 일이 있다.

● 모험과 도전은 아이의 놀이에서의 자연스러운 행동의 하나이며,
　① 어린이는 언제나 항상 보다 재미있는 놀이를 탐색 및 강구한다.
● 그래서 실제 아이들은..
　② 종종 놀이기구 본래의 목적과 다른 보다 재미있는 놀이를 찾으며,
　어른의 상상을 뛰어넘는 놀이를 즐긴다.

〈그림 26〉 어린이의 놀이행동 특성

　어린이가 놀이에서 가장 먼저 기대하는 것은 즐거움과 스릴이다. 놀이터를 안전하게 만드는 것은 어쩔 수 없이 본래의 목적을 달성하는 하나의 수단이다. 특히 놀이터에서 아이들이 놀이의 목적을 달성해가는 그 과정에서 어느 정도의 안전은 희생이 된다.

　이렇게 어린이는 놀이기구가 제작된 본래의 용도와는 다르게 자신만의 능력과 방식으로 다양한 놀이방법을 생각하고 도전하게 된다. 특히 지금처럼 획일적이고 정형화된 놀이기구만 설치되어 재미가 없어지고, 그 이용이 오래되어 싫증 나면 어린이는 종종 부모 또는 관리 주체들이 예상을 뛰어넘는 응용의 놀이방법 또는 방식(과용 및 오용)으로 이용하게 된다. 행동기반 안전관리에 대한 연구를 살펴보면 일반적으로 놀이시설에서 어린이의 부상 가능성을 발 요인으로 확인된 특별한 행동 패턴은 부주의, 부적절한 위치, 서두르는 부적절한 행동이었다.[157]

　이러한 기본적인 특징으로 인해 어린이는 놀이터에서 위험한 환경에 도전 또는 과도한 놀이방식을 선택하기도 한다. 이로 인해 크고 작은 손상사고를 당하게 된다. 하지만, 이러한 어린이의 놀이특성으로 인해 우리가 아이들을 운명에 내맡긴다고 생각하게 해서는 안 된다. 우리는 여전히 아이들을 상당히 안전하게 지킬 의무가 있으며, 이 의무는 법적 틀에 이미 기본적으로 반영되어 있다.

국내 어린이 놀이시설 안전관리제도상 운용되고 있는 어린이 놀이시설의 안전검사 기준인 「어린이 놀이시설의 시설기준 및 기술기준」에 따르면 놀이시설에서의 사용자 안전은 기구의 목적에 부합되는 적합한 놀이행동을 했을 때 보장될 수 있다고 언급하고 있다. 유럽기준(EN 1176-1)을 인용하자면, "어린이는 위험에 대처하는 법을 배울 필요가 있으며, 이것은 멍과 타박상을 야기할 수 있고 심지어 때때로 다리가 부러질 수도 있다"(BSI, 2008a)라고 언급하고 있다. 따라서 의도하지 않은 부상은 종종 이런 유형의 행동으로 유발된다.

이렇게 어린이는 기본적으로 더 많은 도전과 모험을 원하고 있으므로 놀이기구 본래의 목적을 뛰어넘는 놀이를 즐기게 되며, 도전 실패 시 손상을 당하기 마련이다. 기본적으로 이용자의 요구도를 반영한 스릴과 도전을 즐길 수 있는 놀이기능이 충분히 마련되어 있어야 하지만 그렇지 못한 놀이터가 대부분인 것이 아쉬울 뿐이다. 또한 관련법과 제도에 따라 검사기관에 의한 안전검사 또는 관리 주체의 안전점검을 충분하게 시행하더라도 놀이시설 안전사고가 지속하는 이유가 여기에 있다.

③ 어린이 연령별 능력과 안전사고의 연관성

어린이는 어느 정도의 위험성을 내재하는 놀이 활동에 매료되어 도전하는 것으로써 자기의 심신 능력을 높여 가지만, 어린이의 발육 발달 단계에 따라서는 원하는 놀이방식이 달라지고 위험에 관한 예측 능력이나 사고의 대응 능력에 차이를 보이고 있다. 한가지 분명한 문제는 나이가 많은 아이들이 종종 어린아이들보다 더 도전적인 놀이기회를 찾는다는 것이다. 이는 높이, 속도, 복잡성 또는 오르는 것과 탈출의 어려움과 같은 요인과 관련될 수 있지만 이러한 요인에 대해서 현행 안전기준으로는 대처하지 못하고 있다.

선행 연구에서도 밝히고 있지만 '영유아는 발달 특성상 주변의 사물이나 환경에 대한 호기심이 높고 탐구하려는 욕구가 강한 반면, 신체운동능력이 미숙하여 신체를 마음대로 조절할 수 없으며, 상황 판단력이나 사고 가능성의 예측력이 부족하여 안전사고의 위험성이 높다'라는 것을 알 수 있다.

어린이는 성장 및 발육 발달 단계에 따라 신체의 크기나 체력만 아니라 위험에 관한 예지 능력이나 사고 회피 능력 등의 안전에 관한 능력이 크게 달라서 나이에 따른 안전관리를 시행할 필요가 있다.

안전사고에 특히 취약한 대상 어린이는 만 3세에서 6세 정도의 유아이자, 미취학 아동이다. 이

연령대 어린이는 달리고, 높이 뛰며, 오르고, 매달리는 등의 행동을 할 수 있으며, 적극적으로 이러한 신체 운동 능력을 키우게 된다.

그러나 이 연령대 어린이는 좋고 나쁨을 구별하기 어려울 뿐만 아니라 위험한 행동을 섣불리 취하기 쉽고 자신의 능력 이상의 행동을 취하기 때문에 크고 작은 안전사고를 경험할 수밖에 없다. 또 한편으로 점차 또래와 노는 것을 좋아하게 되면서 사회성을 키우기도 하지만 어린이 상호 간의 장난으로 인한 안전사고가 발생하기 쉬운 연령대이다.

· 유아의 신체 특성

선행 연구에 따르면 유아기는 영아기와 비교하면 양적 성장률은 감소하나 몸의 균형이 잡히는 시기로, 균형감각과 협응력이 발달하면서 모험놀이와 적극적인 대근육 활동이 증대된다. 또 행동의 범위가 성인의 감독 범위 이외로 확장되고, 모방을 즐기는 양상을 보인다. 나아가 증대된 운동능력에 비해 신체를 조절하거나 환경을 지각하는 능력이 부족한 시기이므로 안전사고에 노출되기 쉽다.

2017년 11월 초등학교 내 병설유치원 6세 아동이 실외놀이시간에 초등학생용 구름사다리를 이용하다 추락해 골절상을 당한 사례와 어린이집 원생(4세 남아)이 아파트놀이터 정글짐을 이용하다 추락해 골절상을 당한 것이 그 사례가 되겠다. 이러한 발달 특성으로 인해 놀이터에서의 충돌사고 및 크고 작은 안전사고 등의 발생이 증가한다. 따라서 성인의 지속적인 보호와 함께 위험요소를 알려주고 규칙을 지키도록 하여야 하며, 올바른 놀이습관을 형성시켜야 한다.

일반적으로 사람이 태어날 때는 신체적 비율이 4등신으로 출발해서 성인에 이르면서 7등신에서 8등신이 된다고 한다. 미취학 아동은 5등신 전후로 보통 머리 부분의 비율이 높은 것이 특징이다. 그래서 걷거나 달리기를 할 때 밸런스를 잃기 쉽고 근력이나 민첩성이 부족해서 놀이기구에 끼이거나 얽매이거나, 또는 재빨리 대응하지 못하고 넘어지거나 떨어지기도 한다. 또 몸체의 두께보다 머리 부분의 지름이 크기 때문에 신체는 놀이기구 틈 사이로 몸체가 빠져나가도 머리가 걸리는 안전사고가 발생하고 있는 것이 현실이다. 또 한편으로는 놀이기구 측면 또는 아래로 머리 부분이 통과하면서 신체도 쉽게 통과하게 되어 추락 사고도 발생할 수 있다.

학령기(5~12세) 아동의 놀이는 상상놀이에서 점차 벗어나 규칙 있는 게임과 스포츠 시설을 통한 운동에 집중하게 된다. 따라서 이 단계 아동을 위한 놀이터에는 질서와 구조가 생기며, 목공놀이 연장과 미술 활동, 정원이나 밭 가꾸기 등 일/놀이가 병행하는 특징을 지원해 주어야 한다.

요약해서 실외놀이터는 놀이터를 사용하는 아동의 발달에 따른 놀이 욕구를 충족시킬 수 있어야 한다.

특히 취학 전 어린이들(3세~5세)의 놀이에는 주의가 더욱 필요하다. 이 시기의 어린이들은 강화된 근육 조정과 운동 발달 성장이 계속되어 높은 곳을 오를 수 있고 더 빨리 뛸 수도 있다. 부모나 친구의 행동을 본받아 그 속에서 흥미를 찾기 때문에 자신의 능력을 넘어선 행동으로 인해 위험에 빠지곤 한다. 아이들은 여전히 자기중심적 이어서 상해가 일어날 수 있다는 것을 인식하지 못한다. 예를 들어 구름사다리를 건너갈 때 다음 손잡이가 멀다는 것을 알지 못한 채 떨어진다거나, 물 깊이를 알지 못한 채 호수에 들어가 갑자기 넘어져버린다.

다음 〈그림 25〉에서 다양한 놀이 동선을 확인할 수 있으며, 놀이에 집중할수록 시설결함 보다는 인적 요인으로 인한 사고 발생이 많아질 수 있다.

아울러 취학 전 아이들의 상상해서 노는 놀이는 신체 일정 부위의 얽매임이나 질식사 같은 것을 일으키기도 한다. 상해는 물건 사용의 상상 속에서 발생한다. 예를 들어 장난감 박스는 놀이 집이 될 수도 있다. 작은 아이는 놀이 집에 오를 수 있지만 나오려고 할 때 무거운 뚜껑이 아이 위로 떨어질지도 모를 위험을 지닌다. 취학 전 아이들은 행동과 놀이의 모험이 계속되기에 여전히

● 모험과 도전은 아이의 놀이에서의 자연스러운 행동의 하나이며,
　① 어린이는 언제나 항상 보다 재미있는 놀이를 탐색 및 강구한다.
● 그래서 실제 아이들은..
　② 종종 놀이기구 본래의 목적과 다른 보다 재미있는 놀이를 찾으며, 어른의 상상을 뛰어넘는 놀이를 즐긴다.

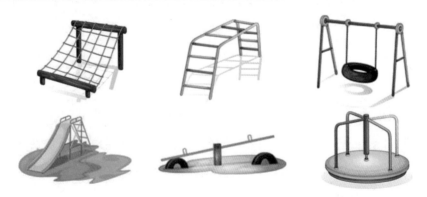

〈그림 27〉 놀이시설 내에서 확인되는 다양한 놀이 동선의 예제

잠재된 위험에 취약하다고 할 수 있다.

그러므로 취학 전 어린이들의 놀이에는 부모님이나 보호자의 동반이 필요하다고 할 수 있다. 특히 많은 아이가 이용하는 놀이터를 이용할 때는 안전한 이용수칙 등을 사전에 알려주고 또래 아이들을 무턱대고 따라가거나 똑같이 행동하는 것에 주의를 시키는 것이 좋다.

⑧ 사고 예방 노력과 과제

안전기준 준수를 위한 안전관리가 아닌 사고 예방을 위한 보호가 필요하다. 어린이 놀이시설 안전관리법에 따라 최초 실시하는 '설치검사'와 2년마다 이행되는 '정기시설검사'에 합격한 것은 "놀이시설 및 기구에 의해 발생하는 안전사고를 미리 방지하기 위해 충족되어야 할 기술적 측면의 최저기준에 합격한 것으로, 놀이시설에서의 사용자 안전은 기구의 목적에 부합되는 적합한 놀이행동을 했을 때 보장될 수 있다. 따라서 사용자의 오용이나 과실로 인한 사고가 일어날 수 있으며 안전사고가 전혀 일어나지 않는다는 것을 보장하는 것은 아니다"라고 어린이 놀이시설의 시설기준 및 기술기준에도 밝히고 있다.

하지만 현장에서는 최초 '설치검사', '정기시설검사'에 합격하면 기본적인 법적 의무를 이행한 것으로 '안전한 놀이터'라고 과신하는 관리 주체와 부모들이 의외로 많아 문제다.

그래서 관리 주체는 법에서 정한 엄격한 의무를 철저히 이행했으므로 놀이시설에서 사고가 나면 관리 주체는 이용 부주의로 치부하는 경향 및 사회적 분위기가 만연되고 있다. 법적 의무는 놀이시설 사고 예방을 위한 최소한의 의무이지, 전부가 아니라는 것에 유의할 필요가 있다.

관리 주체는 2년마다 받는 안전교육을 통해서 놀이시설 및 놀이기구에 대한 내용을 중심으로 교육을 받고 있지만, 지속하는 사고방지를 위해서는 이용자의 행동 특성과 사례에 집중할 필요가 있다. 즉, 놀이시설에서의 사고는 법적 관리의무인 시설결함 및 관리부실로 인한 사고보다는 환경적 인적요인으로 인해 더 많은 사고가 발생한다는 점이다. 놀이시설 안전관리 포인트는 법적 의무관리가 아닌 사고 예방을 위한 관리가 필요하다. 따라서 놀이시설 내외부에 존재하는 리스크를 관리하고 사고나 손실을 방지할 것인가 하는 관점이 중요하다.

예를 들면 통상의 경우 안전한 놀이기구도 노후화하여 강도가 떨어지면 사고나 부상으로 이어질 가능성은 커진다. 이러한 위해요인은 관리 주체가 미리 내용 연수나 사용 정도를 평소 점검함

"놀이시설에서 일어나는 모든 위험을 완전히 없애는 것은 가능하지도 바람직하지도 않다"

어린이
놀이특징

위해
요인

보호필요
이용지도

줄여야 하는 것은
안전사고(X)
심각한 손상(O)

점검,제거
안전관리

〈그림 28〉 놀이시설 안전관리의 대상과 범위

으로써 사고의 원인을 통제할 수 있다. 또 평소 아이의 발이 걸려 넘어질 수 있는 부자재 혹은 넘어졌을 때 손상을 줄 수 있는 위험물이 없는지 점검을 게을리하면 사고의 위험은 당연히 커진다.

또한 2015년부터 2019년 행정안전부가 발표한 놀이시설의 중대사고 분석 결과를 살펴보면 사고로 인한 큰 증감없이 부상자가 지속적으로 발생된다는 것은 시설적 요인보다는 놀이시설의 관리적 요인(관리 부실)과 인적 요인(이용자 행동)에 집중해야 한다는 증거가 된다고 볼 수 있다.

노르웨이의 샌드세터(Sandeter & Kinnear, 2011년)의 연구에 따르면 놀이터에서 아이들은 위험을 스스로 찾아서 경험하게 되어 있는 것으로 확인되었고, 놀이를 하는 아이들이 주로 이용하는 놀이시설에서 부상이 일어날 것이라고 믿는 것은 타당하다.

놀이시설에서 사고를 유발하는 원인은 안전하지 않은 조건과 안전하지 못한 행동에 의존한다(Bird et al., 2003)고 한다. 따라서 관리 주체는 사고방지를 위해 안전하지 않은 조건과 어린이의 오용 및 과용 등 각 위해요인별 집중 관리가 필요하다.

그런 의미에서 놀이시설 안전관리란, 이러한 인과관계 속에서 위해요인(hazard)을 예방 또는 최소화하고 일단 사고가 발생한 때에 거기서 생기는 손실을 최소한으로 막기 위한 여러 수단을 종합적이고 체계적으로 마련하는 안전관리라고 할 수 있다.

1) 일반 안전기준에 대한 이해

2008년부터 어린이 놀이시설 안전관리법이 시행되어 제도가 운용되고 있음에도 불구하고 놀이시설에서의 안전사고는 매년 지속해서 증가하고 있다. 놀이시설 이용에 따른 어린이의 안전사고를 미리 방지함을 목적으로 하는 「어린이 놀이시설 안전관리법」이 시행되고 있음에도 안전사고가 줄어들지 않고 증가 및 지속하는 원인을 살펴볼 필요가 있으며, 밝혀진 원인에 따른 실질적인 놀이시설 안전관리를 도모할 필요가 있는 것이다.

2019년 한 언론 뉴스에서는 놀이시설 안전관리에 있어 설치검사 비율만을 거론하며 안전관리에 있어 부실을 지적하여 소비자들의 불안감을 고조시켰고, 2015년 1월 '안전기준 미달' 전국 놀이터 1,600여 곳이 일시 폐쇄되고 있는 실태를 지적하였다. 틀린 지적은 아니지만, 어린이 놀이시설 안전사고 예방을 위해서는 정확한 진단을 할 필요가 있다.

우리가 알아야 할 것은 어린이 놀이시설 안전관리법에 따라서 놀이터에 설치된 놀이기구에 대해 설치검사를 받지 않았다고 해서 위험한 시설이며 무조건 안전사고가 발생할 수 있다는 단순 논리를 펴기에는 무리가 있다. 즉 어린이 놀이기구 및 바닥 재료가 어린이 놀이시설 시설기준 및 기술기준에 적합하게 설치됐다고 해서 안전사고의 우려가 완전히 사라지는 것이 아니라는 점이다.

실제로 2017년 4월 모 아파트에서 안전검사에 합격한 조합놀이대 울타리 살 사이에 아이의 팔꿈치가 끼여 119센터의 도움으로 조치된 사고가 있었다. 사고 지점은 사용자가 밑으로 낙하하는 것을 방지하기 위해 설치된 울타리이다. 현행 어린이 놀이시설 안전검사 기준에 따르면 쉽게 접근할 수 있는 놀이기구는 놀이터 바닥으로부터 600mm 이상에 있는 플랫폼에 대하여 울타리를 설치가 의무이다. 검사 내용은 여러 가지가 있으나 사고와 관련한 얽매임에 대해서는 심각한 손상으로 이어질 수 있는 머리와 목의 얽매임의 발생 여부를 확인한다. 따라서 안전기준을 준수한 놀이시설이라도 상기와 같은 우발적 사고는 충분히 일어날 수 있다는 점을 주지할 필요가 있다.

놀이시설의 안전검사는 놀이터에 설치된 그네, 미끄럼틀, 조합놀이대와 바닥 재료 등 법정 놀이기구에 대해 안전요건을 검사하는 것이며, 안전검사 시 적용하는 기준인 「어린이 놀이시설 시설기준 및 기술기준」은 "놀이시설 및 기구에 의해 발생하는 안전사고를 미리 방지하기 위해 충족되어야 할 기술적 측면의 최저 기준을 제시한 것으로, 놀이시설에서의 사용자 안전은 기구의 목적에 부합되는 적합한 놀이행동을 했을 때 보장될 수 있다. 따라서 사용자의 오용이나 과실로 인한 사고가 일어날 수 있으며 안전사고가 전혀 일어나지 않는다는 것을 보장하는 것은 아니다." 라고 밝히고 있다.

사고 조합놀이대 예시   사고 당시 사진

일반적으로 놀이터에서 사고가 발생하면 법적인 책임에 대해 먼저 고민하게 된다. 그래서 법적 의무와 관련법에 따른 안전기준의 준수 여부를 우선 살피게 된다. 그러나 책임 문제를 다루기 전에 놀이시설과 법에 따라 적용되는 안전기준이 무엇인지 명확히 인지할 필요가 있다.

① 안전기준의 목적과 역할

어린이 놀이기구의 안전기준의 주요 목적은 부상의 빈도와 심각도를 줄이는 것이다. 국제적으로 모든 부상의 제거는 비현실적인 것으로 간주하며, 베임상처, 타박상 또는 부러진 뼈를 예방하기 위해 안전기준이 고안된 것은 아니다.

아이러니는 2016년부터 2019년까지의 중대사고 통계를 살펴보면, 놀이터 안전에 대한 법적 준수 의무와 사회의 세심한 관심이 사실 아이들이 겪는 사고의 수에 있어서 엄청난 차이를 만들어내지 못하고 있다는 것이다.

놀이시설은 어린이 놀이시설 안전관리법에 따라 안전기준에 적합한 어린이 놀이기구가 설치된 실내 또는 실외의 놀이터로서 안전한 야외 놀이를 할 수 있도록 설계된 영역이다. 안전한 놀이시설은 놀이기구로 인해 어린이가 얽매일 수 있는 개구부와 추락으로 인해 생명에 위협을 주는 위험한 놀이기구가 없는 놀이터에 노출된다는 것을 의미한다. 또 안전기준에 따라 설치하고

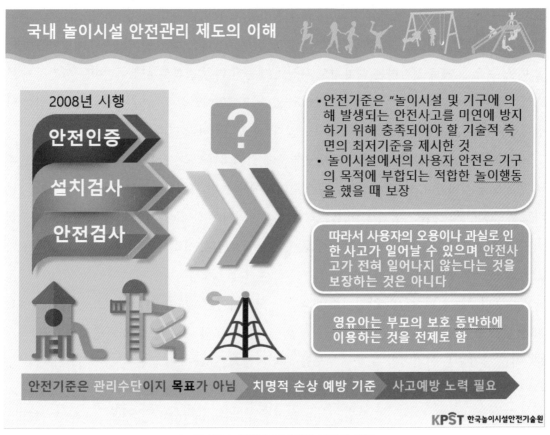

국내 놀이시설 안전관리 제도의 이해

2008년 시행

안전인증

설치검사

안전검사

?

• 안전기준은 "놀이시설 및 기구에 의해 발생되는 안전사고를 미연에 방지하기 위해 충족되어야 할 기술적 측면의 최저기준을 제시한 것
• 놀이시설에서의 사용자 안전은 기구의 목적에 부합되는 적합한 놀이행동을 했을 때 보장

따라서 사용자의 오용이나 과실로 인한 사고가 일어날 수 있으며 안전사고가 전혀 일어나지 않는다는 것을 보장하는 것은 아니다

영유아는 부모의 보호 동반하에 이용하는 것을 전제로 함

안전기준은 관리수단이지 목표가 아님   치명적 손상 예방 기준   사고예방 노력 필요

KPST 한국놀이시설안전기술원

〈그림 29〉 놀이시설 안전관리 제도의 이해

그에 따라 유지 관리된다는 것을 의미한다. 그러나 기본적으로 적용되는 안전기준은 놀이터에서 발생하는 모든 손상을 예방하는 것을 목적으로 하지 않는다.

이와 더불어 놀이시설 안전기준 적용 시 36개월 미만의 영유아는 놀이시설 이용 시 성인이 동반하여 영유아의 안전을 도모하는 것을 전제로 한다고 이 기준은 제시하고 있다. 즉, "놀이시설에서의 사용자인 어린이 안전은 기구의 목적과 이용자 나이에 부합되는 적합한 놀이행동을 했을 때 보장될 수 있으며, 사용자의 오용이나 과실로 인한 사고가 일어날 수 있으며 안전사고가 전혀 일어나지 않는다는 것을 보장하는 것은 아니다"라고 밝히고 있는 것처럼 놀이기구의 시설적 측면에서 이용자인 어린이가 당할 수 있는 치명적 손상을 방지하기 하기 위한 최저 기준을 적용하는 것이지, 모든 사고를 방지하는 기준이 아니다.

우선은 국가별로는 차이는 있지만 놀이터 사고 관련 소송의 증가와 사고 우려에 대한 부모의 걱정으로 인해 어린이 놀이터에서 위험요소는 내재하는 것이며, 제거하는 노력은 가능하지도 않고 바람직하지도 않다는 인식이 점점 더 증가하고 있다. 유럽과 영국안전보건청(HSE)도 이 같은 인식을 공유하고 있다. 즉, "엄격한 안전기준을 모두 충족했다고 해서 놀이터에서 어린이들이 더 잘 배울 수 있을 거로 생각하는 때마저도 자신의 행동이 미칠 결과로부터 어린이를 완전하게 보호하는 것이 절대 가능하지 않다"라고 밝히고 있다. 또 "놀이시설에서 일어나는 모든 위험을 완전히 없애는 것은 가능하지도 바람직하지도 않다"라고 강조하고 있다.

도전적이면서 좋은 놀이터는 당연히 안전기준에 적합해야 한다. 안전기준은 분명 다양한 범주의 위해성을 식별한다. 어떤 위험요소는 어린이들에게 놀이 가치나 이익이 없고 끼임, 교살, 날카로운 돌출부 및 충돌 지점과 같이 놀이터에서 제거되어야 한다. 하지만 다른 위험요소는 도전적인 경험, 움직임의 유형 및 높이의 형태로 이익을 제공한다. 이것들은 세심하게 관리될 필요가 있지만 반드시 제거될 필요는 없다.

우리가 다루는 놀이시설의 안전기준의 역할은 도전적이면서도 안전한 방식으로 놀이를 계획하는 것을 가능하게 하며, 재미있고 도전적인 놀이를 창조할 수 있는 틀을 제공한다. 궁극적으로, 이 안전기준은 어린이와 그들의 부모들에게 위해요인(hazard)이 없는 환경에서 자유롭게 놀 수 있도록 나이에 대한 배려와 함께 즐거운 놀이터의 가능성을 보장해주는 것이라는 것을 주지할 필요가 있다.

그러나 놀이터의 안전기준에 대해 기계적인 적용만을 강조하는 국내 검사와 제도는 현실적으로 분명 놀이가치의 증진과 창의적 놀이의 창조를 어렵게 하고 있어 안타까울 뿐이다.

의심할 여지 없이 이것에는 많은 이유가 있는데, 하나는 놀이터가 완전히 안전할 수 있고, 그래서 사고가 발생하면 결국 누군가의 과실이라는 잘못된 믿음 때문이다. 안전기준 자체는 이러한 법적 이익에 속하게 되었다. 왜냐하면 안전기준 자체는 놀이공간이 공식적으로 승인된 품질과 '안전한 놀이터'에 대한 판단에 대해 간단하고 쉽게 적용할 수 있는 방법으로 해석될 수 있다. 결국엔 국내에 존재하는 놀이터는 법적으로 안전하거나 안전하지 않은 놀이터로 구분된다.

우리나라의 경우 법률 시스템이 작동하는 메커니즘은 안전기준 준수라는 법적 의무를 이행한다면, 그에 따른 자신의 관리의무 이행을 완수했다는 증거로 사용하는 경향이 크다. 이렇게 안전기준을 준수한 것은 부상이 없음을 의미하거나, 소송에 대한 면책특권을 의미하는 것(Jost, Yost & Mikus, 2016)으로 여겨지기 때문이다.

이렇게 우리는 이분법적 사고와 오해의 결과로서, 놀이터를 설계하고 고려하면서 법적 의무인 안전을 우선 고려하고 있다. 안전기준의 단순한 기계적인 적용이 반복되다 보니 그들의 정당한 영역을 넘어 법적 의무 위반의 위험을 최소화하기 위한 이해관계로 인해 좀 더 다양한 놀이기회를 제공하려는 의사결정의 범위를 제한하는 문제가 종종 발생하기도 한다. 그러한 상황에서 지역 의사결정자들은 종종 좌절되고, 최적의 놀이 공간을 제공하는 그들의 능력은 제한될 수밖에 없는 현실을 마주한다.

그러나 안전기준이 최근 국내에서 사회운동으로 추진되는 '어디든 놀이터', '숲놀이터', '모험 놀이터'에 대한 요구와 어떤 이유로든 어린이가 다소 위험한 선택을 요구할 수 있는 발달적 요구와 지역 상황 등을 모두 감당할 수는 없으며, 놀이의 이점을 어느 정도까지 고려하는지도 불명확하다.

우리가 살아가는 도시와 "자연"의 세계는, 인간의 손에 의해 속박되어도 그 본질에서 울퉁불퉁하고 불규칙적이며 표준화에 민감하지 않다. 어린이 놀이가 불확실성에 대한 자기 주도적이고 유연한 대응을 수반한다는 명제의 정당성은 현재 사회과학의 증가하는 연구 기반에 의해 하나씩

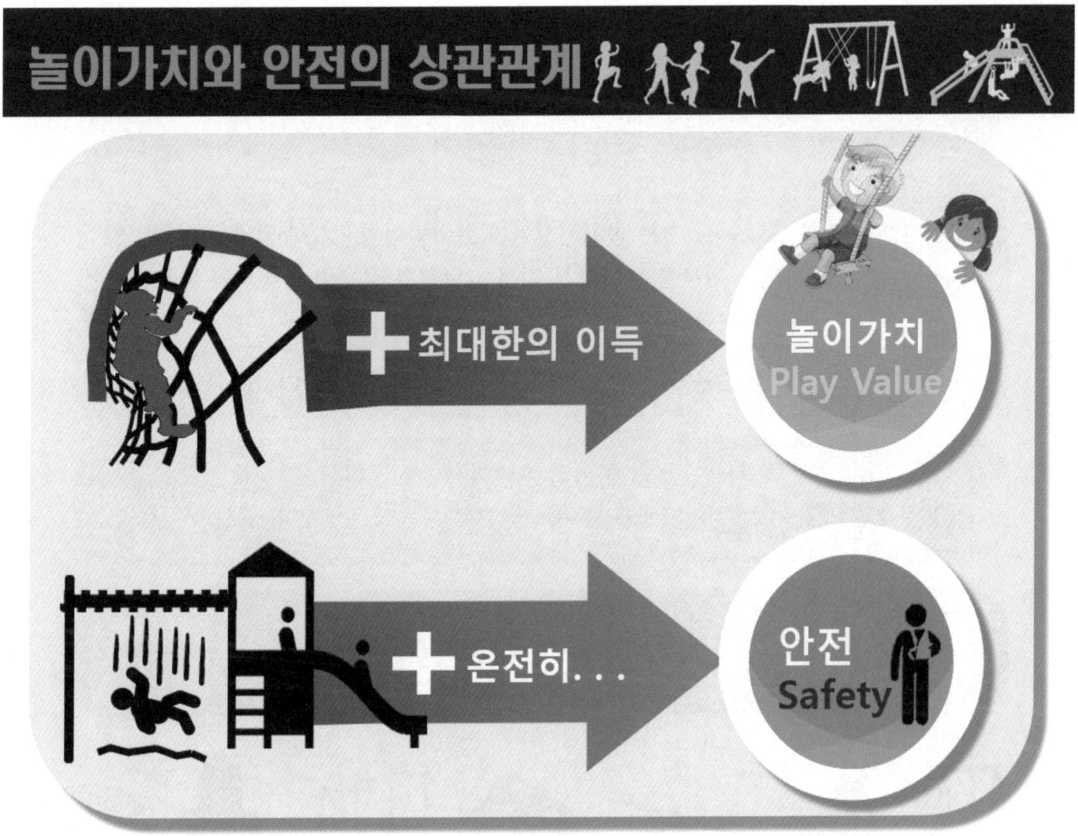

〈그림 30〉 놀이시설 안전관리의 목표

입증되고 있다. 그것은 어린이들의 발달욕구에 기인하기 때문이다.

산업표준으로 분류된 인증받은 놀이기구 기반의 물리적 안전검사는 더 자연스러운 놀이터와 놀이기회를 만드는 것에 대해 다양한 놀이 제공자의 목표를 훼손하는 결과를 초래하는 일이 발생할 수 있다. 더구나 우리가 관리시스템과 표준화의 시대에 살고 있지만, 현재의 공학적인 안전기준은 개인적이면서 사회적일 수밖에 없는 놀이의 다양성, 복잡성 그리고 예측할 수 없는 형태를 지원하는 데 능숙하지 못하다는 것이다. 현재의 안전기준과 그 제정 과정은 객관적 고려사항, 공학적 고려사항, 가치 기반 판단 등을 구분하지 않고 무엇이 어린이에게 좋은 것인지보다는 부상예방이라는 하나의 통일된 분야로 경직된 방향으로 해석되고 집중하는 경향이 크다.

우리나라는 관련법과 제도에서 어린이 놀이시설 안전의 잣대로 「어린이 놀이시설 시설기준 및 기술기준」을 적용하고 있다. 그러다 보니 사회적으로도 이 안전기준에 어긋나면 위험하고, 안전기준에 적합하면 무조건 안전하다는 획일적 안전의식이 만연되고 있다.

따라서 우리는 아이들에게 건강하고, 즐겁고, 발전적으로 자극적인 놀이 경험을 할 기회를 제

국내 안전기준의 현실

- 안전기준 준수를 요구하는 것은 공식적으로 어린이놀이기구가 승인된 품질 및 안전하게 설치, 관리되는 여부를 판단하기 위해 간단하고 적용이 용이하기 때문임

- 국내 놀이시설 안전기준은 물리적 안전성을 위한 합부 판정의 잣대로 적용됨

- 아동을 키우는 부모의 관심이 큰 분야여서 놀이시설 사고발생시 시민은 소송의 근거로, 검사기관은 방어적 근거로 활용되는 측면이 강함

- 안전기준이 과도하게 강조되고, 놀이시설은 완전히 안전해야 한다는 잘못된 믿음으로 인해 사고가 발생되면 누군가의 책임을 묻게 되는 악순환 발생

KPST 한국놀이시설안전기술원

공한다는 목표를 진지하게 받아들일 필요가 있다. 게다가 우리는 전 세계 많은 나라에서 어린이들의 야외 놀이에 더 많은 관심과 노력을 기울이고 있는 현장과 연구물에 대해 심도 있는 검토와 개선점을 고민할 필요가 있다.

② 안전기준을 지킨다고 저절로 안전한 놀이터가 만들어지는 것은 아니다

"어린이 놀이시설 안전기준은 안전관리 수단이지 목표가 아니다"라고 우리나라 놀이시설 안전기준의 출처인 유럽표준위원회에서도 밝히고 있다. 따라서 지금의 우리나라 사회적 분위기처럼 놀이시설 안전기준을 잣대로 놀이시설 안전검사에 합격했다고 해서 놀이터에서 사고가 일어나지 않는다고 판단해서는 안 된다.

안전기준을 현명하게 사용해야 한다. 국내 법과 제도에 따르면, 어린이 놀이시설은 안전인증과 안전검사 절차를 이행하도록 하고 있다. 이 3가지 절차에 적용되는 안전기준이 있다. 그 안전기준의 핵심은 어떤 놀이기구에서든 60cm 이상의 높이에서 어린이가 떨어질 경우 놀이터 바닥

놀이시설 안전과 관련된 국제 지침

영국안전보건청	"특히 놀이에 있어서 어린이에게 위험요소는 필요한 것이며, 모든 잠재적 위해요인을 경감하는 것은 가능하지도 바람직하지도 않다."
EN1176 EN1177 서문	"놀이터에서 위험 감수(Risk taking)는 필수적이며, 어린이 놀이터는 위험성을 주기 위해 만들어진다." 목적은 **적정수준의 안전성 확보**와 함께 **아동에게 이득이 되는 활동을 증진시키기 위함**이다. 이유는 놀이터 밖의 상황에 대응할 수 있는 가치 있는 경험을 제공하기때문이다
TÜV	"놀이기능도 빈약한, 너무 안전한 놀이시설에서 흥미를 잃은 어린이는 놀이기구의 과용 또는 오용으로 인해 오히려 안전사고 발생률이 높아진다. **이렇게 재미없는 놀이터가 일반 사람에게는 안전하게 보일지도 모르지만, 실제로는 안전하지 않다.**"
유럽표준위원회	"안전기준을 어린이들이 즐거운 놀이 기회의 접근을 막는 강제도구로 사용해선 안된다." "안전기준의 이점은 이러한 나쁜 위험을 밝히는 것이며, 사전에 조언해주며 검토할 수 있게 해주는 것이다. 다만, 안전관리에 있어 참고 포인트를 마련하여 도움을 주고 있지만 정확한 답을 주지는 못한다."

KPST 한국놀이시설안전기술원

어린이놀이시설 안전기준의 목적

놀이시설 및 기구에 의해 발생되는 안전사고를 미연에 방지하기 위해 충족되어야 할 기술적 측면의 최저기준을 제시한 것으로서, 놀이시설에서의 사용자 안전은 기구의 목적에 부합되는 적합한 놀이행동을 했을 때 보장될 수 있다. 따라서 사용자의 오용이나 과실로 인한 사고가 일어날 수 있으며 안전사고가 전혀 일어나지 않는다는 것을 보장하는 것은 아니다. 또한 36개월 미만의 영유아는 놀이시설 이용 시 성인이 동반하여 영유아의 안전을 도모하는 것을 전제로 한다.

최저 기준

어린이놀이시설 안전의 이해

어린이는 놀이기구가 제작된 본래의 용도와는 다르게 자신만의 능력과 방식으로 다양한 놀이 방법을 생각하고 도전하게 된다. 특히, 어린이는 평소 놀이기구의 사용 방법에 따라서는 위험하다는 것을 충분히 인식하지 못하고 놀이에 집중하는 경향이 강하다. 그래서 안전기준을 준수한 놀이시설이라도 언제든 다양한 안전 사고가 발생될 수 있다. 또한 어린이가 이용하는 놀이시설 상황이나 조건은 날마다 변화되고 있어 놀이터에서의 위험도 달라진다. 즉, 위험은 변화하며 항상 존재한다.

상존하는 위험

어린이놀이시설 안전의 목표

안전기준은 어린이놀이기구의 시설적 측면에서 이용자인 어린이가 입을 수 있는 치명적 손상을 방지하기 하기 위한 최저 기준을 적용하는 것이지 모든 사고를 방지하는 기준이 아니다. 모든 사고에 집중하는 것이 아니라 손상의 정도에 집중할 필요가 있다. 어린이 놀이에 수반되는 모든 위험을 제거하는 것은 가능하지도 않으며, 그것을 목표로 해서도 안 된다.
어린이가 놀이를 통해 회복가능한 정도의 부상을 경험하는 것은 더 큰 위험에 대한 예방으로 이어질 수 있다.

치명적 손상 예방

에 머리충격(HIC : 머리상해기준치)으로 사망 또는 평생 불구가 되지 않는지를 검사하는 것이다.

놀이기구의 안전기준은 어디까지나 놀이기구를 안전하게 이용할 수 있도록 최소한의 기술적 측면의 안전기준을 제시하여 제작 및 설치단계에서 정한 목표의 설정이며, 그 기준은 놀이기구 이용에 있어 특정한 위해요인(hazard)을 지정한 것에 불과하다. 하지만 놀이시설 사고는 다양한 요인에 의해 발생하고 있고 나머지 위해요인에 대한 관리 부재로 인해서 놀이시설 사고는 계속해서 반복되고 있다.

③ 위험은 변화하며 존재한다

놀이시설에서의 안전은 절대적인 것이 아니며 홀로 자리매김할 수도 없다. "안전검사를 합격한 놀이시설이라도 언제든 팔다리가 부러질 수 있다"라는 점이다. 어린이가 이용하는 놀이시설의 상황이나 조건은 날마다 변화되고 있어 놀이터에서의 위험도 달라진다. 즉 크고 작은 손상사고는 언제든 발생할 수 있다는 점을 관리 주체가 알고 어린이가 알아야 한다.

④ **어린이 놀이행동 특성**

어린이에게 있어 놀이를 통한 모험이나 도전은 자연스러운 행동 패턴이며, 어린이는 재미 또는 호기심 등의 다양한 이유로 종종 종래의 노는 방법과는 색다른 놀이 활동을 원하는 습성을 가진다. 하나의 놀이 활동에서 재미가 부족하면 흥미를 잃게 되고 더 재미있는 놀이방법을 찾아 어른의 상상을 뛰어넘는 색다른 놀이방법을 찾아내는 특성이 있다. 즉 왕성한 도전과 놀이를 즐기는 놀이시설에서는 크고 작은 손상사고는 언제든 발생할 수 있다는 점을 주지할 필요가 있다.

⑤ **어린이 놀이시설 안전관리의 과제**

안전기준은 어린이 놀이기구의 시설적 측면에서 이용자인 어린이가 당할 수 있는 치명적 손상을 방지하기 하기 위한 최저 기준을 적용하는 것이지, 모든 사고를 방지하는 기준이 아니라는 점이다. 필자가 작성한 '알기쉬운 어린이 놀이시설 안전기준 가이드(2020)'에서도 밝힌 바처럼 어린이 놀이시설의 안전관리 계획과 정책에는 다음을 고려해야 한다.

즉, 모든 사고에 집중하는 것이 아니라 손상의 정도에 집중할 필요가 있다. 치명적 손상 원인인 위해요인을 관리 및 제거한 놀이시설에서 어린이가 놀면서 마음껏 도전(리스크)을 경험한다면 그 스릴과 즐거움은 아동발달뿐만 아니라 위험에 대한 대응 능력의 강화로 이어질 수 있다. 즉 "가장 소중한 우리 아이의 생명(안전)과 아이들의 최선의 이익(놀이가치)을 지킨다"라는 것을 관점의 균형 있는 놀이시설 안전관리가 필요하다.

고려사항 1	고려사항 2	고려사항 3	고려사항 4
어린이는 놀이터에서 관리되는 위험을 포함해서 다양하면서도 도전적인 놀이 경험을 원하고, 필요로 하고 있다는 것을 고려한다.	놀이시설의 안전을 검토할 때 가장 소중한 어린이의 생명과 함께 어린이놀이를 통한 이익을 보호한다는 원칙을 가진다.	어린이놀이시설의 안전은 현 시점의 물리적 안전성 확보와 함께 변화되고 있는 위험을 수용해야만 확보될 수 있다.	모든 손상을 방지할 수는 없다. 따라서 어린이가 살아가는 데 있어 지장을 초래하는 치명적 손상의 방지를 목적으로 안전기준을 검토하고 적용한다.

2) 건강한 위험관리의 필요성

어린이 놀이시설에는 놀이에 집중하는 아이들 눈에 보이는 위험도 있고, 인지하지 못하는 위험도 있다. 비에 젖어있는 줄 모르고 이용하다 다치기도 하며, 근처 분수대에서 첨벙첨벙 뛰어놀다 물 묻은 신발 그대로 조합놀이대에 오르다 다칠 때도 있다. 또 집에서 편하게 입던 복장 그대로 슬리퍼를 신고 놀이시설을 이용하다 다치기도 한다. 옆에서 뛰어오는 줄 모르고 기구에서 내려오다 충돌하는 경우, 또 미취학 어린이가 형과 누나를 따라간다고 본인의 신체적 능력을 과신해 구름사다리를 이용하다가 떨어지기도 한다.

이처럼 사고 원인은 그네, 시소, 미끄럼틀의 시설적 요인이 아닌 다양한 요인과 원인으로 해서 사고가 발생한다. 하지만 어린이들은 자기만의 색다른 방식으로 좀 더 위험한 놀이행동을 즐기는 특징이 있다.

더구나 연령대에 따라서는 위험을 평가하거나 판단하는 능력이 모자랄 수 있으며, 어린이가 인지할 수 없는 시설적, 관리적 위해요인도 존재하기 때문에 놀이시설에서 사고는 언제든 발생할 수 있다는 것을 주지할 필요가 있다.

따라서 어린이가 마음껏 놀이에 집중하고 더 많은 놀이기회를 가질 수 있도록 해주기 위해 치명적이거나 항구적인 아이들의 손상에 대해서는 어른보다 더 많은 보호가 필요함을 전장에서 역설하였다. 그래서 어린이의 사고예방을 위해서는 기본적으로 놀이시설 안전기준의 준수와 함께

사고에 영향을 미치는 요인들에 대한 세심한 안전관리가 필요한 것이다.

① 의욕적인 놀이의 필요성

이전 절에서도 밝힌 바처럼 어린이가 의욕적으로 성장하면서 즐기는 놀이에는 필연적으로 크고 작은 위험이 따라오게 된다. 그렇다고 해서 어린이가 입게 될 모든 손상을 두려워한 나머지 놀이시설을 획일적으로 설계 및 설치하거나 놀이기회를 통제하는 안전관리를 시행해서는 안 된다. 아이들의 성장 과정에 꼭 필요한 것이 바로 의욕적인 놀이이다. 우리가 어렸을 적 동네 골목이나 공터에서 놀면서 넘어지기도 하고, 타박상과 찰과상을 당하기도 했던 것처럼 말이다.

이러한 경험을 통해 보이는 위험과 보이지 않는 위험으로 가득 찬 세상을 배우는 것이며, 이러한 위험에 어린이 스스로 도전해가면서 발달과 모험과 자립심을 키워가게 된다.

② 위험의 긍정적인 측면

우리는 태어난 순간부터 위험을 안고 살아가는 존재다. 교통사고, 질병 등등 다양한 위험이 우리 삶에 존재하며 완벽하게 안전한 곳은 현실 속에 존재하지 않는다.

더욱이 어린이는 놀이터에서 자기만의 방식으로 세상을 탐색하고 도전을 즐긴다. 그러면서 다

치기도 한다. 이것은 어린이가 성장하면서 경험하게 되는 지극히 정상적인 손상이며 도전이다. "어린이는 이러한 위험에 대응하는 방법을 배울 필요가 있으며, 이것으로 인해 아이들은 충돌과 타박상, 심지어 팔다리가 부러지는 일도 생기게 된다"고 유럽 안전기준서 서문에서도 밝히고 있다.

  적정 수준의 위험을 감수하는 것은 실제로 아이의 건강과 자신감, 독립심을 키우는 데 중요하다. 아이들은 자기 한계를 조금씩 넓히는 위험한 경험을 통해 한 번에 조금씩 두려움에 익숙해지고 이것을 어떻게 관리해야 하는지를 배운다. 그러면서 놀이를 통해 접하게 되는 위험에 대한 예측과 확인 및 대처 방법을 배우고, 손상이나 사고를 미리 방지 능력을 기르게 되는 것이다. 어른으로 성장하는 어린이의 필수적인 과정의 하나는 새로운 경험을 시도하고, 한계를 탐험하는 욕구와 바람이다. 그러므로 관리되는 환경 안에서 이러한 긍정적 위험(Risk)에 대해 스스로 선택하며 무리 없이 도전하는 환경을 만들어 주는 일은 매우 중요하다.

〈그림 31〉 놀이시설 안전관리의 목표와 과제

③ 안전관리의 목표

어린이의 건강한 성장과 아동발달을 위해 놀이시설은 안전하지 않으면 안 된다. 다만 안전을 이유로 모든 위험을 제거하거나 모든 위험으로부터 어린이를 보호하는 식의 안전관리를 해서는 안 된다. 중요한 것은 안전관리의 목표는 모든 사고를 줄이는 것이 아니라 심각한 손상사고를 줄이는 것이다.

현행 어린이 놀이시설 안전관리법의 목적처럼 실질적인 어린이 놀이시설 사고 예방을 위해서는 놀이기구 외에 다양한 사고의 원인과 놀이시설에 존재하는 위험을 정확히 알고 대처할 필요가 있다. 즉, 놀이시설 이용자인 어린이 보호를 위한 위험관리(Risk Management)가 필요하다.

VI

사고 예방을 위한
놀이터 관리

어린이 놀이터에서 아이들은 심각한 손상 없이 신나게 뛰어놀면서 최대한의 즐거움과 편익을 가져갈 수 있어야 한다. 중요한 점은 사고 예방만을 목표로 해서는 안 된다는 것이다. 이전에도 밝힌 바처럼 어린이 놀이시설의 안전관리 목표는 놀이터에서 아이들에게 편익이 되는 놀이가치를 해치지 않고 어떻게 하면 안전을 보장할 수 있는가에 대한 고민이 되어야 한다. 따라서 사고 예방 관점에서 살펴본 안전한 놀이터는 다음 세 가지 측면에서 살펴볼 수 있다.

① 안전한 놀이터 디자인 방향

일반적으로 손상에 취약한 어린이 대상 놀이터에 접근하면서 보통은 위험은 부정적인 것으로 받아들여지면서 은연중에 최대한 정형화된 놀이터를 설계하는 경향이 나타나고 있다. 이거 (Eager, 2009)는 놀이터 설계에 대하여 설계자는 더 넓은 연령대를 아우르는 더 흥미롭고 자극적인 장비를 제공하고 위험 필터를 유지하면서 우리의 놀이터 설계에 약간의 공포와 모험을 걸기 위해 놀이터 설계를 재고할 필요가 있다고 주장한다. 따라서 어린이 놀이는 충격 흡수되는 바닥재 위에 놓인 모듈화, 고정화, 표준화된 구조로는 이용자인 어린이의 즐거움을 채울 수 없다.

놀이터 디자인을 개선하기 위해, 많은 이들은 놀이터의 면적을 늘리고 더 큰 놀이 구조와 더 많은 놀이기구를 제공하는 것을 선택할 수 있다. 그러나 이 방법은 한계에 도달한 것 같다. 결과에서 알 수 있듯이 놀이 장비가 많아졌다고 해서 반드시 놀이터 만족도가 높아지는 것은 아니다. 모든 유형의 놀이 공간은 놀이터 사용자들에 의해 독특한 디자인과 창조적인 놀이 장비가 모자란다고 여겨졌다. 아이들에게 정말 필요한 것은 놀이기회다. 모래 더미, 작은 바위산, 인공 침대가 있는 연못이나 강, 그리고 예술적 지형은 모두 놀이기회가 된다(Kingery-Page & Melvin, 2013; Stagnitti, 2004).

놀이터 분야에서 선도적인 정책을 다루고 있는 영국의 영국 디지털·문화·미디어·스포츠부의 지침(DCMS, 2004)에 따르면, '성공적인 놀이 공간은 아이들에게 매력적이고 반복적인 방문을 유도해야 한다고 밝힌다. 이 목표를 달성하기 위해서는 아이들에게 다른 관심과 능력을 반영하는 선택과 다양성이 제공되어야 하며, 흥분과 자극을 불러일으키고 지속시킬 도전과 위험의 기회를 제공해야 한다'[158]라고 밝히고 있다.

이상적으로는 놀이 공간은 자연환경에 관여할 기회뿐만 아니라 물리적, 사회적, 지적 놀이 요소들의 다양성을 포함해야 한다. 우리나라 어린이 놀이시설 사고 원인 중의 하나가 획일적 디자인과 부족한 놀이기능을 지적한 바 있다. 이러한 맥락을 뒷받침하는 결과로써 놀이터 안전성을 확보하기 위해 충분하고 좋은 놀이터 설계가 꼭 필요하다. 놀이터를 설계하고 조성할 때 사고를 예방한다는 목적은 놀이터의 역할과 기능에 충실한 것을 목표로 한다. 안전한 놀이터를 조성하기 위해서는 윌킨슨(Wilkinson)의 말처럼 놀이기회와 놀이경험의 양과 질을 높이는 설계가 우선 필요하며, 설치되는 시설물에 대해서는 안전성을 확보해야 한다. 그러기 위해서는 다음과 같은 점을 고려할 필요가 있다.

1) 충분한 놀이기능과 공간 확보

디자인 측면에서 연령대별 어린이의 놀이욕구를 채울 수 있는 기능과 공간이 충분해야 안전성 확보는 물론 아이들의 놀이기회가 늘어날 수 있다. 충분하다는 것은 이용자의 놀이경험 양이 많다는 것을 의미한다. 보통은 놀이 기능을 설계할 때 전문적인 외주업체 또는 시공업체에 맡기게 되는데, 현장 놀이터를 찾는 아이들의 욕구가 반드시 충분히 반영되어야 하고, 부모와 관리 주체는 그 내용을 요구하고 확인할 필요가 있다. 전장에서 밝힌 바처럼 놀이기능이 부족하면 또 다른 위험을 초래하는 결과를 가져올 수 있다는 점에 유의할 필요가 있다. 최근에는 기존의 놀이터에서 자유롭게 조작할 수 있는 구조화되지 않은 놀이 재료의 제공과 같은 위험을 최소화하는 야외 위험 놀이기회를 어린이들에게 제공하기 위한 최적의 전략을 고려하는 연구가 떠오르고 있다.[159],[160]

① 충분한 놀이기능

색다른 놀거리와 놀이기회, 즉 놀이가치가 풍부해야 한다. 놀이가치는 신체적, 지적, 사회적, 정서적 행복의 영역이며, 놀이의 양 및 질과 관련된다. 색다른 놀거리와 놀이기회는 참신한 기능이 제공되어야 한다. 참신한 놀이터는 아동의 호기심으로 이어지고, 탐색을 통해 놀이에 집중과 열정으로 이어진다. 다른 공원이나 아파트 놀이터에서 볼 수 있는 흔한 조합놀이대 중심의 놀이터보다는 특화된 공간 또는 놀이기구에 대한 고민이 필요한 부분이다. 비슷비슷한 조합놀이대 중심의 기성 놀이터처럼 설계할수록 쉽게 지루해질 수 있으며, 놀이터를 과용 또는 오용할 가능성이 커진다. 따라서 대부분의 선행 연구에서 제시하듯이 놀이터 또는 놀이공간은 다양한 능력과 관심사를 가진 어린이들을 위한 다양한 놀이 경험을 제공해야 한다. 특히, 국내 어린이 놀이시설에서 부족한 것으로 파악된 도전성과 관련하여, 어린이가 자신의 한계를 시험하고 잠재력을 확인할 수 있도록 난이도가 있는 도전을 제공할 필요가 있다.

놀이기능이 충분하다는 것은 놀이경험의 양과 질을 높이는 것이며, 놀이가치와 직결되는 측면이 있다. 즉, 달리기, 뛰기, 오르기, 회전, 미끄럼, 기어가기, 잡기 및 게임을 할 수 있는 시설물과 공간이 다양해야 한다. 또 연령과 성별을 고려한 혼자 또는 친구와 역할놀이나 또래와의 미팅을 위한 정적 놀이공간뿐만 아니라 자연환경, 물놀이, 편하게 구르고 누울 수 있는 잔디, 창작 가능한 놀잇감 등이 필요할 수도 있다.

선행 연구문헌을 검토[161],[162],[163],[164] 한바, 충분한 놀이기능을 위해서는 먼저 다양한 놀이유형이 가능해야 하며, 마지막으로 놀이터 내에 아동의 놀이욕구와 즐거움과 발달 등의 이점을 가질 수 있도록 물리적 요소들이 구현되어야 한다. 반대로 놀이터에서 충분하지 않은 도전과 참신함은 어린이들이 두려움을 모르는 방법으로 스릴을 추구하기 때문에 부적절한 위험 감수로 이어질 수 있다(Greenfield, 2003).

먼저 다음과 같이 아동발달적 주제(5가지)를 이용하여 어린이들이 놀이터에서 수행할 수 있는 놀이의 유형과 다양성의 가능성을 확인하는 것이 바람직하겠다.

〈표 14〉 아동발달적으로 필요한 놀이유형과 다양성

유형	내용
기능놀이	대근육 운동놀이, 소근육운동놀이, 거친놀이, 관찰/탐색놀이, 집단놀이 등
건설놀이	땅굴, 모래성, 아지트 등을 만들고, 재료와 환경을 다루는 놀이의 다양함.
상징놀이	언어, 숫자, 시각, 음악적 매개체를 포함하고 해적선, 우주선, 차량, 놀이집 등 상상 놀이의 다양함.
정적놀이	사람이 아닌 환경과 사물과 소통할 수 있는 조용한 시설, 낮잠 자기, 나무 위 하늘 쳐다보기, 노는 친구 관찰하기 등 쉼 공간 및 터, 은신처 등
소통놀이	활동적 놀이가 아닌 친구와 대화하고 미팅하는 시설 확인: 의자, 텃밭, 초목 등

다음으로는 놀이의 질과 양에 대하여 물리적으로 구현된 놀이기능에 대하여 다음의 항목이 미흡하거나 부족한 점이 없는지 확인한다.

〈표 15〉 놀이의 질과 양의 확인을 위해 필요한 놀이기능 예시

유형	내용
1. 고정놀이기구	다양한 유형과 수량 확인(혼자보다는 다중 이용 가능성이 큰 기구)
2. 움직이는 놀이기구	다양한 유형과 수량 확인(혼자보다는 다중 이용 가능성이 큰 기구)
3. 지형·지세의 변화	지형·지세의 변화와 매력도 확인
4. 공간적 변화	음지·양지, 공간 모양, 깊고 얕음, 크고 작음, 좁고 넓은 공간 변화 확인
5. 놀이기능의 연계성	공간 및 기구의 연계성 확인
6. 생태체험	텃밭, 숲, 냇물, 동식물 등의 체험 및 접근성 확인
7. 조작 재료	혼자 또는 여럿이 조작 가능한 재료 및 다양성 확인
8. 천연 자연환경	접근 및 이용 가능한 천연 자연재료 및 자연환경 확인
9. 모래, 물, 흙, 바람	땅 ,모래, 흙, 물, 바람, 비, 눈, 태양 등의 체험가능성 확인
10. 바닥재	고무, 포설도포재, 잔디, 모래 등 바닥재의 다양성과 이용 가능성 확인
11. 상징놀이기능	언어, 숫자, 시각, 음악적 매개체를 포함하고 해적선, 우주선, 차량, 놀이집 등 상상극 놀이의 다양함 확인
12. 정적놀이기능	사람이 아닌 환경과 사물과 소통할 수 있는 조용한 시설, 낮잠 자기, 나무 위 하늘 쳐다보기, 노는 친구 관찰하기 등 쉼 공간 및 터, 은신처 등 확인

13. 소통놀이기능	활동적 놀이가 아닌 친구와 대화하고 미팅하는 시설 확인: 의자, 텃밭, 위치와 연계성 확인
14. 집단놀이기능	술래잡기, 숨바꼭질, 축구, 농구 등의 집단적 놀이를 위한 너른 공간
15. 심미적 기능	놀이터 테마, 색상 및 조형물, 구조물 형태 및 배치의 매력도 확인
16. 접근성	출입구, 위치 및 울타리의 매력도와 쾌적성 등을 확인
17. 도전기능	난도가 있는 속도체험, 높이체험, 균형잡기, 점프, 오르기 등
18. 연령별 배려	이용 가능한 연령대 범위 확인
19. 이용편의성	화장실, 음수대, 보호자 쉼터, 그늘막, 치료실 등
20. 놀이보호기능	보호자 상주, 출입구 관리, 안내판, CCTV, 성인용 쉼터 등

이렇게 어린이들이 놀이터에서 수행할 수 있는 놀이의 유형과 다양성의 가능성에 대하여 서울시의 연구사업을 진행하면서 현장을 다니면서 확인하는 기회가 있었다. 2019년 서울시가 놀이활동가를 파견하여 운영 중인 「움직이는 놀이터」 중에서 놀이시설로 지정된 18곳을 확인한 내용은 다음과 같으며, 세부적인 것은 관련 연구보고서를 참조하기 바란다.

18개소의 「움직이는 놀이터」의 아동발달적 측면에서 살펴본 놀이의 다양성이 다소 편중된 것

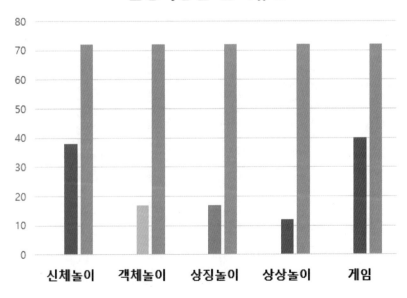

〈그림 32〉 실행가능한 놀이유형 현황

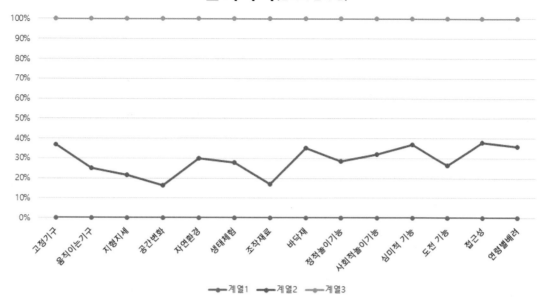

계열1 계열2 계열3

〈그림 33〉 구현된 놀이질과 양에 대한 현황

으로 나타났으며, 특히 객체놀이와 상징놀이, 상상놀이 기능이 부족한 것으로 나타났다. 현장에서 다소 부족한 놀이유형에 대해서 놀이터 활동가의 지원(활동)으로 채워지고 있었다.

또한 놀이시설 내에 아동의 놀이욕구와 즐거움과 발달 등의 편익을 가질 수 있도록 물리적 요소들이 충분히 조성되어 있는 정도에 대하여 확인한바, 특히 대부분의 놀이터에서 공간변화, 조작가능한 놀이재료, 도전적인 난이도가 부족한 것으로 나타나 쉽게 지루해질 수 있는 놀이터 형태임을 확인할 수 있었다.

2019년도 8월에서 10월까지 확인한 대상 놀이시설은 지자체가 운영하는 도시공원에 설치된 곳이라 일반 아파트 또는 학교 놀이터보다는 기능성이나 편의성이 좋다고 할 수 있다. 그러나 선행 연구에서 밝히고 있는 아동발달에 필요한 놀이유형 그리고 놀이의 질과 양을 확인한 바 놀이가치 측면에서 상당히 부족한 것을 확인할 수 있었다.

예를 들면 이전 장에서 언급한 것처럼 노르웨이 센드세터 교수(Sandseter 2007)가 밝힌 어린이가 즐기는 6가지 위험한 놀이 범주를 참고한다면 더 풍성한 놀이기능을 담아낼 수 있을 것으로 생각한다.

② 충분한 놀이공간

이용자 연령 및 인원과 설치되는 놀이기능을 고려한 공간이다. 사고 예방 관점에서 살펴보면 놀이터의 접근성과 놀이터 내에 시설물의 배치가 가장 우선 검토되어야 할 사항이다. 기본적으로 놀이공간이 좁으면 충돌을 유발할 수 있는 동선이 발생하기 마련이다. 예를 들어 움직이는 놀이기구(그네, 회전놀이기구 등)의 영역과 고정 놀이기구(구름다리, 조합놀이대 등)의 영역이 혼재되지 않도록 주의한다. 따라서 능동적 활동 영역과 정적 활동 영역을 구분하여 배치한다. 이와 더불어 직선과 빠른 길을 좋아하는 어린이의 행동 특성을 고려해 안전하게 시설물을 배치해야 한다. 어린이가 접근 가능한 모든 공간은 성인도 접근할 수 있도록 유지·관리되어야 한다. 유사시 어린이가 쉽게 빠져나올 수 있어야 하며, 성인의 도움이 닿을 수 있도록 설계할 필요가 있다.

두 번째로 어린이 나이·신체발달 특성을 고려한 공간을 배려해야 한다. 먼저 안전을 위해서는 이용자 나이에 따라 놀이 공간과 설비의 분리와 공유가 필요할 수 있다. 유아들은 방해받지 않고 독립적으로 다양한 놀이를 즐길 수 있어야 한다. 그렇게 놀이를 통해 자신감과 독립성이 높아짐에 따라 유아들은 점점 더 많은 놀이 공간을 정복하게 될 것이다. 그런 도전을 통해 실패할 수도 있는 유아들을 위해서 3세 미만의 아동이 이용할 수 있는 별도 공간을 구분하는 것이 필요하다.

만 3세 이하가 이용하는 놀이터라면 자연환경 같은 탐색거리가 충분해야 하며, 5세 이상이 대부분 이용하는 놀이터라면 충분히 뛰고 뒹굴 수 있는 너른 공간이 필요하다. 이와 더불어 고정된 놀이기구가 아닌 개인 장비를 이용한 놀이가 가능한 딱딱한 바닥을 가진 놀이공간이 필요할 수도 있다. 여아들의 이용비율이 높을 것으로 예상한다면 남아들의 활동적 놀이공간과 별개로 친구 만남 및 쉼터 역할을 하는 미팅 공간 및 정적 놀이공간도 필요하다.

따라서 설치되는 놀이기구 숫자만으로 놀이경험의 양을 증가하기보다는 놀이기능에 집중하면서 쉼터 또는 놀이집, 그늘막이 있는 미팅 장소, 스포츠를 즐기면서 뛸 수 있는 너른 공간, 지형 및 공간의 변화 등이 다양할수록 놀이기회와 경험은 증가할 수 있다. 어차피 놀이

〈그림 34〉 부적절한 놀이공간 예시

는 어린이 스스로 만들어내 즐기는 것이고 우리는 그러한 기회가 더 많아질 수 있는 환경을 조성하는 데 집중할 필요가 있다.

2) 안전한 시설물 설치

놀이터에 설치되는 모든 시설물은 충분한 강도와 내구성을 기본적으로 가져야 한다. 법에 따른 놀이기구 안전기준을 준수할 필요는 없지만 사고 방지를 위한 관점에서 안전기준을 현명하게 적용하고 참고할 필요가 있다. 놀이터에 설치되는 시설물에 대해서는 기술적인 일반 안전요건에 대해서는 충분하게 준수할 필요가 있으며, 그 외에 조성되는 물리적 환경에 대해서 필요하다면 어린이 놀이시설 안전관련 전문기관의 자문받는 것을 권장한다.

① 놀이기구

「어린이 놀이시설 안전관리법」에 따라 놀이터에 설치되는 어린이 놀이기구는 어린이 놀이시설 시설기준 및 기술기준에 적합하게 설치해야 한다. 놀이기구에 적용하는 안전기준에 대한 정보는 쉽게 얻을 수 있으며, 기본적으로 국내에 설치되는 놀이기구는 법에 따른 안전검사제도를 통해서 안전성을 확인받을 수 있다. 검사에서 확인된 「어린이제품 안전 특별법」 제2조 제9호에

따른 안전인증대상 어린이 제품에 대해서는 합격증이 발급된다. 어린이 놀이기구별 안전기준에 대한 사항은 필자가 행정안전부와 함께 작성한 '알기쉬운 어린이 놀이시설 안전기준 가이드(2020)'을 참조하기 바란다.

다만 주의할 것은 공중놀이기구처럼 아이들이 선호하는 놀이기구 및 기능은 복수로 설치해 줄 필요가 있다. 기다리는 아이들이 많을수록 사고 가능성은 커지게 마련이다. 심심한 아이들은 다른 장난을 찾게 된다. 그네 안전바에서 균형잡기놀이를 한다든지, 공중놀이기구를 타는 아이를 쫓아 뛴다든지 하는 행동을 하다가 사고로 이어질 수 있다.

놀이터에서 개별 놀이기구의 숫자는 운동놀이의 양과 아이들이 경험하는 놀이재료를 가지고 노는 놀이와 직접적 관련이 있다고 한다(Frost et al., 1979). 놀이기구 수량이 증가하면 할수록 신체놀이는 증가하고 때리기, 다투기, 놀리기와 같은 또래와의 불편한 소통은 줄어들게 된다. 반대로 놀이기구 숫자가 줄면 대근육 운동놀이가 줄어들며 또래와의 충돌도 증가한다.

② 주변 시설물

다만 놀이용도가 아닌 조형물 및 부대시설 또는 주변 기타 시설물에 대해서 특히 주의한다. 놀이공간에 설치된 모든 시설과 장비는 성인들의 의도와 달리 아이들은 충분히 놀이용으로 과용 및 오용할 수 있다. 하지만 관련법에 따른 안전검사 대상에서 제외되므로 전문가의 도움을 받아

추가로 안전성을 확보할 필요가 있다. 환경적 측면에서 안전한 접근성과 놀이를 보호할 수 있는 주변 환경을 갖추어야 한다. 가장 좋은 방법은 설치된 놀이기구의 안전검사 시에 주변 시설물의 안전에 대한 조언을 구하는 것이 바람직하다. 놀이기구의 안전기준은 놀이터에 설치된 주변 시설물의 안전성을 확보하는 데 있어 아주 중요한 참고자료가 된다.

③ 놀이터 출입구

놀이터의 출입구는 아이들이 가장 먼저 빠르게 출입하는 곳이다. 기본적으로 놀이터의 접근성을 높이면서 안전성을 확보하기 위해서는 출입구에서의 시야는 넓어야 한다. 3세 이하의 어린이 전용으로 설치된 놀이터에 출입문이 설치된다면 자동으로 열리지 않도록 잠금장치가 필요하며, 저절로 닫힐 수 있는 구조여야 한다. 그리고 출입구에는 걸려 넘어질 수 있는 턱이나 우천 시에 미끄러짐을 유발하는 경사는 피하는 것이 좋다. 출입구는 사고 방지를 위해 아래 그림과 같이 어린이가 직접 바깥으로 직진하여 뛰쳐나가지 못하도록 설치해주는 것이 좋다.

자동 폐쇄 / 열림 방지　　**직진 동선 금지**　　　**걸려 넘어짐, 미끄럼 방지**

〈그림 35〉 안전한 출입구를 위한 예시

특히 출입문과 관련하여 종종 발생하는 사고에 대해 주의해야 한다. 출입문에서 발생한 기존의 사고 사례가 대부분 출입문에 달린 경첩 및 틈새 전단 지점에 끼어서 발생했기 때문에 주의하도록 한다.

④ 놀이터 울타리

그동안의 놀이터 사고를 토대로 살펴본 결과, 어린이들은 우회로보다는 직선 또는 가장 가까운 동선을 선호하고 모두 이용하는 놀이터 출입구보다는 자신만

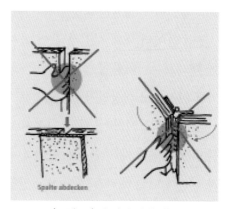

〈그림 36〉 손가락 위험 예시

오름 방지	얽매임 방지	접근 방지
	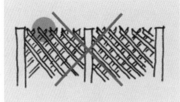	

〈그림 37〉 위험한 울타리 예시

의 은밀한 출입구를 선호한다. 이에 놀이터에 설치되는 울타리도 아이들의 출입이나 놀이용도로 충분히 이용될 수 있다는 것을 고려해야 한다.

따라서 어린이가 발로 밟고 올라서 넘어가도록 설치되거나 어린이가 지날 수 있는 구멍과 틈새가 없어야 하고, 울타리 상단 부에 목이나 복장 등이 얽매일 수 있는 V형 틈새가 없어야 한다. 이와 더불어 울타리로 넘어갈 수 있는 도움 시설물, 예를 들면 벤치 등이 울타리 주변으로 1m 내 설치되면 불의의 사고로 이어질 수 있다.

이와 더불어 울타리로 인해 외부 또는 내부에서 시야를 가리지 않도록 하는 것이 바람직하다.

측면 사진과 같이 놀이기구와 인접해 설치할 때도 마찬가지이다. 인접해 설치되는 울타리는 부대시설로 여겨져 안전검사 대상에서 제외될 수도 있어 문제가 된다. 울타리 살과 살, 하단의 틈새에 어린이의 머리가 걸릴 수 있으며, 넘어갈 수도 있어 사고 가능성이 크기 때문이다.

⑤ 놀이터에 설치된 조형물 등 기타 물리적 환경

우선 놀이터 내에 사진과 같이 설치된 시설물에 대해서는 「어린이 놀이시설 안전관리법」에 따른 안전검사 대상인지 확인을 받도록 한다.

다음으로 놀이터 내 다른 체육시설이나 조형물 등을 설계할 때는 안전과 관련하여 우선 이용자 나이에 대한 배려가 필요하다. 안전검사를 받지 않는 기타 시설물들이 3세 미만의 어린이가

이용할 수 있다면 사고위험이 발생될 수 있는 놀이시설의 접근성을 고려해야 한다.

3세 미만 유아들은 운동에 대해 많은 것을 탐험하고 배운다. 그러면서 새로운 도전에 직면하고 위험한 상황에 놓이게 된다. 따라서 이들이 접근하는 놀이공간과 설비에는 다루기 쉬운 위험이 가능해야 한다. 이를 통해 그들은 자율성과 역량을 점진적으로 확보할 수 있도록 해줄 필요가 있다.

어린이 놀이기구에 대해서는 기존 놀이시설 안전검사기관이 안전인증 및 설치검사 등을 통해서 그러한 안전요건을 검사하고 있으므로, 안전검사 비대상 시설물에 대해서 특별한 설계가 필요하다. 3세 미만의 아이들은 손상 위험에 더 많이 노출될 수 있기 때문이다. 이때 참고할 수 있는 자료가 어린이 놀이기구의 안전인증기준이다. 현행 기준에서는 이 연령대의 접근성을 제한하는 접근수단에 대한 예시를 제시하고 있다.

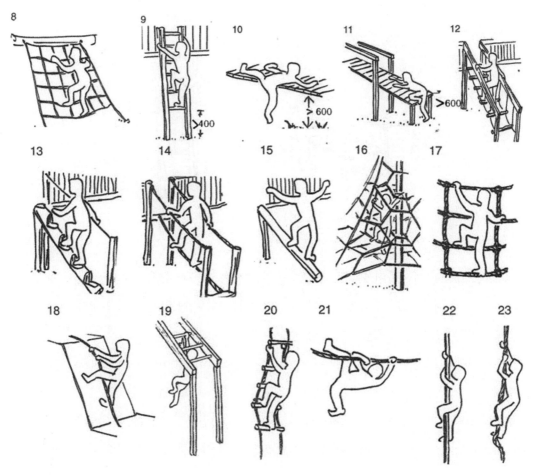

〈그림 38〉 쉽게 접근 할 수 없는 접근 수단의 예시

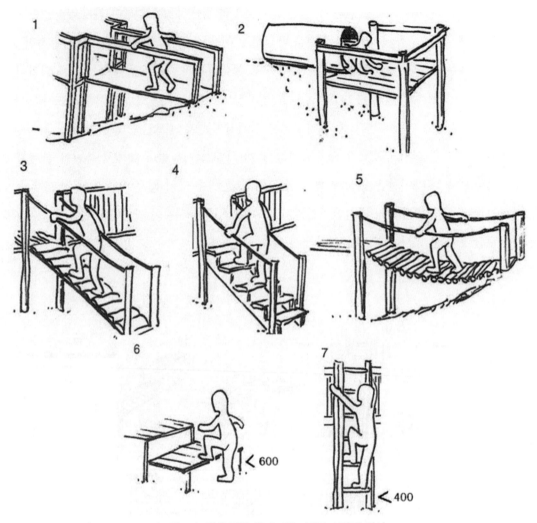

〈그림 39〉 쉽게 접근 할 수 있는 접근 수단의 예시

3세 미만 아동이 접근하기 어려운 접근수단의 예시는 다음과 같으므로 놀이터 내에 설치되는 기타 시설 설치 시 참고할 필요가 있으며, 영유아의 보호를 위한 안전 조치 확보에 힘써야 한다.

다음은 3세 미만 아동이 접근하기 쉬운 접근수단의 예시이다.

먼저 지면에서 측정하였을 때, 첫 디딤대와의 높이차가 400mm를 초과하지 않는다면 사다리는 쉽게 놀이기구로 접근할 수 있는 수단이 된다.

계단 및 경사로가 시설물에 부착되어 있다면 이는 쉽게 접근할 수 있는 수단이 된다.

또 주변 600mm 미만의 높이차를 갖는 플랫폼은 쉽게 접근할 수 있는 수단이 되면 3세 미만의 유아도 해당 시설에 접근할 수 있게 된다.

즉, 위 3가지 중 하나만 갖춰도 쉽게 접근할 수 있는 시설이 되며, 36개월 미만의 어린이가 쉽게 접근하여 이용할 수 있는 설비가 되므로 이용자 나이별 안전에 대한 세심한 대비가 필요하다. 예를 들면 다음 그림과 같이 설치되는 경우 터널미끄럼틀은 안전검사를 받지만 부착되어 설치되는 목재시설 및 울타리 등은 검사를 받지 않아 다음과 같은 위해요소를 간과하는 경우가 많다.

따라서 영유아가 쉽게 접근할 수 있는 놀이터 내에 기타 시설에 대해서도 추가적인 안전성을 확인받을 필요가 있다. 이 부분은 기존 어린이 놀이시설 안전검사기관을 통해서도 확인받을 수 있다. 아래 그림은 쉽게 접근할 수 없는 수단의 예시이니 앞선 내용과 비교하여 참조해주기 바란다. 시설물과 관련한 자세한 안전기준에 대해서는 다룰 분량이 많으므로 안전기준 편을 통해서 별도로 소개하도록 하겠다.

〈그림 40〉 놀이시설내 장애물의 예시

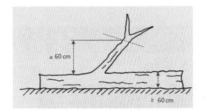

〈그림 41〉 자연나무의 설치의 예시

〈그림 42〉 발의 얽매임 예시

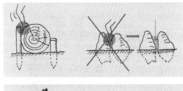

〈그림 43〉 울타리 등의 위험 예시

놀이터 주변에 설치된 시설물은 기본적으로 어린이가 놀이를 통해 움직이는 동선상에 사용자의 움직임을 방해하거나 걸려 넘어질 만한 돌출된 장애물이 없어야 한다. 이와 더불어 어린이의 눈이나 머리가 닿는 높이에 설치되는 파이프나 기둥은 최소화하고, 부득이한 경우 보호대를 설치하고 주의표시를 한다.

놀이터 내에 나무 또는 조형물을 설치할 때도 어린이가 충분히 오를 수 있는 형태라면 60cm를 초과하지 않도록 주의한다. 60cm를 넘게 되면 이용자가 추락 시 바닥과의 머리 충돌로 인한 심각한 손상을 당할 가능성이 크기 때문이다.

조성된 나무는 나뭇가지를 잡고 손으로 몸체를 끌어당겨서 오를 수 없도록 충분한 높이를 유지해주는 것이 좋다. 유럽 가이드라인에 따르면 손으로 움켜쥘 수 있는 나뭇가지를 잡고 나무 위로 직접 올라갈 수 없는 높이는 2.5m 이상이다.

이와 더불어 어린이가 주로 다니는 놀이터 바닥과 주변 시설에는 어린이의 발이 걸리거나 얽매일 수 있는 V형 틈새가 없도록 주의해야 한다.

놀이터에 조성되는 가장자리도 없는 것이 가장 바람직하나 조성을 해야 하는 경우라면 미끄러질 수 있는 경사로나 넘어질 수 있는 높이로 설치해서는 안 된다.

3) 우수놀이시설 찾아보기

우수어린이 놀이시설 지정제도는 행정안전부가 어린이 안전에 대한 국민적 관심을 불러일으키고 어린이 놀이시설 관리 주체에게 안전한 놀이공간의 설치와 상시적 안전관리를 장려하기 위해 2012년부터 실시해 오고 있다. 지정된 시설을 참조하기 바란다.

<figure>
2018년 행정안전부 선정

우수어린이놀이시설

◀행정안전부가 시도 및 시도 교육청이 추천한 시설 56곳에 대해 안전관리, 유지관리 실태, 아동발달 연계성, 안심디자인, 공동체 활성화 등 20개 항목을 기준으로 선정

① 꿈틀꿈틀놀이터
장애인 배려 통합놀이터
다양한 놀거리와 넓은
공간 활용도 우수
(서울)

② 색동어린이공원
지형지세의 변화와 심미적 기능의 놀이공간
시설관리상태 우수
(서울)

③ 선암호수공원
무지개놀이터
감성 및 호기심 유발디자인,
다양한 놀이공간 구성 및 ,
안전관리자가 상주하여 지도
실시 (울산)

④

⑤ 도램마을15단지
넓은 놀이공간의 활용과
다양한 놀이기구의 관리
상태가 우수함
(세종)

우진어린이집
8년된 시설관리 우수
다양한 친환경놀거리
기구별 픽토그램 활용
(경기도 이천)

찾아
볼까요?

⑥ 보물섬 물놀이장
1등급 원목소재 설치
너른 공간과 색채감 우수
안심디자인
(강원도 원주)

⑦ 기업사랑공원
호기심유발 디자인 우수, 주변부대시설 연계성이 좋으며 놀이관찰 용이함
(경남 창원)

Design by 배송수
</figure>

〈그림 44〉 2018년 행정안전부 선정 우수놀이시설

〈그림 45〉2019년 행정안전부 선정 우수놀이시설

② 놀이터를 안전하게 관리하자

어린이는 놀이시설에 설치된 장비가 고장 났을 때도 사용을 멈추지 않는다. 이는 어린이에게 부상뿐만 아니라 시설물의 파손과 노후화에도 영향을 미친다. 우리 부모와 관리 주체들이 무심코 "위험하니까 안 돼!"라고 말하기 전에 심각한 손상사고를 유발할 수 있는 위해요인을 밝히고, 필요한 조치를 한 놀이 환경을 유지해주어야 한다. 따라서 사전에 관리계획과 절차를 마련하는 것이 중요하다. 이와 더불어 놀이시설의 관리 주체의 직접적인 안전관리 외에 적어도 1년에 한 번은 전문기관으로부터 관리시스템 전반과 놀이터에 대한 위험 평가를 받아서 다음 연도 관리계획에 반영하는 것이 바람직할 것이다.

1) 연령대를 고려한 관리계획

하나의 놀이터 안에서 놀이터를 찾아오는 서로 다른 연령대별 아동을 보호할 필요가 있다. 따라서 놀이터 관리계획에 놀이터의 이용 연령대를 포함하고 의도적으로 관리할 필요가 있다. 일반적으로 안내표지판 또는 현장에서의 지도를 통해서 설계에 반영된 연령대의 아이들이 이용할 수 있도록 해줄 필요가 있다.

놀이기구 또는 부착된 부품의 교체 및 수리 시에도 사용자의 연령대에 적합한 기능과 수단인지를 확인해야 한다. 시설물의 기능 보전을 위해 관리 주체가 수리했지만 어떤 기구와 부품은 해당 연령대 아이들에게는 적절한 보호수단이 되지 않는 때도 있다. 따라서 교체 및 수리 시에는 놀이시설 관련 전문기관에 자문을 받아 진행할 필요가 있다.

그리고 안전한 이용을 위한 유기기구 및 놀이기구별로 적절한 이용 방법과 이용상 주의사항(대상 연령이나 위험한 행위의 안내 등) 등을 '픽토그램' 또는 '안내문구'로 알기 쉽게 안내표시판에 게시하고, 보기 쉬운 위치에 설치한다.

2) 위험과 위해요인 구분 관리

어린이에게 도전거리가 되기도 하면서, 어린이 스스로 예측 가능한 '위험(Risk)'거리와 심각한 손상으로 연결될 수 있으면서 예측 불가능한 '위해요인(hazard)'으로 나누어 관리할 필요가 있다.

평소의 유지 및 관리단계에서 어린이에게 치명적 손상으로 연결되는 위해요인은 제거하되 아동발달 기회를 높이기 위해 배려할 필요가 있는 위험성은 무엇인가를 구분하는 위험관리를 해야 한다.

그러기 위해서는 관리할 위해요인에 대해서 명확하게 구분하고 철저하게 관리할 필요가 있다. 그러한 위해요인으로는 어린이 놀이시설 안전관리법에서 정하는 안전점검 항목을 참조하여 관리계획에 반영하는 것이 바람직하다. 또는 2년마다 실시하는 안전검사 시에 안전검사원으로부터 조언을 받는 것도 좋은 방법이 되겠다.

3) 정기적인 안전점검

관련법에 따른 의무이기도 하지만 관리단계에서 놀이터를 하찮게 보는 경우가 많다. 통상적으로 어른의 관점에서 시설물을 바라보는 경향을 자주 보게 된다. 어른의 관점에서는 아무렇지 않은 것들이 놀이에 집중하는 어린이들에게는 치명적인 손상요인이 될 수 있다. 놀이터는 언제든 다칠 가능성이 큰 어린이가 일상적으로 이용하는 시설물이므로 관리자는 일상점검을 하는 것이 바람직하다. 아이들을 배려하는 관리 주체는 일상점검을 실시하기도 하겠지만 법적 의무인 월 1회 점검만을 하는 곳이 대부분이다. 물론 일상점검 내용과 월 1회 점검 내용은 달라지지만, 매번 똑같은 시설물에 대한 점검이므로 형식적이고 안일한 점검을 하는 현장을 수없이 목격하게 된다.

아울러 기존에 관리하던 놀이기구 및 주변 시설물의 변형 및 이동에 대해서는 안전성을 추가로 확인받는 것이 바람직하다.

정기적인 안전점검을 할 때는 그냥 놀이터 주위를 한 바퀴 돌아보는 것이 아니라 아이들이 노는 동선을 따라 아이들처럼 직접 만지고 올라가는 기구와 부품을 만져보고 올라가서 확인하는 점검이 필요하다.

놀이기구별로 점검해야 할 위해요인은 여러 가지가 있겠지만 여기서는 그동안 발생한 사고 사례를 참조하여 관리 주체의 자가점검 시 유의해야 할 항목을 표준화하여 다음 그림과 같이 안내한다. 안전점검의 구체적이고 더 세부적인 내용은 향후 '어린이 놀이터 안전점검 안내서' 편을 통해서 안내하도록 하겠다.

〈그림 46〉 어린이 놀이시설 안전점검 항목

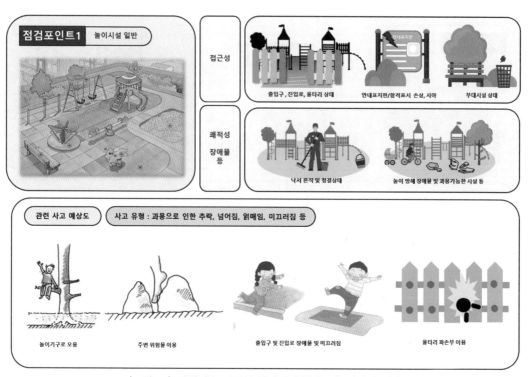

〈그림 47〉 어린이 놀이시설 안전점검 항목 : 놀이시설 일반

〈그림 48〉 어린이 놀이시설 안전점검 항목 : 고정상태

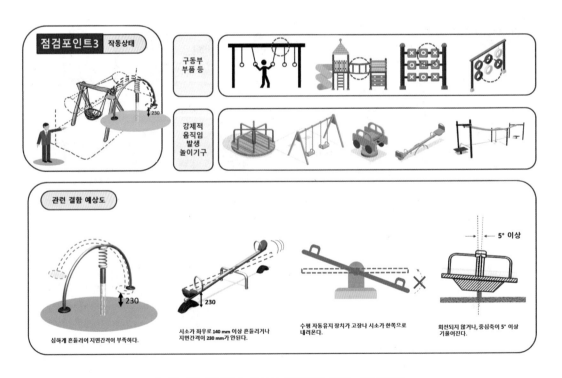

〈그림 49〉 어린이 놀이시설 안전점검 항목 : 작동상태

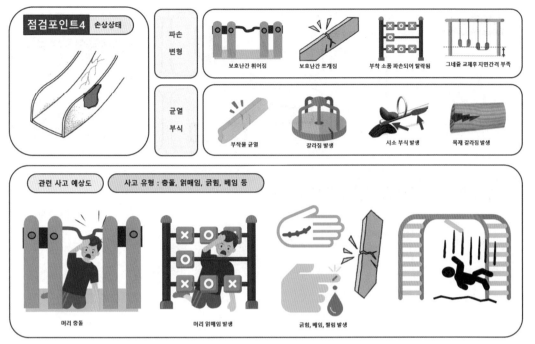

〈그림 50〉 어린이 놀이시설 안전점검 항목 : 손상상태

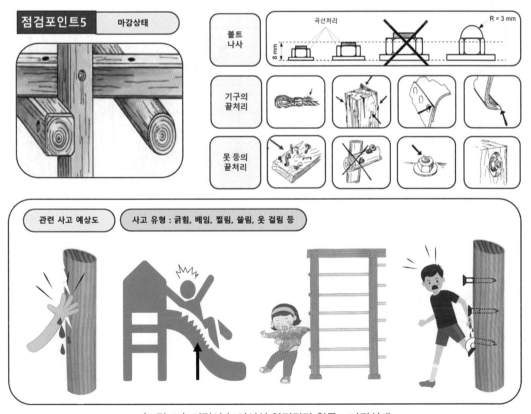

〈그림 51〉 어린이 놀이시설 안전점검 항목 : 마감상태

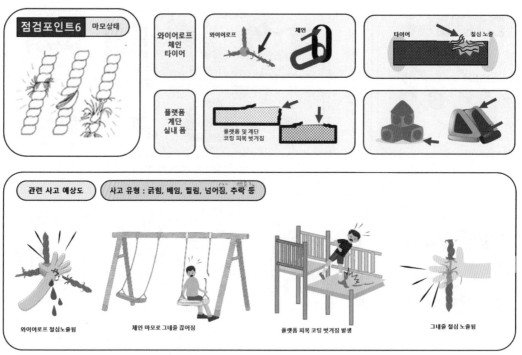

〈그림 52〉 어린이 놀이시설 안전점검 항목 : 마모상태

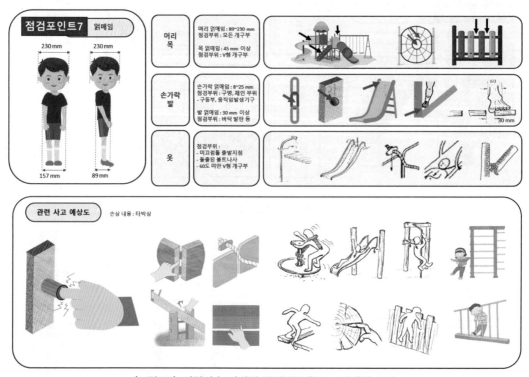

〈그림 53〉 어린이 놀이시설 안전점검 항목 : 얽매임 상태

〈그림 54〉 어린이 놀이시설 안전점검 항목 : 바닥의 표면처리 상태

🗝 안전점검 항목과 기록 방법

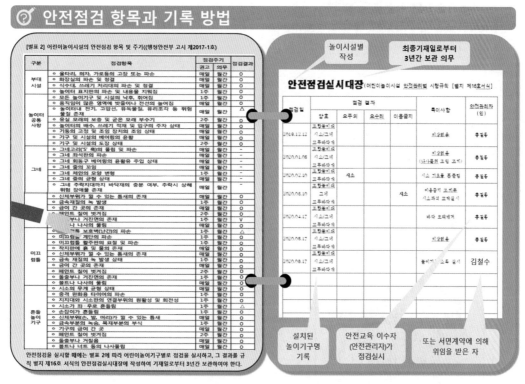

〈그림 55〉 어린이 놀이시설 안전점검 대장 작성방법

또한 2014년부터 지금까지 현장 안전검사 및 지도점검을 통해 파악된 어린이 놀이기구별 주요 시설결함 및 사고 사례와 함께 수리 시 주의사항이 아래와 같이 정리되어 안전관리 시에 반영할 필요가 있다.

〈표 16〉 관리 주체의 안전관리 중점사항: 조합놀이대

조합놀이대 등

자주 발견되는 시설결함

- 부착 놀이소품(OX) 파손 및 소실로 얽매임 발생됨.
- 주변 바닥재 패임 및 갈라짐.
- 울타리 패널 연결부 볼트나사 소실 및 미고정
- 조합놀이대 하단부 볼트나사 돌출 및 부식 심함.
- 와이어로프 마모로 철심 노출
- 볼트 마감캡의 뚜껑 소실 및 파손으로 날카로움.
- 코팅 피복 벗겨짐 및 금속재의 심한 부식
- 진출입부의 손잡이 및 난간 흔들림.
- 목재난간 및 울타리 손잡이 표면이 거칠음.

관련된 사고 사례

- 출발지점 가로대 탈락으로 앞쪽으로 추락
- 미끄러지다 거친 표면에 열상 및 찰과상
- 빠르게 내려오다 도착지점에서 열상 및 베임.
- 도착지점 물 고임으로 지면 착지 시 넘어짐 및 접질림.
- 터널미끄럼틀 연결부 뒤틀림으로 인해 도착지점에서 걸려 넘어짐.
- 술래잡기놀이 중 조합놀이대 하단으로 도망치다 머리 충돌로 과다출혈

수리시 주의 사항

- 목재 교체 시 날카로운 사각모서리 제거
- 울타리 수리 시 개구부에 대해서 얽매임.(89~230mm) 발생하지 않도록 주의
- 일부 탈락한 놀이소품(OX)의 방치 시 얽매임 주의
- 파손된 아크릴판 또는 부품 제거 후 잔여 볼트나사의 날카로운 돌출부 주의
- 연결 이음쇠 교체 시 날카로운 모서리 제거
- 볼트나사 교체 시 돌출된 나사선 주의

〈표 17〉 관리 주체의 안전관리 중점사항 : 그네

그네

자주 발견되는 시설결함

- 그네 기둥 및 상단에 심한 부식 발생
- 그네줄과 체인의 마모 및 끊어짐.
- 그네 바닥재 패임.
- 그네 안전바 흔들림 및 일부 탈락
- 그네 안전바 기초토대 노출
- 그네 좌석 파손으로 철판 노출
- 그네 좌석에 연결된 볼트나사 풀림 및 돌출

관련된 사고 사례	수리시 주의 사항
– 그네 상단 연결고리와 체인 탈락으로 추락 – 그네 체인이 끊어져 이용자 추락 – 흔들리는 그네 안전바에 올라서다 추락 – 그네 좌석 하단에 돌출된 볼트나사에 베임. – 바닥재 패임 부분에 착지하여 넘어짐. – 그네줄 마모가 심하여 철심 노출로 찔림.	– 그네줄 교체 시 좌석 하단과 지면과의 간격 (350mm 이상) 확보할 것 – 그네줄 교체 시 동일모델인 그네줄 외에 추가적인 사제 고리의 사용 불가함. – 도색은 부식 잔여물 제거 후 도색해야 함.

〈표 18〉 관리 주체의 안전관리 중점사항: 미끄럼틀

자주 발견되는 시설결함
– 미끄럼틀 출발지점 가로대 탈락 – 목재미끄럼틀 활강지점 표면이 거침. – 도착지점 패임 및 파손부 발생 – 도착지점에 물 고임. – 미끄럼틀 연결부(측면) 뒤틀림. – 도착지점 주변 바닥재 패임 및 손상 – 아이들 이용으로 터널미끄럼틀 상단 파손 – 미끄럼틀 도착지점의 기초토대 노출

관련된 사고 사례	수리시 주의 사항
– 출발지점 가로대 탈락으로 앞쪽으로 추락 – 미끄러지다 거친 표면에 열상 및 찰과상 – 빠르게 내려오다 도착지점에서 열상 및 베임. – 도착지점 물 고임으로 지면 착지 시 넘어짐 및 접질림. – 터널미끄럼틀 연결부 뒤틀림으로 인해 도착지점에서 걸려 넘어짐.	– 미끄럼틀 교체 시 검사를 받아야 함. – 미끄럼틀 출발지점 부위에 옷 얽매임 방지를 위해 실리콘 처리는 일시적 조치이며, 손상이 자주 발생됨. – 도색은 부식 잔여물 제거 후 도색해야 함.

〈표 19〉 관리 주체의 안전관리 중점사항: 흔들놀이기구

자주 발견되는 시설결함
– 흔들놀이기구의 부착 손잡이 벗겨짐 및 소실 – 흔들놀이기구의 기초토대 노출(특히 모랫바닥) – 시소 중심축과 기초토대의 연결이 끊어짐. – 중심축 및 스프링부의 심한 부식 – 구성품인 파이프의 마감캡 소실 – 스프링부의 구동부에 짓눌림 발생됨. – 부착된 마감캡 소실로 나사 노출

관련된 사고 사례	수리시 주의 사항
- 시소 중심축에 손이 끼여 골절 - 시소에서 내리다가 중심을 잃고 시소 손잡이에 충돌해 치아손상 - 시소가 움직일 때 지지대 중앙에서 균형 잡다 떨어져 팔 골절 - 시소에 팔이 낀 상황에 시소를 움직여 팔 골절 - 흔들놀이기구 측면에 노출된 나사건에 무릎 베임 발생	- 탈락한 손잡이 교체 시 직경 44mm여야 함. - 도색은 부식 잔여물 제거 후 도색해야 함. - 흔들놀이기구의 바닥이 모래일 때 모래가 유실되어 기초토대가 드러남.(기초토대는 지면인 모래 아래로 최소 200mm 이상 들어가야 함.)

〈표 20〉 관리 주체의 안전관리 중점사항: 회전놀이기구

	자주 발견되는 시설결함
회전놀이기구	- 바닥판 균열 및 돌출 - 볼트나사 돌출됨. - 시소 중심축 5도 이상 기울어짐. - 지면 간격 부족 - 회전놀이기구의 마감 및 작동상태 불량 - 파이프의 막음처리가 안 됨. - 금속 부분의 심한 부식

관련된 사고 사례	수리시 주의 사항
- 회전놀이기구에서 내리다 옷이 걸려 넘어짐. - 주로 이용자 부주의로 떨어짐. - 주변 바닥에 걸려 넘어져 회전놀이기구에 충돌하여 치아가 부러짐.	- 강제적 움직임이 발생하는 기구이므로 기구의 끝 처리에 주의해야 함. - 도색은 부식 잔여물 제거 후 도색해야 함.

　지금까지 어린이 놀이시설 사고로 연결될 수 있는 위해요인에 대한 안전관리 사항을 제시했다. 놀이시설 현장에서의 안전관리에서 가장 중요한 것은 사건·사고를 미연에 방지하는 것이다. 이를 위해서는 안전사고에 영향을 미치는 요인을 현장별로 밝히고 관리할 필요가 있다. 이전 절에서 밝힌 바처럼, 사고분석결과 놀이시설 안전사고에 영향을 미치는 위해요인으로는 디자인 기능, 시설적(시설 파손), 관리적(안전점검 부실 등), 환경적 및 인적(부적절한 이용 등) 위해요인 등을 지적하였지만 그동안의 현장 점검 및 지도 결과 다음과 같은 현장 사례들이 있어 참조할 필요가 있다.

　첫째, 시설적 측면과 관련하여 최근에는 제도적 및 시설적인 측면에서 어린이 놀이시설 관련 법과 안전기준을 어느 정도 지키고 있지만, 각종 편법이 증가하면서 안전인증을 받지 않은 제품

을 설치하는 사례도 있으며, 품질 측면에서 법적 설치검사 당시에는 합격하였지만 부적합한 품질로 인해 1년도 채 안 되어 놀이기구가 파손되는 사례(특히, 바닥재료)도 증가하고 있다.

또한 대부분의 어린이 놀이시설 관리 주체가 1장짜리 일원화된 안전점검 양식으로 형식적인 안전점검을 실시하면서, 제대로 된 안전점검을 실시하지 못하고 있다. 또한 놀이기구에 직접 올라가서 살펴보는 점검이 아니라 놀이기구 주위를 단순히 돌아보는 육안 점검을 실시하고 있어 형식적인 안전점검을 실시하는 경향이 많다.

둘째, 어린이 놀이시설 안전사고에 영향을 미치는 요인에서 종종 무시되고 있는 부분이 이용자 관리이다. 2012년 1월 17일 서울 모 APT 놀이터에서 초등학생이 미끄럼틀을 타다 줄넘기 줄에 목이 걸려 사망한 사례에서 볼 수 있듯이 놀이시설 안전만큼 중요한 것이 시설 운영자와 이용자의 안전의식이며, 항상 안전사고 발생 가능성을 염두에 두고 관리 및 안전점검을 실시하는 것이 필요하다. 따라서 놀이시설중심의 안전관리에서 벗어나 이용자 중심의 사고예방을 위한 안전관리가 필요하다. 놀이터에서 기구에 오르다가 빠지거나 추락할 수 있으며 움직이는 기구에 부딪히기도 한다. 기구들이 너무 좁게 비치되어 있으면 기구 자체에 충돌할 수 있으며 설계나 관리가 잘못되어 날카로운 부분에 다칠 수도 있다. 놀이터에서 차도로 나가 차에 부딪치기도 하며 많은 어린이가 한꺼번에 기구를 사용하다가 사고가 나기도 할 수 있다.

셋째, 이 법과 제도가 시행된 지 7년차인 현재 어린이 놀이시설에서 발생하는 각종 안전사고는 놀이기구의 시설적 위해요인만으로 인해 발생하는 사고는 점점 줄어들고 있다. 오히려 부적절한 이용으로 인한 크고 작은 손상이 늘고 있다. 즉, 관리 주체의 법적 관리의무 대상인 시설적 위해요인보다는 관리의무 대상이 아니어서 관리 주체들이 소홀히 하는 놀이시설에서의 환경적, 인적 위해요인으로 인해 안전사고가 늘어나고 있다. 더구나 이러한 환경적, 인적 위해요인은 즉시 제거가 힘든 위해요인이다. 즉, 관리 주체 혼자만의 안전관리 노력으로는 안전사고를 예방하기는 힘들다. 놀이시설을 이용하는 어린이들이 올바로 놀이터를 이용할 수 있도록 지도해주어야 하며, 이들 어린이에 대한 지역주민 또는 학부모들의 보호관찰과 지도도 필요함을 알리는 인식개선 활동을 병행해야 할 필요성이 있는 것이다. 바로 이것이 어린이 놀이시설 안전관리의 기본 방향이다.

지금까지 지적한 것 이외에도 해당 지역의 환경과 여건별로 놀이터 안전사고에 영향을 미치는 요인들이 여러 가지 있을 수 있으며, 관리 주체는 놀이시설의 보전뿐만 아니라 이용자 사고예방을 목적으로 놀이시설 전체 대상지에 대한 기초 조사와 평상시 안전관리를 통해 안전사고에 영향을 미치는 요인들을 찾아내어 안전관리 계획에 반영할 수 있어야 한다.

또한 어린이 놀이시설 관리 주체는 형식적인 놀이시설 안전관리 및 어린이 이용지도를 지양하고, 밝혀진 안전사고에 영향을 미치는 요인들에 대한 집중관리를 실시할 필요가 있다. 법적 의무인 월1회 안전점검이 아니라 필요에 따라서는 점검빈도와 내용을 강화할 필요가 있는 것이다. 어린이 놀이시설 안전관리 및 이용자 사고예방 안내서등을 활용하여 구체적이고 실질적인 안전관리를 실행해야 증가하고 있는 어린이 놀이시설 안전사고를 예방할 수 있는 것이다. 선행연구에서도 밝히고 있지만 어린이 놀이시설 안전사고는 시설물 안전점검 및 안전관리, 이용지도 등을 통해 예방할 수 있다는 점을 직시할 필요가 있다.

놀이시설에서 어린이 안전사고에 미치는 원인 중에서 시설적, 관리적 요인에 대해서는 해당 관리 주체가 책임을 지고 유지관리를 실시하고 있지만 사고는 지속되고 있다. 놀이시설에서 안전사고를 예방하기 위해서는 나머지 환경적, 인적(이용주부주의) 위해요인에 대한 관리가 필요한 것이다. 나머지 위해요인의 제거를 위해서는 관리 주체 혼자만의 노력으로는 사고를 예방하기에는 실질적인 어려움이 있다. 즉, 지역주민 및 어린이의 협조 및 이들에 대한 인식개선 활동이 필요한 것이다.

즉 관리 주체 및 부모들에게는 법적 안전검사를 합격한 놀이시설에서도 안전사고는 언제든 발생할 수 있다는 경각심 또는 어린이에게는 책임감을 갖고 놀이시설을 이용할 필요가 있다는 인식개선 활동이 강화되어야 한다. 또한 놀이시설에서 그네, 시소 같은 놀이기구 외의 다양한 위해요인(눈/비, 이용부주의)뿐만 아니라 판단 능력 및 신체조절 능력이 부족한 영유아에 대한 보호관찰의 부재로 인해 안전사고가 언제든 발생할 수 있다는 점을 관리 주체뿐만 아니라 시민 또는 어린이들도 인지해야 할 것이다.

따라서 놀이터에서 이용자 사고예방을 위해서는 관리 주체는 시설에 대한 유지관리뿐만 아니라 나머지 위해요인에 대한 관리 노력과 함께 부모 또는 보호자의 안전의식 고취 및 어린이에게 안전한 이용지도를 철저히 함으로써 크고 작은 안전사고로부터 자신의 안전을 지킬 수 있는 능력과 놀이 습관을 익히고 생활화 하도록 하는 것이 무엇보다 중요하다 하겠다.

본래 주택법, 영유아보육법 등 개별법으로 놀이터 설치의무를 정하기 이전부터 어린이 놀이터는 아이들의 건강한 성장과 아동발달을 지원 및 자극해주기 위해 만들어지는 공간이다. 도시화가 빠르게 진행되고 있는 현대사회에 와서는 어린이들은 지금 어른 세대들이 어렸을 때 동네 공터, 골목, 들에서 놀았던 것처럼 아무 곳이나 실외에 나가서 마음껏 뛰어놀 수 있는 환경이 못 되어 가고 있다. 현대에 와서 어린이 놀이터는 우리 어린이들이 그나마 마음껏 뛰어놀 수 최소한의 공간이 되어가고 있다.

그렇기 때문에 관련법에서 정한 설치 및 관리 의무를 떠나서 우리 어른들이 어린이 놀이터를 안전하게 설치 및 관리해주어야 하는 이유가 여기에 있는 것이다. 그래서 우리 아이들이 놀이터에서 마음껏 뛰어놀 수 있게 함으로써 큰 손상 없이 온전하게 성장과 아동발달을 이룰 수 있도록 사고예방을 지원 또는 협력해야 하는 도덕적 책임이 우리 모두에게 있다. 따라서 어린이들이 놀이터에서 놀이를 통해 큰 손상 없이 최대한의 편익을 가지고 갈 수 있는 안전한 놀이터 환경을 위해 지속적인 노력이 필요하다.

③ 이용자와 놀이를 보호하자

놀이터에서 어린이가 노는 시간은 보호자의 휴식 시간이 아니다. 일상적으로 보이는 풍경은 부모들은 놀이터에 아이들을 밀어놓고 휴식을 취하거나 잠시 자신만의 시간을 가지려고 한다. 어린이가 놀이를 통해 즐거움을 찾아서 좀 더 위험한 도전을 즐길 수 있으며, 그만큼 다칠 가능성은 커진다. 물론 위험한 놀이는 불리한 결과를 초래할 수 있다. 그렇지 않으면 위험은 없을 것이다. 따라서 이렇게 어린이의 놀이활동 공간에 대한 위험 관리는 필요하며, 어린이과 함께 하는 부모와 관계자들에게는 중요한 '돌봄의 의무'가 발생한다고 볼수 있다.

놀이터에서의 사고는 시설·관리적 측면과 더불어 이용자인 어린이의 놀이행동으로 인한 사고가 가장 잦으며, 이는 그간의 놀이터 사고통계가 증명하고 있다. 놀이터를 관리하는 관리 주체가 현장 놀이터에 상주하고 있지 않기 때문에 이용자의 부적절한 행동으로 인한 사고가능성은 늘 존재한다. 그리고 모든 놀이터 및 놀이기구가 방문하는 모든 연령대 아이들의 자유로운 이용에 맞게 안전하게 만들어진 것이 아니라는 점이다.

이러한 이용자의 부적절한 행동을 통제하는 방법으로 국가가 놀이시설의 안전 수칙을 정하여 현장에서 안내표지판 등을 통해 사용되고 있다. 그러나 선행 연구에서 밝힌 바처럼 안전하지 않은 이용자의 행위를 통제하는 규칙 등은 아이들이 본래적으로 도전적이고, 한계를 탐색하고 있다는 아동발달상 경험적 사실(Sandseter & Kinnear, 2011)때문에 단독으로는 효과적이지 않을 수 있다. 놀이터의 안전 관리는 행동의 관리를 수반해야 한다. 성인 모니터를 관리하는 정책과 절차가 더 효과적일 수 있다는 연구 결과가 있으며, 포스너(Posner, 2000)에 따르면 놀이시설에서 보호관찰이 사고방지를 위한 안전관리에 효과적인 전략인 것으로 밝혀졌다.

계속해서 닷슨(Ronald Gene Dotson, 2013)의 연구에 따르면 놀이터 안전과 관련된 중요 사건에서 어린이 행동보다 보호관찰자가 더 큰 역할을 한다는 연구 결과가 나왔다. 어린이의 위치설정, 주의, 위험 인식 및 능동적인 참여는 어린이 놀이터의 부상 잠재력을 증가시키거나 감소시키는 것과 관련이 있었다.

1) 기계적 안전이 아닌 보호 기능 강화

추가적인 사고 예방을 위해서는 놀이터에 보호자가 필요하며 또는 특별한 보호기능을 갖출 필요가 있다. 상주하는 관리자나 부모 또는 지인 등이 보호자가 될 수 있다. 어린이 놀이터의 보호자는 그냥 지켜보는 것을 의미하는 것이 절대 아니다.

관리자의 관점에서 다루는 '안전'이라는 명분을 내세워 어린이 놀이와 놀이터에 불필요한 제

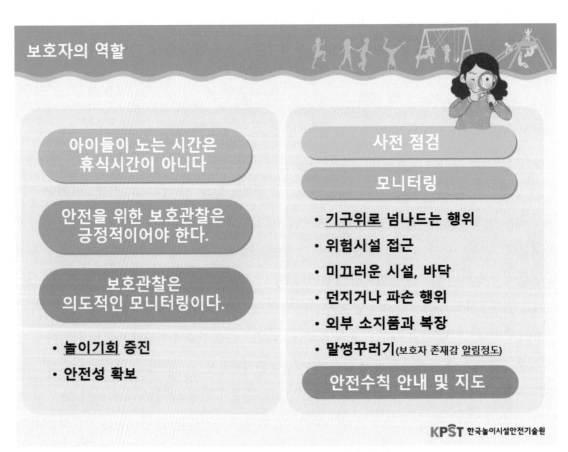

〈그림 56〉 어린이 놀이시설 보호자의 역할

한을 두거나 지나치게 강요하는 것은 문제가 된다. 어린이 놀이터의 존립 취지와 아이들의 놀 권리를 저해하는 결과를 가져올 수 있으므로 주의해야 한다. 놀이가치에 대한 고려 없이 안전만을 우선시하거나 기계적으로 시설물 중심의 안전관리만을 시행한다면 어린이가 오지 않는 한낱 놀이터라는 이름을 가진 조형시설물로 전락할 수 있어 걱정스럽다.

'놀이터에 필요한 위험'이라는 이전 절에서 충분히 언급하고 안내했지만, 특히 어린이 놀이터 관리자는 시설물 관리자이기도 하지만 보호자가 되어야 할 필요가 있다. 사고 예방을 위한 놀이터 안전에서 물리적인 시설물 안전관리도 궁극적으로는 그 시설을 이용하는 이용자인 어린이를 보호하기 위한 것이기 때문이다.

어린이 놀이터에서 어린이 보호는 모든 손상으로부터 자유를 추구하는 것이 아니다. 어린이 놀이시설의 시설기준 및 기술기준서 서문에서도 밝힌 바처럼 생명 손상과 직결된 치명적 손상으로부터 보호해 주는 것이다. 보호자로서의 우리의 역할은 어린이들에게 그들의 안전에 심각하고 현실적인 위협을 가하는 진짜 위험을 관리할 수 있도록 지원(허용)하면서 아이들이 원하는 대로 탐구하고 놀 수 있는 자유를 주는 것이다.

어린이 놀이터의 보호자는 안전만을 의식해서는 안 되고 보호자로 인해 좀 더 놀이에 집중하고 더 많은 즐거움을 가져갈 수 있도록 보호하는 역할을 해야 한다. 그러므로 보호자의 역할은 의도적인 모니터링이라고 할 수 있다. 보호자의 역할을 맡게 된다면 그 목표는 이용자의 안전뿐만 아니라 놀이기회의 증진이 되어야 한다.

따라서 사전에 보호자는 놀이터에서 아이를 보호하기 위해 어떤 정보를 알아야 하고 어떻게 보호할지에 대한 고민이 필요하다. 놀이터에 적절한 보호자 또는 보호 프로그램을 계획한다면 전문기관을 통해 별도의 교육 훈련을 시행한 후 진행하는 것이 바람직하다. 또는 온라인 정보를 통해 관련 자료를 배포하여 사전에 보호자가 관련 정보를 습득한 후에 현장을 찾는 것이 바람직하다.

<그림 57> 어린이 놀이시설 안전관리의 목표와 과제

2) 자율적 안전 역량 강화 기회

두 번째로 안전한 놀이를 보호하기 위해서는 이용자 스스로 위험에 대한 관리 역량을 갖도록 안전의식을 높일 필요가 있다. 물론 놀이터를 찾는 어린이들은 무리 없이 잘 뛰어논다. 다만 사고 예방 목표가 분명한 놀이터에는 이용자에 대한 보호와 함께 인식개선이 필요하다.

닷슨(Ronald Gene Dotson, 2013)의 연구에 따르면, 어린이 놀이터 안전관리를 위한 4가지 조건으로 주의, 위치, 위험 인식 및 능동적 참여가 있는데, 위해요인 인식이 가장 효과적인 놀이터 관리 기술임을 밝혔다. 실제 국내외 놀이터 부상 통계를 살펴보면 심각한 부상은 놀이의 맥락에서 드물다. 아이들은 무엇이 안전하고 무엇이 안전하지 않은지 알아야 한다(Eager, 2008). 그래서 어린이 놀이시설의 안전관리자 또는 보호자의 역할은 안전 장치와 놀이기회를 모두 제공하는 것이어야 한다. 즉, 심각한 손상으로 연결될 수 있는 위해요인(hazard)에 대한 노출을 제한하는 동시에 위험(Risk)에 대한 노출을 유지하는 것이다.

일방적 안전수칙 강요 (X)

- 놀이기회, 의욕 감소, 스트레스
- 위험한 일탈행위 가능성

사고가능성과 사례 제시

- 위험을 예측할 수 있게!
- 실패 감수, 학습기회 제공

선택은 자율적으로

- 자율적인 도전 유도
- 자신감, 즐거움, 위험대처능력 **Up**

KPST 한국놀이시설안전기술원

〈그림 58〉 어린이 놀이시설의 안전지도 방법

놀이터 관련 기준과 지침에 나오는 안전수칙을 일방적으로 제시 및 강요하는 안전교육이 돼서는 안 된다. 우리 사회는 어린이가 야외에서 놀 때 무의식적으로 위험에 노출되고 있다는 잘못된 인식을 지니고 있었고, 그래서 지난 10년간 우리는 놀이터에서 모든 위험을 제거하려는 시도와 통제가 역설적으로 또 다른 위험을 만들어내고 결국에는 어린이의 놀 권리와 기회를 저해하고 있다는 비판까지 받고 있다. 예를 들면 안전교육과 안전수칙을 통해서 어린이 놀이행동을 통제할 수 있다는 착각이 오히려 어린이의 놀이기회와 의욕을 감소시키고 스트레스를 주는 일이 될 수 있으며, 다른 공간에서의 위험한 일탈행위를 초래할 가능성이 있다.

우리는 어린이가 놀이터에서 놀면서 일상생활의 위험에 대해 더 잘 이해하고, 평가하고, 대응할 수 있는 능력을 촉진하도록 격려하고 보호해 주어야 한다. 그러기 위해서는 놀이터와 주변 환경에 존재하는 위험과 위해요인에 대한 정보를 사전에 알려줄 필요가 있다.

평소에는 이용자 보호에 관해 관심을 두지 않다가 실제 지붕으로 올라가는 등의 어린이의 위험한 행동만을 나무라고 '접근 금지'라는 단편적인 통제 조치로만 관리하는 현장을 종종 보게 된다. 과연 그것이 전부일까 생각해보자. 먼저 지붕에 올라갈 수밖에 없는 이유를 찾아서 개선해야 할 것이다. 예를 들면, 해당 어린이 놀이터에 더 활동적이고 도전의식이 많은 고학년 이용자가 많은데도 유아용 놀이시설만을 고집하고 있지 않은지 검토해 볼 필요가 있다.

또 한편으로는 놀이시설을 과용 및 오용으로 인한 사고 가능성과 과거에 발생한 사고 사례에 대한 정보를 제공하고 미래지향적 안전의식을 높여 주는 것이 필요하다. 인식개선 측면에서 비전문적인 시설물 관리자가 수행하기보다는 외부기관 및 단체의 도움과 협조를 받는 것도 고려해 볼 필요가 있다.

이렇게 여러 기회를 통해서 직접 정보를 획득한 어린이는 놀이터에서 뛰어놀면서 마주하는 위험에 대해서 자율적으로 선택하게 될 것이다. 실패할 줄(다칠 줄) 알면서 도전하든지 또는 피해가든지 스스로 선택한 행동의 결과에 대해서는 솔직해지고 담대하게 스스로 책임을 질 수 있도록 안내해줄 필요가 있다. 그러면 어린이는 놀이터에서 신나게 뛰어놀면서 스스로 안전해질 수 있다. 다소 위험하지만 신나게 노는 아이들을 지켜보면 그들이 우리가 생각하는 것보다 훨씬 더 능력이 있다는 것을 깨닫게 될 것이다. 어떤 연령대의 아이들이든 기회가 주어졌을 때, 아주 어린 아이들조차도 스스로 선택해가며 도전하면서 위험을 관리하고 그들 자신의 한계를 알아내는 분

명한 능력을 보여준다.

우리는 단지 눈을 뜨고 기꺼이 보호할 뿐이다. 아이들은 배우기 위해 논다는 점을 알아야 한다. 어린이는 그들의 경계를 허물고, 넘어갈 때, 실수하고 부상도 발생한다. 일반적으로 야외 놀이에서의 위험 비용은 보통 음성으로 측정된다. 선행 연구가 리틀과 이거(Little&Eager, 2008, 2010)가 밝힌 것처럼 이 관점은 위험 방정식의 한 측면만을 다루며, 부상과 그 부상의 부정적인 결과만을 보게 된다. 어린이가 선택한(도전하는) 위험(Risk)의 긍정적 측면을 고려하지 못하고 있다. 그래서 가장 중요한 것은 그들에게 스스로 도전할 기회를 주는 것이다. 그런 경험을 통해서 자신의 안전을 확보하는 능력을 키울 기회를 주어야 한다. 관찰적, 경험적 기반의 선행 연구에서도 분명히 밝혔듯이 그들의 학습 잠재력은 분명하다. 그러면서 자신감과 즐거움과 함께 위험 대처 능력을 쌓아가게 될 것이다.

3) 부상에 대한 배려

세 번째로 어린이 놀이를 통해 당하게 되는 부상에 대한 배려이다. 이 세상 그 어떤 부모도 자녀가 다치는 것을 원하지 않는다. 그래서 관련법에 따라 혹시 모를 사고에 대해 놀이터 보험가입도 되어있고, 놀이시설 안전분야만큼은 전 세계에서 가장 엄격하게 운영되고 있음에도 불구하고 우리나라에서는 부모들이 아주 작은 부상도 허용하지 않으려 한다. 안전에 대해서는 우리사회는 비합리적인 두려움때문에 과잉 안전을 강조하고 있고, 안전이라는 강제적 명분으로 다른 쪽(어린이의 건강과 발달적 혜택)을 무시하는 잘못된 경향이 있다.

놀이를 통해 약간의 부상이 발생하는 것은 피할 수 없는 사실이다. 울타리에 매달리다가 낮은 높이에서 떨어지거나 숨바꼭질하다가 바닥에서 넘어지거나 고정된 놀이기구에 부딪히는 것은 놀이터에서 흔히 볼 수 있는 풍경이다. 이러한 충격으로 인한 순간적인 고통으로 나타나고 손상은 일반적으로 베이거나, 찰과상을 입는 것 등이다. 자주 발생하지 않지만 여전히 피할 수 없는 손상이 있다는 점이다. 부모세대들이 어렸을 때 커왔던 것처럼 특히나 도시 속에 사는 우리 아이들이 성장하면서 한 번쯤 겪어 볼 수 있는 지극히 정상적인 손상이다.

어린이 놀이터에서 이러한 부상 위험은 제거할 수도 없으며 바람직하지도 않다는 점이다. 우리가 알아야 하는 것은 생명과 평생 불구와 같은 치명적 손상을 제외한 이러한 부상들은 놀이를 즐기는 어린이들과 우리 부모들이 안아야 하는 최소한의 부담인 것이다. 이렇게 겪게 되는 부상은 고통만 있는 것이 아니다. 실패도 있겠지만 성공하면서 즐거움과 성취감을 가져간다. 그것을

극복하는 방법도 배웠을 것이다.

특히 우리 사회가 아이들이 놀면서 다치는 것을 두려워하여 놀이기회 자체를 통제하는 것은 놀이의 진정한 가치를 이해하지 못한 데서 비롯된 것이다. 우리 아이들이 자유롭게 뛰놀 수 있도록 응원해 줄 필요가 있다. 선행 연구가 리틀과 이거(Little & Eager, 2008, 2010)가 제시한 것처럼 안전과 관련된 부정적인 결과에 집중할 것이 아니라 다른 측면인 위험(Risk)을 체험하면서 체득할 수 있는 혜택과 위험방정식의 긍적적인 측면을 고려하는 안전관리가 필요하다. 놀이시설의 안전에 대한 판단은 심각한 부상의 가능성과 함께 놀이 속에서의 위험체험(Risk taking)을 통한 발달 및 건강상의 편익 사이의 균형 속에서 이루어져야 한다.

이제는 사고에 대한 우려로 놀이터에서 보이는 모든 위험한 놀이행동을 획일적으로 통제하는 식의 관리는 피해야 한다. 기존 사고 정보를 바탕으로 심각한 손상이 예상되는 놀이행동에 대해서는 관리가 되어야 하겠지만 어린이가 안전한 놀이기구와 공간 안에서 좀 더 다양한 놀이기회와 그런 놀이에 좀 더 집중할 수 있도록 분위기를 만들어주는 것이 중요하다.

이제는 놀이터 안전에 있어 어려운 규격을 지키고 관리하려는 수동적 입장에서, 위험을 적절히 관리하며 본래 목적인 아이의 성장에 이바지하는 놀이터로 유지 및 개선하려는 능동적 관리로 전환해야 하겠다.

1. 어린이 놀이시설 안전관리법 (법률 제14839호 공포일 2017.07.26 시행일 2017.07.26.)

2. 안전인증대상 어린이제품 안전기준-부속서 2(어린이 놀이기구), 산업통상자원부 고시 제2015 - 0094호(2015. 5. 13.)

3. 어린이 놀이시설 시설기준 및 기술기준 [시행 2017. 7. 26.] [고시 제2017-1호, 2017. 7. 26]

4. 어린이 놀이시설 검사 및 관리에 관한 운용요령 [시행 2019. 6. 7.] [고시 제2019-48호, 2019. 6. 7]

5. 어린이 놀이시설 중대사고 분석 결과 및 기록대장 (2015~2019)

6. Ball, D.J. 2002. Playgrounds; risks, benefits and choices.
   London: Middlesex University. www.hse.gov.uk/research/crr_pdf/2002/crr02426.pdf

7. Ball, D.J., 2007. risk and the demise of children's play. In Growing up with risk, ed. B. Thom, R. Sales, and J. Pearce, Bristol: Policy Press.

8. Ball, D.J., T. Gill, and B. Spiegal, 2008. Managing risk in play provision: Implementation guide. www.playengland.org.uk/reseources/managing-risk-play-provision.pdf

9. Helen Littlea and David Eagerb, 2010. risk, challenge and safety: implications for play quality and playground design. (Article in European Early Childhood Education Research Journal)

10. Clements, R., 2004. An investigation of the status of outdoor play. Contemporary Issues in Early Childhood 5, no. 1.

11. Play Safety Forum, 2008. Managing risk in play provision: A position statement

12. Department for Culture Media and Sport (DCMS). 2004.
    Getting serious about play: A review of children's play. London: DMCS. www.culture.gov.uk/NR/rdonlyres/21762951-E07E-4439-8BA3-04c6ece510a3/0/ReviewofChildrensPlay.pdf

13. European Committee for Standardisation. 2008. EN 1176.1: 2008 (2008) Playground equipment and surfacing ; Part 1: General safety requirements and test method. Brussels:European Committee for Standardisation.

14. Gill, T., 2007. No fear: Growing up in a risk averse society. London: Calouste Gulbenkian Foundation.

15. Greenfield, C., 2004. Can run, play on bikes, jump the zoom slide, and play on the swings: Exploring the value of outdoor play. Australian Journal of Early Childhood 29, no. 2.

16. Lester, S. and W. Russell, 2008. Play for a change. Play, policy and practice: A review of contemporary perspectives. http://www.playengland.org.uk/Page.asp

17. Sandseter, E.B.H., 2007. Categorising risky play; how can we identify risk-taking in children's play? European Early Childhood Education Research Journal 15, no. 2.

18. Sandseter, E.B.H., 2009. Affordances for risky play in pre-school: The importance of features in the play environment. Early Childhood Education Journal 36, no. 5.

19. Wood L. and Martin, K., 2010, What makes a good play area for children? Centre for the Built Environment and Health, The University of Western Australia.

20. Helen Little & David Eager, 2010. risk, challenge and safety: Implications for play quality and playground design. https://www.researchgate.net/publication/241717477

21. Stephenson, A. 2003. Physical risk-taking: dangerous or endangered? Early Years 23, no. 1.

22. Tovey, H. 2007. Playing outdoors: Spaces and places, risk and challenge. Maidenhead, Berkshire: Open University Press.

23. Afroza Ahmed, 2010. Factors and Issues Related to Chilldren's Play and Their Implications on Play and Recreation Provision in Dhaka City.

24. Woolley, H. and Lowe, A. 2013. 'EXPLORING THE RELATIONSHIP BETWEEN DESIGN APPROACH AND play value OF OUTDOOR PLAY SPACES'.

25. Canadian public health association, 2019.3. Playground Injuries

26. HelenLittle*, 2010. risk, Challenge and Safety in Outdoor Play: Pedagogical and Regulatory Tensions. ASIA-PACIFIC JOURNAL OF RESEARCH IN EARLY CHILDHOOD EDUCATION. 2010, Vol.4, No.1, pp.3~24.

27. Dr Lisa Wood and Dr Karen Martin, The University of Western Australia, 2011. What makes a good play area for children?

28. Dr David Whitebread, University of Cambridge, 2012, The importance of play

29. Tim Gill, 2018. Playing it Safe? -놀이터에 대한 위험, 책임, 아동놀이에 대한 글로벌 백서

30. Canadian public health association, 2019. risk, hazard, and Play: What are risks and hazards?

31. Tim Gill, 2017. Chapter 7 : The Evolution of Policy on risk Management in Outdoor Play of The SAGE Handbook of Outdoor Play and Learning

32. Bernard Spiegal, Tim R. Gill, Harry Harbottle, and David J. Ball, 2014. Children's Play Space and Safety Management: Rethinking the Role of Play Equipment Standards.

33. Statement of Health and Safety Executive, 2012. CHILDREN'S PLAY AND LEISURE - PROMOTING A BALANCED APPROACH

34. Play Safety Forum, 2002. Managing risk in play provision: A position statement

35. Helen Littlea and David Eagerb, risk, challenge and safety: implications for play quality and playground design, 2010.

36. David Ball, Tim Gill and Bernard Spiegal, 2012. Managing risk in Play Provision: Implementation guide

37. BSI Standards Publication, 2017. BS EN 1176: 2017의 part1~part11 및 EN1176

1) Tim Gill , The Evolution of Policy on risk Management in Outdoor Play.

2) Aase Erisen, 1985, Playground design, Van Nostrand Reinhold, pp.28~29.

3) Pellegrini A.D. The role of Play in Human Development. Oxford University Press; Oxford, UK: 2009. Play: What is It? pp. 6-20.

4) Hyun E. Making Sense of Developmentally and Culturally Appropriate Practice (DCAP) in Early Childhood Education. Peter Lang Publishing; New York, NY, UK: 1998.

5) Csikszentmihalyi M., Hunter J. Happiness in everyday life: The uses of experience sampling. J. Happiness Stud. 2003;4:185 - 199. doi: 10.1023/A:1024409732742.

6) Smith P.K. Play: Types and Functions in Human Development. In: Ellis B.J., Bjorklund D.F., editors. Origins of the Social Mind: Evolutionary Psychology and Child Development. Guilford Press; New York, NY, USA: 2005.

7) Milteer R.M., Ginsburg K.R. The importance of play in promoting healthy child development and maintaining strong parent-child bond: Focus on children in poverty. Pediatrics, 2012

8) Pellegrini A.D. The role of Play in Human Development. Oxford University Press; Oxford, UK: 2009. Play: What is It? pp. 6 - 20.

9) Clements, 2004; Lester and Russell, 2008

10) Little H., Eager D. risk, challenge and safety: Implications for play quality and playground design. Eur. Early Child Educ. Res. J. 2010;18:497 - 513.

11) Almon, J. Adventure: The Value of risk in Children's Play. Alliance For Childhood, 2013.

12) Little H. Thrills (and spills?) in the playground: Describing children's physical risk taking behaviour during outdoor play. 18th European Early Childhood Education Research Association (EECERA) Annual Conference, Stavanger, Norway, 2008; 3-6 September.

13) Department of Education and Science, 1992, "PLAYGROUND Safety GUIDELINES", p.7.

14) Dr David Whitebread 2012, The importance of play Dr David Whitebread 2012. p. 24~27.

15) Dr David Whitebread, 2012, The importance of play Dr David Whitebread, 2012. p. 11.

16) Dr David Whitebread, 2012, The importance of play Dr David Whitebread, 2012. p. 24.

17) Tim Gill, 2018. Playing it Safe?

18) Sandsetter, Ellen Beate Hansen, 2007: "Categorizing risky Play － How can we identify risk-taking in children's play?. European Early Childhood Education Research Journal. 15:2, 237-252.

19) Sandseter E.B.H., Kennair L.E.O. Children's risky play from an evolutionary perspective: The anti-phobic effects of thrilling experiences. Evol. Psychol. 2011;9:257 - 284.

20) Bruner J.S., Jolly A., Sylva K. Play—It's Role in Development and Evolution. Basic Books, Inc.; New York, NY, USA: 1976.

21) Mytton J., Towner E., Brussoni M., Gray S. Unintentional injuries in school-aged children and adolescents: Lessons from a systematic review of cohort studies. Inj. Prev, 2009;15:111 - 124. doi: 10.1136/ip, 2008.019471.

22) Sandseter E.B.H. risky play and risk management in Norwegian preschools—A qualitative observational study. Safety Sci. Monitor. 2009;13:1 - 12.

23) Ball, D, 2002, Playgrounds Ð risks, beneÞts and choices, Contract Research Report No. 426, 2002. Sudbury: HSE Books.

24) Hoffman D.M. risky investments: Parenting and the production of the 'resilient child' Health risk Soc., 2010;12:385 - 394.

25) Helen Little, 2009. risk, Challenge and Safety in Outdoor Play: Pedagogical and Regulatory Tensions.

26) Valentine G. "Oh yes I can" "Oh no you can't": Children and parents' understandings of kids' competence to negotiate public space safely. Antipode. 1997;29:65 - 89.

27) Cunningham H. Children and Childhood in Western Society since 1500. Pearson Education Ltd; Harlow, UK: 2005. Reference.

28) 14참조

29) Valentine G. Exploring children and young people's narratives of identity. Geoforum, 2000;31:257 - 267.

30) Herrington S., Nicholls J. Outdoor play spaces in Canada: The safety dance of standards as policy. Crit. Soc. Policy, 2007;27:128 - 138.

31) Brussoni M., Olsen L. The perils of overprotective parenting: Fathers' perspectives explored. Child. Care Health Dev. 2012.

32) Batty D. Health and Safety Review to Curb the 'Nanny State'. 온라인 자료 : http://www.guardian.co.uk/society/2010/oct/02/health-safety-review-nanny-state.

33) Marano H.E. A Nation of Wimps. 온라인 자료 : http://www.psychologytoday.com/articles/2004.11/nation-wimps.

34) Baluja T., McGinn D. Parental Fear Contributing to Sedentary Lifestyle of Canadian Children: Report. 2012.

35) Ungar M. Too Safe for Their Own Good. McClelland & Stewart; Toronto, ON, Canada: 2007.

36) kenazy L. Free Range Kids: Giving Our Children the Freedom We Had without Going Nuts with Worry. Jossey-Bass; San Francisco, CA, USA: 2009.

37) Honoré C. Under Pressure: Rescuing Our Children from the Culture of Hyper-Parenting. Knopf; Toronto, ON, Canada: 2008.

38) Marano H.E. A Nation of Wimps: The High Cost of Invasive Parenting. Broadway Books; New York, NY, UK: 2008.

39) Birken C.S., Parkin P.C., To T., Macarthur C. Trends in rates of death from unintentional injury among Canadian children in urban areas: Influence of socioeconomic status. Can. Med. Assoc. J., 2006.

40) Centers for Disease Control and Prevention. Vital signs: Unintentional injury deaths among persons aged 0 - 19 years—United States, 2000 - 2009.

41) Eager D., Little H. risk Deficit Disorder; Proceeding of IPWEA International Public Works Conference; Canberra, Australia. 21 - 24 August 2011.

42) Helen Littlea and David Eagerb, risk, challenge and safety: implications for play quality and playground design, 2010.

43) 8번 참조

44) David Ball, Tim Gill and Bernard Spiegal, 2012. Managing risk in Play Provision: Implementation guide (2012)

45) Merriam-Webster. risk, 2016.

46) David Ball, Tim Gill and Bernard Spiegal, Managing risk in Play Provision: Implementation guide (2012)

47) 10번, 8번, 21번 참조/ National Quality Standard [NQS]. Talking About Practice: Environment Makeover, 2012 / Merriam-Webster. hazard, 2016.

48) Merriam-Webster. danger, 2016.

49) US ConsumerProduct Safety Commission Handbook forPublic Playground Safety.

50) Brussoni, M., et al (2015). What is the relationship between risky outdoor play and health in children? A systematic review. International journal of environ. research and public health, 12(6), 6423-6454.

51) 일본 국토교통성에서 발간한 놀이터 안전지침서, 2002.

52) Kaplan S, Garrick BJ. On the quantitative definition of risk. risk Analysis 1981;1(1):11-27.

53) Armitage M. risky play is not a category - it's what children do. Child Links: Children's risky Play, 2011;3:11-14.

54) 9번 참조

55) Christensen P, Mikkelsen MR. Jumping off and being careful: Children's strategies of risk management in everyday life. Sociol Health Illn, 2008.

56) 4번 참조

57) Armitage M. risky play is not a category–it's what children do. Child Links: Children's risky Play, 2011.

58) 6번 참조

59) Sandseter EBH. Children's risky play in early childhood education and care. Child Links, 2011.

60) Play Wales. A Playworker's Guide to risk, 2008.

61) 6번 참조

62) Knight S. Why adventure and why risk in the early years. Child Links, 2012.

63) Valentine G., McKendrick J. Children's outdoor play: Exploring parental concerns about children's safety and the changing nature of childhood. Geoforum, 1997

64) Tandy C.A. Children's diminishing play spaces: A study of inter-generational change in children's use of their neighbourhoods. Aust. Geogr. Stud. 1999.

65) 14번 참조

66) Brussoni M., Olsen L. The perils of overprotective parenting: Fathers' perspectives explored. Child. Care Health Dev. 2012.

67) 14번참조

68) Green J. risk and the construction of social identity: Children's talk about accidents. Sociol. Health Illn. 1997.

69) Christensen P., Mikkelsen M.R. Jumping off and being careful: Children's strategies of risk management in everyday life. Sociol. Health Illn. 2008.

70) Valentine G. "Oh yes I can" "Oh no you can't" : Children and parents' understandings of kids' competence to negotiate public space safely. Antipode. 1997;29:65?89

71) Sandseter E.B.H., Kennair L.E.O. Children's risky play from an evolutionary perspective: The anti-phobic

effects of thrilling experiences. Evol. Psychol. 2011.

72) Beesdo K., Knappe S., Pine D.S. Anxiety and anxiety disorders in children and adolescents: Developmental issues and implicatons for DSM-V. Psychiatr. Clin. North Am. 2009

73) Sandseter E.B.H. risky play and risk management in Norwegian preschools-A qualitative observational study. Safety Sci. Monitor. 2009.

74) Christensen P., Mikkelsen M.R. Jumping off and being careful: Children's strategies of risk management in everyday life. Sociol. Health Illn. 2008.

75) hristensen P., Mikkelsen M.R. Jumping off and being careful: Children's strategies of risk management in everyday life. Sociol. Health Illn. 2008;30:112?130.

76) 7번 참조

77) 14번 참조

78) Jambor T. Challenge and risk-Taking in Play. In: Fromberg D.P., Bergen D., editors. Play from Birth to Twelve and Beyond: Contexts, Perspectives, and Meanings. Routledge; New York, NY, USA: 1998.

79) The Play Safety Forum. Managing risk in Play Provision: A Position Statement, 2008.

80) Sandseter, 2007; Stephenson, 2003; Waters and Begley, 2007

81) Ball, 2002; Little and Wyver 2008

82) Little H. Thrills (and spills?) in the playground: Describing children's physical risk taking behaviour during outdoor play. 18th European Early Childhood Education Research Association (EECERA) Annual Conference, Stavanger, Norway, 2008; 3-6 September.

83) Sandseter EBH. Children's risky play in early childhood education and care. Child Links 2011;3:2-6.

84) Play Wales. A Playworker's Guide to risk, 2008.

85) Knight S. Why adventure and why risk in the early years. Child Links 2012;3:15-18.

86) Brussoni M, Olsen LL, Pike I, Sleet DA. (2012). risky play and children's safety: Balancing priorities for optimal child development. Int. J. Environ. Res. Public Health, 2012;9(9):3134-3148

87) The Play Safety Forum. Managing risk in Play Provision: A Position Statement, 2008.

88) Health and Safety Executive (2012) Children's play and leisure ; promoting a balanced approach

89) National Institute for Health and Clinical Excellence. NICE Public Health Guidance 29. Strategies to Prevent Unintentional Injuries among Children and Young People Aged under 15s. [(accessed on 24 August 2012)]. Available online: http://publications.nice.org.uk/strategies-to-prevent-unintentional-injuries-among-the-under-15s-ph29.

90) Tim Gill, 2018. Playing it Safe? p 8.

91) Welsh Government (2012) Play Sufficiency Toolkit

92) Valentine, G.; McKendrick, J. Children's outdoor play: Exploring parental concerns about children's safety and the changing nature of childhood. Geoforum, 1997, 28, 219~235

93) Valentine, G. "Oh yes I can" "Oh no you can't" : Children and parents' understandings of kids' competence to negotiate public space safely. Antipode, 1997, 29, 65~89

94) Christensen, P.; Mikkelsen, M.R. Jumping off and being careful: Children's strategies of risk management in everyday life. Sociol. Health Illn., 2008, 30, 112~130.

95) Tim Gill, 2013. Play and risk

96) Ball D, Gill T, Spiegal B. Managing risk in Play Provision: Implementation Guide, 2013.

97) Sandseter E.B.H., Kennair L.E.O. Children's risky play from an evolutionary perspective: The anti-phobic effects of thrilling experiences. Evol. Psychol, 2011;9:257-284.

98) Sandseter, E.B.H.; Kennair, L.E.O. Children's risky play from an evolutionary perspective: The anti-phobic effects of thrilling experiences. Evol. Psychol. 2011, 9, 257?284.

99) Gleave, Josie, 2008: "risk and Play: A Literature Review". Playday:Give Us a Go. National Children's Bureau. www.playday.org.uk.

100) Sandsetter, Ellen Beate Hansen (2009): "Children's Expressions of Exhilaration and Fear in risky Play", Contemporary issues in Early Childhood, Volume 10:2, 92-106.

101) Gleave, Josie (2008): "risk and Play: A Literature Review". Playday:Give Us a Go. National Children's Bureau. www.playday.org.uk.

102) Sandsetter, Ellen Beate Hansen (2007): "Categorizing risky Play - How can we identify risk-taking in children's play?. European Early Childhood Education Research Journal. 15:2, 237-252.

103) Bambi Yost, the 20th Triennial International Play Association Conference in Calgary, Canada. 2017.9.

104) Herrington, S.; Lesmeister, C.; Nicholls, J.; Stefiuk, K. Seven Cs: An informational Guide to Young Children's Outdoor Play Spaces. Available online: http://www.wstcoast.org/playspaces/outsidecriteria/7Cs.pdf

105) Copeland, K.A.; Sherman, S.N.; Kendeigh, C.A.; Kalkwarf, H.J. Societal values and policies may curtail preschool children's physical activity in child care centres. Pediatrics 2012, 129, 265~274

106) Sandsetter, Ellen Beate Hansen (2009): "Children's Expressions of Exhilaration and Fear in risky Play", Contemporary issues in Early Childhood, Volume 10:2, 92-106.

107) David Ball, Tim Gill and Bernard Spiegal, 2012. Managing risk in Play Provision: Implementation guide (2012)

108) Brussoni M, Olsen LL, Pike I, Sleet DA. (2012). risky play and children's safety: Balancing priorities for optimal child development. Int. J. Environ. Res. Public Health, 2012;.

109) Ball D, Gill T, Spiegal B. Managing risk in Play Provision: Implementation Guide, 2013.

110) Almon, J. Adventure: The Value of risk in Children's Play. Alliance For Childhood, 2013.

111) 6번 참조

112) Brussoni M, Olsen LL, Pike I, Sleet DA. (2012). risky play and children's safety: Balancing priorities for optimal child development. Int. J. Environ. Res. Public Health 2012;.

113) Almon, J. Adventure: The Value of risk in Children's Play. Alliance For Childhood, 2013.

114) Sandseter EBH. Children's risky play in early childhood education and care. Child Links, 2011.

115) Playgrounds – risks, benefits and choices, 2002. HSE BOOKS, p.1.

116) 89번 참조

117) National Institute for Health and Clinical Excellence. NICE Public Health Guidance 29. Strategies to Prevent Unintentional Injuries among Children and Young People Aged under 15s. 온라인 자료 : http://publications.nice.org.uk/strategies-to-prevent-unintentional-injuries-among-the-under-15s-ph29.

118) David Ball, Tim Gill and Bernard Spiegal, 2012. Managing risk in Play Provision: Implementation guide. 2012.

119) Children's Play and Leisure: Promoting a balanced approach 2008. (Joint HSE/Play Safety Forum High Level Statement)

120) 12번 참조

121) 9번

122) The European Committee for Standardization (CEN) 2014. European Standardization in support of child safety

124) 9번 참조

125) 9번

126) 9번

127) 9번

128) Playground equipment for children-Replies to requests for interpretation of EN 1176:2008 and its parts, PD CEN/TR 16396:2012.

129) Buchanan, C. 1999. Building Better Playgrounds: A project for parents? UAB Magazine, 19(3). http://main. uab.edu/show.asp?durki=25353

130) 24번 참조

131) Understanding Playground Behaviors And Injury Potential To Elementary Children, Ronald Gene Dotson. 2013. page 42

132) 행정안전부 집계, 2015~2019년 어린이 놀이시설 중대사고 분석 결과

133) Tim Gill, Play and Risk. 2013.

134) 조숙인(2017), 아동의 놀 권리 강화를 위한 지역사회 환경 조성 방안. 육아정책연구소. p. 77

135) Spiegal B, Gill TR, Harbottle H, Ball DJ. Children's play space and safety management. SAGE Open 2014;4(1):1-11.

136) 9번 참조

137) Spiegal B, Gill TR, Harbottle H, Ball DJ. Children's play space and safety management. SAGE Open 2014.

138) Grundy S., Towner E., Sparks G., Hughes K. Social Characteristics of Leisure Injuries and Risk Taking among 11-14 Year Olds. Child Accident Prevention Trust; London, UK: 2002.

139) Department for Culture, Media and Sport 「DCMS] 2004

140) Copeland K.A., Sherman S.N., Kendeigh C.A., Kalkwarf H.J. Societal values and policies may curtail preschool children's physical activity in child care centres. Pediatrics. 2012.

141) 9번 참조

142) 9번 참조

143) Tim Gill, Playing it Safe? 2018

144) D J Ball, 'Trends in fall injuries associated with children's outdoor climbing frames,' International J Injury Control and Safety Promotion, 14(1): 49-53, 2007.

145) 144번 참조

146) Preventing Childhood Fall Injuries and Reducing Injury Severity in Playgrounds with HIC <700, Rolf Huber, B.

Comm., 2015, 2page

147) Playground Equipment Handbook Project - Transmittal of Final Technical Report from COMSIS, Inc. 1990. page 21

148) Eager, David & Chapman, Chris. (2019). HUMPTY DUMPTY HAD A BAD FALL.

149) Ruta D, Beattie TF, Narayan V. Prospective study of non-fatal childhood road traffic accidents: what can seat belt restraint achieve? J Public Health Med 1993;15:88-92.

150) Serious Injuries 2015, European Road Safety Observatory. page 7

151) Prasad P., Mertz H.J., 'The position of the United States Delegation to the ISO Working Group on the use of HIC in the Automotive Environment' SAE#851246, Society of Automotive Engineers.

152) ASTM F2223-03, Standard Guide for ASTM Standards on Playground Surfacing, ASTM, 2003, page 2

153) D J Chalmers et al., 'Height and surfacing as risk factors for injury in falls from playground equipment,' Injury Prevention, 2: 98-104, 1996.

154) Sherker S, Ozanne-Smith J, Are current playground safety standards adequate for preventing arm fractures, MJA, June 2004, p564-565

155) Understanding Playground Behaviors And Injury Potential To Elementary Children Ronald Gene Dotson, January 2013

156) Understanding Playground Behaviors And Injury Potential To Elementary Children, Ronald Gene Dotson. 2013. page 42

157) 156번 참조

158) Department of Culture, Media and Sport (DCMS)(2004) - Getting Serious about Play : A review of children's play.

159) Herrington S., Lesmeister C., Nicholls J., Stefiuk K. Seven Cs: An informational Guide to Young Children's Outdoor Play Spaces. 「(accessed on 24 August 2012)]. Available online: http://www.wstcoast.org/ playspaces/outsidecriteria/7Cs.pdf.

160) Bundy A.C., Naughton G., Tranter P., Wyver S., Baur L., Schiller W., Bauman A., Engelen L., Ragen J., Luckett T., et al. The Sydney Playground Project: Popping the bubblewrap—Unleashing the power of play: A cluster randomized controlled trial of a primary school playground-based intervention aiming to increase children's physical activity and social skills. BMC Public Health. 2011

161) Woolley, H. and Lowe, A. (2013) 'Exploring the relationship between design approach and play value of outdoor play space'

162) Ball, D. (2002) Playgrounds? risks, benefits and choices

163) Janet R. Moyles, (!989) Just playing?: the role and status of play in early childhood education

164) Welsh Government publication (2016) 'Play Sufficiency Assessment Toolkit'

위험할수록 즐거워지는 놀이터

ⓒ 배송수, 2020

초판 1쇄 인쇄 2020년 10월 05일
초판 1쇄 발행 2020년 10월 12일

지은이 배송수
펴낸이 이성림
펴낸곳 성림북스

디자인 쏘울기획
마케팅 임동건

출판등록 2014년 9월 3일 제25100-2014-000054호
주소 서울시 은평구 연서로3길 12-8, 502
대표전화 02-356-5762   **팩스** 02-356-5769
이메일 sunglimonebooks@naver.com
네이버 포스트 https://post.naver.com/sunglimonebooks
페이스북 https://www.facebook.com/sunglimonebooks/
ISBN 979-11-88762-16-3   03370